지표, 지수만 알아도
경제가 보인다

지표, 지수만 알아도 경제가 보인다

초판 1쇄 발행 2009년 11월 30일
초판 3쇄 발행 2009년 12월 15일

지은이 | 김의경
펴낸이 | 홍경숙
펴낸곳 | 위너스북

편집주간 | 김형석
기획이사 | 박종하
마케팅이사 | 안경찬

출판등록 | 2008년 5월 2일 제310-2008-20호
주   소 | 서울 마포구 합정동 370-9 벤처빌딩 207호
주문전화 | 02-325-8901
팩   스 | 02-325-8902

본문디자인 | 정현옥
표지디자인 | 고냥새

값 16,800원

ISBN 978-89-962098-0-5 03320

지표, 지수만 알아도 경제가 보인다

지표·지수는 경제를 예측하는 나침반이다!

| 김의경 지음 |

Winner's Secret Library·위너스북
WINNER'S BOOK

Q&A

1

경제지표와 지수 왜 알아야 할까?

앞으로의 경기가 어떻게 되고 경제가 어떻게 풀릴지 안내해주는 지도가 있다. 바로 경제지표와 경제지수다. 이것들만 알면 6개월 후 또는 1년 후의 경제가 어떤 모습일지 미리 가늠해볼 수 있다. 물론 단기간에 모든 것을 알 수는 없지만 차근차근 알아가다 보면 적어도 전문가라 말하는 사람들의 경기전망에 어떤 점이 타당하고 또 어떤 허점이 있는지를 나름의 시각으로 해석할 수 있다. 지표와 지수를 알면 여러분의 소중한 미래를 평생 남에게 맡기지 않아도 된다.

2

경제지표와 지수 어떻게 접근해야 할까?

영원히 오르는 자산도 없고 영원히 떨어지는 자산도 없다. 시간이 흘러가면서 항상 상승과 하락을 반복하는 것이 경제다. 따라서 경제를 제대로 파악하려고 한다면 현재 상태뿐만 아니라 흐름의 변화를 보는 것이 더 중요하다. 그럼 어떻게 해야 흐름의 변화를 쉽게 볼 수 있을까? 그걸 쉽게 보라고 만든 숫자들이 바로 지표와 지수다. 따라서 경제지표와 지수는 그 숫자들을 시계열로 늘어놓고 그 흐름을 가늠해봐야 제대로다. 시계열로 늘어놓고 일일이 숫자를 보는 것이 다소 피곤하다면 이 숫자들을 그래프(graph)로 그려보자. 시각화해보자는 말이다. 그래서 숫자 그 자체보다는 지난 달에 비해 얼마나 올랐나, 작년보다는 또 얼마나 변했나를 살피다 보면 어느 새 당신도 경제 흐름을 몸으로 느낄 수 있게 될 것이다. 그렇다. 맥주는 차게 마셔야 시원하고 삼겹살은 숯불에 구워먹어야 제 맛이듯, 지표와 지수는 그래프로 그려보아야 제 맛을 알 수 있다.

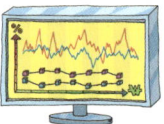

REVIEW

지표,
지수만
알아도
경제가
보인다

3 경기선행지수가 오르면 3~10개월 후 경기가 정말로 오를까?

몇 개월 동안 경기선행지수가 지속적으로 오르면 그로부터 3~10개월 후 진짜로 경기가 상승한다. 이처럼 **실제 경기보다 앞서서 움직이는 지수를 경기선행지수라고 한다.** 정말 신기하다. 경기선행지수는 무슨 예언가적 능력을 가지고 있기에 경기의 변화를 미리 예측하여 움직이는 걸까? 하지만 예언가적 능력 따위가 있을 리 없다. 기실은 경기가 상승하려면 미리 오를 수밖에 없는 항목들을 뽑아서 경기선행지수를 만든 것일 뿐이다. 장닭이 울어서 새벽이 오는 게 아니라 새벽이 오기 전에 장닭이 우는 것과 같은 이치다. 물론 그렇기 때문에 오히려 경기선행지수가 더 신빙성을 가진다고 하겠다. 예언가는 틀릴 수 있지만 '그럴 수밖에 없는 것들'은 틀릴 가능성이 거의 없으니까 말이다. **경기선행지수의 대표적인 것으로는 코스피지수, 재고순환지표, 건설수주액, 소비자기대지수, 장단기금리차, 금융기관유동성 등이 있다.** 이들이 과연 무엇인지, 그리고 왜 경기에 앞서 미리 움직일 수밖에 없는지를 이 책을 통해 속속히 알아보자.

4 한 나라의 경제 체격 GDP 어떻게 봐야 좋을까?

코끼리 비스킷이란 말이 있다. 개미에게는 비스킷 한 개가 몇 달치 양식이 될 수 있지만, 코끼리에게는 간에 기별도 안 가는 간식거리다. 이렇듯 각자의 체격에 따라 같은 음식도 그 의미가 다를 수 있다. **GDP를 어렵게 생각하지 말자. 바로 한 나라의 경제 체격을 나타내는 숫자라고 생각하면 된다.** 같은 10억원의 적자가 났더라도 GDP가 큰 나라에는 대수롭지 않은 액수이지만 GDP가 작은 나라는 휘청거릴 수 있다. 따라서 무역흑자나 주식시장 규모, 그리고 재정적자 등의 경제지표에 대해 그 나라 GDP의 과연 몇 %를 차지하는지 비교해보는 습관이 필요하다. 그래야 그 진짜 의미를 알 수 있기 때문이다.

5 나쁜 물가상승, 좋은 물가상승?

물가상승이 무조건 나쁜 것은 아니다. 경기가 좋아지고 사람들의 주머니 사정이 좋아져 소비가 늘어나 오르는 물가는 좋은 물가상승이다. 하지만 유가와 같은 원자재가격이 올라가서 원가부담으로 오르는 물가는 기업이나 서민들의 생활을 더욱 어렵게 만드는 나쁜 물가상승이다. 수입물가지수가 오르고 이에 영향을 받아 소비자물가지수가 오르는 것이 바로 나쁜 물가상승의 전형이다. 소비자물가지수는 오르는데 수입물가지수가 오르지 않는다면 좋은 물가상승으로 생각할 수 있다. 이렇듯 **경제지표 하나의 움직임뿐만 아니라 다른 경제지표와 어떤 관계로 움직이냐에 따라 경기를 해석하는 방향도 달라진다.**

6 과연 몇 년 만에 집을 살 수 있을까?

'연소득 대비 주택가격비율(PIR)'이란 지표가 있다. 주택가격이 거품인지 아닌지의 여부를 가늠하기 위해 만든 지표다. 해당 지역에 살고 있는 근로자의 가구당 연소득에 대비해서 주택가격이 몇 배나 되는지를 계산한 것이다. 이러한 PIR은 평균적인 근로자가 과연 몇 년을 벌어야 내집마련을 할 수 있느냐에 대한 대략적인 답변도 된다. 예를 들어 **PIR이 10배라는 의미는 '연소득×10배'한 금액이 집값과 같다**는 말이다. 다시 말해 번 돈을 한 푼도 소비하지 않고 10년 동안 모아야 내집마련이 가능하다는 이야기다. 그럼 과연 서울의 PIR은 몇 배일까? 서울의 평균적인 근로자는 몇 년 동안 수입을 모아야 집을 살 수 있을까? 본문에서 좀더 자세한 내용을 살펴보도록 하자.

REVIEW

지표,
지수만
알아도
경제가
보인다

7 곱절로 늘어나는 통화량 왜 그럴까?

물가안정을 지상 최대의 목표로 삼는 한국은행 입장에서는 시장에 돈이 얼마나 풀려 있는지에 대해 파악하고 있어야 한다. 이러한 필요성에 따라 만들어진 지표가 바로 통화(유동성)지표다. 그런데 이러한 **통화는 은행의 '신용창출'에 의해 기하급수적으로 늘어난다.** 예를 들어 아파트 구입 자금을 은행으로부터 대출받아 지불했다면, 그 돈을 받은 아파트 매도자는 이를 다시 금융상품에 가입할 것이고, 이러한 행위는 계속 반복될 것이기 때문에 한국은행이 발행한 돈(본원통화)에 비해 금융상품까지 포함한 개념인 통화지표의 금액은 그 곱절로 늘어나는 것이다. 따라서 적정한 통화량을 관리해야 하는 한국은행 입장에서는 은행의 신용창출로 인한 통화량 증가분을 감안하여 본원통화를 조절해야 하기 때문에 통화관리에 더욱 전문적인 기술이 필요한 것이다

8 인플레이션이 더 나쁜가, 실업이 더 나쁜가?

인플레이션과 실업 중 어느 것이 더 고통스러울까? 처한 상황과 개인의 선호의 차이일 뿐 국가경제적으로는 둘 다 고통스럽다. 인플레이션이란 밑 빠진 독에 물을 붓는 것이다. 그리고 실업이란 아예 부을 물조차 없는 것이다. 그래서 사람들은 **인플레이션율과 실업률을 합한 값을 '고통지수(misery index)'**라고 부른다. 솔직히 사람들은 행복한 살림살이를 원하기 때문에 이 둘을 동시에 줄여 고통지수를 최대한 낮은 수준으로 유지하고 싶어한다. 하지만 모든 것을 만족시킬 수 없다는 게 세상의 이치인 것 같다. 필립스곡선에 따르면, 실업을 줄이면 인플레이션이 올라가고 인플레이션을 줄이면 실업이 올라가니 말이다.

PREVIEW

생소하고 어렵다고 느껴지는 경제지표와 지수, 더 이상 전문가들의 전유물이 아닙니다. 이 책은 누구나 쉽게 지표와 지수를 이해하도록 만들어졌습니다!

| 본문 요약문 |

본문 내용 가운데 여러분이 꼭 알고 있어야 할 핵심만을 추려서 간단하게 정리해두었습니다.

LESSON 02

경기종합지수 3종 세트

신문과 뉴스에서 우리가 자주 듣는 용어 가운데 경기종합지수란 말이 있다. 흔히 경제지표와 지수를 말할 때 '경기선행', '경기동행', '경기후행' 등으로 표현한다. 달리 말해 경기종합지수의 종류로 세 가지가 있다는 이야긴데, 경기종합지수 3종 세트에 대해 간단히 알아보자.

| 보조설명 |

어디서 들어본 듯한 말인 것 같긴 한데, 자세한 내용을 모르신다구요? 보조설명을 참고하세요.

경기종합지수

전반적인 경기 동향을 쉽게 파악, 예측하고자 주요 경제지표 움직임을 종합해서 지수로 나타낸 것이다. 약칭 'CI(Composite index)'라고 한다. 생산·투자·소비·고용·금융·무역 등 경제의 각 부문 지표 중 민감하게 경기에 반영하는 주요 경제지표를 선정하고 이후 이 지표들의 전월대비 증감률을 가중평균하여 작성한다. 1983년 3월부터 통계청에서 매달 작성, 발표하고 있다.

사람들은 자기중심적인 경향이 강하다. 내 배가 부르면 다른 사람이 굶고 있는지 어떤지 잘 모른다. 반면에 자신의 살림살이가 녹록하지 않으면 나라 전체가 불경기인 것처럼 느껴진다. 따라서 이러한 주관적 관점으로는 경기를 제대로 볼 수 없다. 뭔가 객관적인 지표가 필요하다. 이렇듯 지금이 불황기인지 호황기인지 경기순환 상태를 가늠하기 위해 '경기종합지수(CI, Composite index)'가 만들어졌다. 여기서 '종합'이란 것은 경기를 파악할 수 있는 여러 가지 개별지수를 짬뽕하여 경기지수를 만들었기 때문에 그렇게 부른다. 경기종합지수는 그 숫자 자체로 의미가 있다기보다 전월에 비해 얼마나 증가했는지가 더 중요하다. 전월대비 증가했을 경우 경기상승이라 하고 감소했다면 경기하락이라고 말한다. 경기종합지수는 여러 지표를 다루는 통계청에서 매월 말경 작성하여 발표한다.

| 본문박스 |

본문을 이해하는 데 도움이 될 만한 팁들은 따로 모아 박스로 처리했습니다.

| 말풍선 |

독자 여러분이 다시 한번 기억해야 할 내용들은 말풍선 안에 넣어 강조했습니다.

훈련을 시킬 것이다. 경기가 좋아지면 서민들의 주머니 사정도 좋아져 할인마트가 북적거릴 것이고, 그럼 당연히 이레저레 매장을 안내하고 물건을 팔고 계산을 할 교육받은 종업원이 많이 필요할 것이다. '구인구직비율'이란 일자리를 찾고 있는 사람(구직자) 대비 기업에서 신규로 채용하려는 사람(구인자)이 얼마인지를 비율로 나

'구인구직비율'이란 일자리를 찾고 있는 사람(구직자) 대비 기업에서 신규로 채용하려는 사람(구인자)이 얼마인지를 비율로 나타낸 것

이렇듯 순상품교역조건이 개선되었다는 것은 같은 수량의 상품을 수출하더라도 해외로부터 더 많은 돈을 벌 수 있다는 의미며, 이것이 쌓이면 경기가 상승한다. 따라서 순상품교역조건 역시 경기선행종합지수에 포함되는 것이다.

전일비, 전년비

누군가 '역사는 반복되지만 항상 똑같지는 않다'라고 했다. 경제경기도 마찬가지다. 상승과 하락을 반복하지만 그 시기나 정도가 일정하지는 않다. 그러다 보니 경기를 파악할 때에는 현재 시점에서 얼마인가보다는 과거에 비해 지금이 얼마나 상승 또는 하락했는지를 지속적으로 파악하는 것이 더 중요하다. 다시 말해 경기는 특정 시점의 관측치보다는 시계열(時系列)에 따른 변화치를 파악해야 한다는 것이다. 예를 들어 코스피지수가 1500이라는 것보다는 지난 달에 비해 4% 올랐다는 것이 주식시장의 흐름을 파악하는 데 더 중요한 것처럼 말이다. 경제지표를 살펴보다 보면 지표 옆에 '전월비' 또는 '전년비'라고 되어 있는 항목을 자주 볼 수 있다. 말 그대로 현재 해당 지표의 값이 지난 달이나 지난 해와 비교하여 몇 퍼센트(%) 증가 또는 감소했는지를 계산해놓은 것이다. 이런 항목들을 통해 우리는 시간에 따른 경제지표의 전체적인 흐름을 쉽게 파악할 수 있다. 참고로 경제지표 중 지수가 아니라 비율로 표시된 항목일 경우는 전월비가 아니라 '전월차'를 구해놓았다. 그 이유는 비율을 다시 나누어 전월비를 계산할 수 없으니 그 차이를 빼주어 전월차를 계산했기 때문이다.

◘ 표 2-2 | 경기선행종합지수(2005=100)

항목	2008년 11월	2008년 12월	2009년 1월	2009년 2월	2009년 3월	2009년 4월	2009년 5월
선행종합지수(2005=100)	111.3	110.4	110.6	111.8	112.9	115.0	117.4
선행종합지수 전월비(%)	-1.2	-0.8*	0.2	1.1	1.0	1.9	2.1
선행종합지수 구성비율 증감률(월,%)							
구인구직비율(전월차)(%)	-2.5	-5.3	-6.4	-4.0	-2.6	2.3	1.9
자본재수입액(전월비)(%)	-9.1	-12.3	-12.6	-4.9	-2.0	3.6	4.1
건설수주액(전월비)(%)	-3.9	20.9	-3.6	-4.2	-14.2	3.9	4.0
종합주가지수(전월비)(%)	-10.9	-9.2	-1.9	0.7	0.7	4.0	7.8
장단기금리차(전월차)(%)	0.1	0.0	0.3	0.3	0.4	0.3	0.1

* 2008년 12월 선행종합지수 전월비가 -0.8%라는 것은 11월에 비해 지수값이 0.8% 감소했다는 의미다. 이처럼 매달 전월비를 비교해봄으로써 시계열의 변화를 쉽게 파악할 수 있다.
출처 통계청

든든한 자산이고 어떤 때와 밀접한 관계가 있다.
라면 창고에 쌓인 재고가차게 생산하여 창고에 쌓아 치운다. 이에 생산부서창일 때라면 상황이 180도가 계속 쌓인다. 창고비용좋지 않은 기업에 또 하나지표'란 이러한 속성을 가

■ 표 2-12 제조업 전체 수급 BSI 실적과 전망

구분	2008년								2009년					
	2/4분기		3/4분기		4/4분기		1/4분기		2/4분기		3/4분기			
	현황	(전망)	현황	(전망)	현황	(전망)	현황	(전망)	현황	(전망)	(전망)			
시황	94	(108)	87	(98)	59	(79)	65	(81)	101	(95)	(108)			
매출액	101	(112)	92	(103)	64	(86)	63	(85)	104	(101)	(108)			
내수(국내 출하)	97	(108)	90	(99)	63	(85)	66	(84)	102	(96)	(106)			
수출	101	(108)	96	(103)	76	(90)	75	(79)	97	(97)	(103)			
경상이익	87	(97)	83	(92)	63	(78)	66	(84)	92	(89)	(99)			

출처: 지식경제부

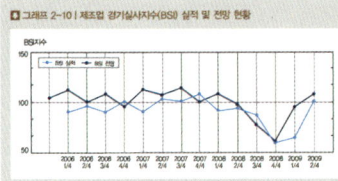

■ 그래프 2-10 | 제조업 경기실사지수(BSI) 실적 및 전망 현황

출처: 지식경제부, 산업연구원(온라인 설문조사 결과분석 자료)

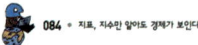

CSI가 높다는 것은
앞으로 경기가 좋아
져 소비자들이 자신
들의 소득이 올라갈
것으로 믿고 있다는
것을 의미한다. 또한
BSI가 높다는 것은
기업이 앞으로 기업
실적이 좋아질 것이
라고 전망함을 의미
한다.

자 역할을 한다. 노동시장에서는 그 반대로 가계가 공급자, 기업이 수요자 역할을 한다.

정리하면 이렇다. CSI가 높다는 것은 앞으로 경기가 좋아져 소비자들이 자신들의 소득이 올라갈 것으로 믿고 있다는 것을 의미한다. 또한 BSI가 높다는 것은 기업이 앞으로 기업실적이 좋아질 것이라고 전망함을 의미한다.

가계는 소득이 올라가면 소비를 늘릴 것이며 이는 기업실적을

084 • 지표, 지수만 알아도 경제가 보인다

| 표와 그래프 |

본문에 실린 그림과 그래프는 통계청, 한국은행, 지식경제부, 주요 경제신문 등에서 발췌하여 정보의 신뢰도를 높였습니다. 간혹 설명상 편의를 위하여 저자가 가공, 제작한 부분은 따로 표시했습니다.

2009년 2월	2009년 3월	2009년 4월	2009년 5월	2009년 6월	2009년 7월
85	84	98	105	106	109

출처 : 한국은행

출처: 한국은행 '소비자동향 조사'

이 날씨가 풀린다고 하니 봄이라는 것

지수는 한국은행에서 실시하는 소비 ~~CSI, 생활형편전망CSI, 가계수입전망 CSI, 소비지출전망CSI, 현재경기판단CSI, 향후경기판단CSI 등 6개 주요 개별지수의 평균값과 표준편차를 이용하여 합성해 만든 종합지수다. 소비자들이 경기상황을 어떻게 받아들이는지를 종합적으로 나타내준다. 소비자심리지수는 지수 자체가 증가하거나 감소하는 것도 중요하지만, 기준치(100)를 상회하는지에 대한 여부가 더 중요하다. 만약 이 지수가 100을 넘으면 앞으로 생활형편이나 경기, 수입 등이 좋아질 것으로 보는 사람이 많다는 의미이고, 100 미만이면 그 반대다. 이 지수는 민간소비나 경기동행지수와

Section 2 경기종합지수 속속들이 해부하기 • 081

| 경제지식 level-up 동영상 CD |

저자직강 동영상 CD에는 다음과 같은 내용을
수록했습니다.

1. 대표적인 선행지수 장단기금리차
2. 증권사 CMA와 CD금리, 주택담보대출금리의 상관관계
3. 집 한 채를 사려면 얼마나 걸릴까?
4. GDP는 한 나라 경제의 체격이다.
5. 인플레이션율과 실업률의 진실

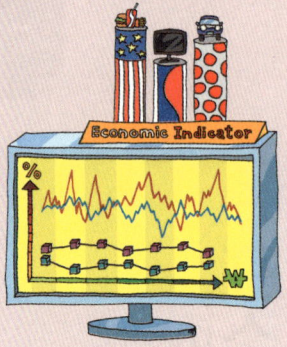

미리 보는 지표 · 지수만 알아도 경제가 보인다

Q1 경제와 지수 왜 알아야 할까?

Q2 경제지표와 지수 어떻게 접근해야 할까?

Q3 경기선행지수가 오르면 3~10개월 후 경기가 정말로 오를까?

Q4 한 나라의 경제 체격 GDP 어떻게 봐야 좋을까?

Q5 나쁜 물가상승, 좋은 물가상승?

Q6 과연 몇 년 만에 집을 살 수 있을까?

Q7 곱절로 늘어나는 통화량 왜 그럴까?

Q8 인플레이션이 더 나쁜가, 실업률이 더 나쁜가?

Section 5 돈 불리는 데 유용한 금융지표 꿰뚫기

Section 6 각종 부동산지표 길라잡이

Section 7   일자리, 실업률 고용지표로 살펴라

Section 8   경제지표와 친해질 수 있는 세 가지 팁

들어가는 말

알아야 면장도 해먹는다!

대학시절 같은 과 동기 중 A라는 녀석이 있었다. 필자와는 그다지 친하지는 않았지만 필자의 가까운 친구 B와는 꽤 친한 사이였다. 얼마 전 B를 통해 A의 근황을 듣게 되었다. A는 대구 출신인데 부친이 대구에서 꽤 탄탄한 중소기업을 운영하신다. 그래서 대학시절에도 유복하게 학교를 다녔고 대기업 입사 후 이내 미국의 유수대학 MBA 코스로 유학을 다녀왔다. 유학을 마친 후 아버지가 운영하시는 회사의 기획실장으로 입사해 가업을 잇고 있는 중이라 했다.

그러던 중 재미있는 일이 하나 벌어졌다. 대략 2007년경이었다고 한다. 수출을 주로 하던 A의 아버지가 운영하던 회사에도 키코^{KIKO}에 대한 제안이 들어 왔다. 당시 주거래 은행이던 모 은행의 부지점장이 찾아와 이 상품에 가입할 것을 권유했던 것이다. 사장이었던 A의 부친은 부지점장에게 제안서만으로는 이해하기 힘들다며 다시 한번 시간을 내어 설명회를 가져줄 것을 요청했다. 예정대로 오후 시간 A의 회사 사장실에서 설명회가 열렸다. 사장인 A의 부친과 A, 그리고 회사의 재무담당 이사와 실무 과장이 참석한 가운데 주거래 은행의 부지점장이 키코의 장점에 대해 설명을 했다.

"이러이러하기 때문에 환율이 떨어지더라도 환차손을 헤지할 수 있는 아주 이상적인 파생상품입니다."

부지점장의 설명이 거의 끝나갈 무렵 A는 뭔가 잘은 모르지만 이상하다는 생각을 했다. 참고로 A는 미국 MBA 유학시절 그렇게 열심히 공부를 한 것은 아니었다. 그냥 집이 유복하다 보니 바로 부친의 회사에 들어가기는 그렇고 해서 유학을 다녀온 것이다. 하지만 서당개 삼년이면 풍월을 읊는다고 하지 않던가!

유학시절에 들은 파생상품 수업이 생각났다. 모름지기 파생상품의 구조란 위험을 없애는 게 아니라 퍼져 있는 위험을 한 곳으로 모아놓는 것이다. 그래서 확률적으로 위험을 모아놓은 곳에 발을 디디지 않으면 마치 위험이 없어진 것처럼 느껴지며 막대한 수익도 얻을 수 있다. 하지만 자칫 잘못하여 위험을 모아놓은 곳에 발을 디디게 되면 평소보다 수십, 아니 수백 배의 위험을 뒤집어쓰는 것이 바로 파생상품이 가진 두 얼굴이다. 딴 건 몰라도 이런 사실을 알고 있었던 A는 부지점장에게 질문을 했다.

"환율이 떨어질 때는 in-the-money(돈을 버는 상태)가 된다고 하셨는데

요. 그럼 반대로 환율이 올라가면 어떤 위험이 도사리고 있나요? 제 생각에는 분명 out-of-money(돈을 잃는 상태)일 것 같은데요.”

물론, 내가 들은 바로는 그때 A는 분명 뭔가 안전책이 마련되어 있을 거라고 생각했다고 한다. 키코가 파생상품이긴 하지만 그래도 명색이 은행에서 팔고 있는데 그런 안전책조차 마련되지 않을 리가 없다. 다만 자신도 미국 유학까지 갔다 왔는데 부친과 재무이사가 모인 자리에서 파생상품에 대해 아는 척, 질문이라도 하나 해야 하는 거 아니냐는 의도가 더 많았다고 한다. 그런데 의외의 상황이 벌어졌다. 갑자기 부지점장의 얼굴이 상기되면서 식은땀을 흘리는 게 아닌가! 그러면서 말을 더듬으며 질문의 요지와 상관없이 횡설수설하기 시작했다. 그랬다. 당시 키코라는 것을 정확히 알고 판매하는 은행은 거의 없었다고 말해도 과언이 아니다. 단순히 몇 시간 동안 상품 설명만을 숙지하고 거래처에 찾아가 앵무새처럼 읊조리는 게 전부였다. 하지만 당시 사람들은 ‘그래, 은행 같은 전문기관에서 권유하는 파생상품이니 설명처럼 안전하고 수익성도 좋을 거야’ 하는 막연한 생각으로 키코에 덜컥 가입을 했다. 제대로 따져보지도 않고 그 엄청난 상품(?)에 가입했던 것이다. 물론, A의 회사를 방문한 은행의 부지점장 입장

도 이해는 간다. 지금껏 자신의 설명에 대해 의심스러워하며 질문을 던진 사람은 없었다. 그리고 중요한 사실은 부지점장도 키코의 위험이 뭔지 잘 몰랐을 것이란 점이다. 그냥 위에서 팔라고 하니까 팔러 다닌 것뿐이었을 것이다. 분위기 좋게 시작되었던 키코 설명회는 어색한 여운만 남긴 채 끝났다.

"아, 부지점장님 그럼 우리가 내부적으로 좀더 논의해본 후에 답변을 드리겠습니다. 수고하셨습니다."

A의 부친이 인사말을 건넸다. 부지점장이 떠나자 A의 부친이 A를 다시 불렀다.

"네 생각은 어떠냐?"

물론, A는 키코의 문제점을 분명하게 알지는 못했지만 마음속에 찜찜함을 떨쳐버릴 수 없었다.

"저, 아버지. 아무래도 가입하지 않는 게 좋을 듯싶습니다. 위험에 대해 잘 알지도 못하는 상품을 팔러 다니는 사람도 이해가 안 가고요. 그런 사람이 권유하는 상품에 가입하는 것도 문제가 있다고 생각합니다."

아마 A의 부친은 당신의 자식이 미국에서 상당히 많은 공부를 했다고 생

각했나 보다.

"녀석, 많이 똑똑해졌구먼. 그래 이번엔 너의 의견에 따르마."

2008년 말, 온 나라의 중소기업이 키코로 고통받을 때, A의 회사만은 여유만만했다. 그리고 A는 그 일로 아버지로부터 큰 신임을 얻어 2009년 상반기에 사장 자리에 앉게 되었다고 한다.

그렇다. 알아야 면장도 해먹는 법이다. 자신의 재산은 남이 지켜주지 않는다. 그 '남'이 아무리 전문가라 해도 말이다. 그들은 그냥 주변의 권유자이고 조언자이며 어떨 때는 얄미운 훼방꾼일 뿐이다. 자신의 재산은 스스로 지키는 게 옳다. 자신이 뭐라도 알고 있어야 똥인지 된장인지 직접 먹어보지 않더라도 구분할 수 있는 법이다.

어느 통계자료를 보니 우리나라 사람 12명 가운데 1명꼴로 주식투자를 한다고 한다. 뛰어난 분석가와 다양한 투자기법 게다가 엄청난 전산 프로그램까지, 막강한 무기를 보유한 외국인이나 기관들과 계급장 떼고 한판 붙은 진검승부에 이렇게 많은 사람들이 매달리고 있다. 그러나 개미들은 과연 얼마나 공부를 하는지 반성해봐야 하지 않을까?

경제지식도 발효시켜야 제 맛이 난다!

요즘 막걸리가 제대로 뜨고 있다. 사실 그 동안 '돈 없는 사람이나 마시는 술'이라는 이미지가 강하여 외면당하던 술이었다. 그런데 요즘엔 시골장터나 도시의 뒷골목 허름한 대폿집에서만 막걸리를 볼 수 있는 게 아니다. 서울 강남의 번화가에서도 막걸리 마시는 사람들을 심심찮게 볼 수 있다. 심지어 호텔 레스토랑의 메뉴에도 막걸리가 당당하게 자리잡고 있다. 이렇듯 막걸리는 맛도 좋고 각종 영양분이 들어 있어 적당히 마시면 건강이나 미용에 좋다며 웰빙 술로 재조명을 받고 있다. 솔직히 약간 부끄러운 건 이렇게 좋은 우리의 술이 이웃나라 일본 사람들로부터 인기를 먼저 얻었다는 것이다. 일본에서 인기를 끌자 다시 우리가 관심을 갖기 시작한 것이다. 그래도 잃어버릴 뻔했던 우리의 전통술 막걸리를 되찾았다는 것은 여간 다행한 일이 아니다. 필자의 생각에는 막걸리 또한 잘만 홍보되면 와인이나 사케(일본의 청주)처럼 세계인의 입맛까지 사로잡을 수 있다고 본다. 원래 인류는 발효된 음식에 땡기는 본능을 가지고 있기 때문이다.

막걸리는 발효주다. 발효란 무엇일까? 썩는다는 것이다. 알맞은 재료들을 항아리에 차곡차곡 쌓아두기만 한다고 발효가 되는 것은 아니다. 여기에

적절한 시간이 더해지면서 화학적 반응이 일어나 완전히 새로운 물질이 되어야 한다. 이때 유산균이란 녀석이 작용을 해서 그 썩은 결과물이 인간에게 이롭고 맛있는 물질이 되었을 때 이것을 발효라고 한다. 물론, 각종 병균들이 작용을 해서 그 썩은 결과물이 인간에게 해롭고 혐오스런 물질이 되었을 때에는 그것을 부패라고 한다. 그리고 보면 발효와 부패는 같은 형제인데, 그 격차는 실로 하늘과 땅 차이다. 발효식품의 대명사는 김치나 치즈, 요거트다. 이러한 발효식품이 주는 감칠맛의 유혹에 빠지지 않는 사람은 별로 없다. 신선한 야채나 달콤한 당분이 주는 맛과는 완전히 다른 세계다. 깊고 흔들리지 않는, 질리지 않으며 탄탄한, 발효가 되기까지 걸린 긴 시간만큼이나 깊이에 대한 맛을 우리에게 전해준다.

어디 음식만이 그러랴. 경제지식도 발효가 되어야 깊은 맛이 난다. 단편적인 지식은 당장에 솔깃하게 들리지만 실제로는 위험한 것들이 많다. 1,000만원을 10억으로 불리는 비법이라든가, 주가 하락기에 돈 버는 투자방법이라든가 하는 식 말이다. 얼핏 들으면 솔깃하게 들리지만 진중한 깊이보다는 표피적인 잔기술만 난무할 뿐이다. 재테크와 경제를 알아야 한다며 이러한 단편적이고 말초적인 지식을 쌓아보지만 여전히 전체적인 맥락은

보이지 않는다. 당연하다. 발효과정이 빠졌기 때문이다.

필자는 경제지표나 지수를 알아야 한다고 말한다. 하지만 그딴 것들을 안다고 당장에 주식투자로 100만원을 벌 수 있는 것도 아니고 대출금리 1%포인트를 깎을 수 있는 것도 아니다. 그러나 이런 지표나 지수들이 여러분의 경제지식에 중요한 유산균으로 작용할 것이다. 그리고 적당한 시간이 지나서 제대로 발효되어 정말 깊이 있고 강력한 지식을 만들 수 있을 것이라고 굳게 믿는다. 경제를 보는 혜안은 이러한 발효의 과정을 거쳐 숙성된다. 김치나 된장, 막걸리처럼 깊이 있는 지식의 맛을 여러분에게 선사하고 싶다.

2009년 11월

김 의 경

첫째, 전문가의 의견을 듣는 방법
둘째, 경제지표라는 내비게이션(Navigation)
셋째, 지수(index number)란 무엇인가?
넷째, 지수와 지표의 차이는 또 무엇인가?

Warming up

경제지표와
경제지수

첫째, 전문가의 의견을 듣는 방법

"당신 말만 믿고 질렀는데, 박살났잖아욧!"

전문가의 말만 듣고 투자의사결정을 내렸다가 큰 손해를 봤다고 원망하지 말라. 전문가도 나름대로 의미 있는 자료와 근거를 가지고 합리적인 전망을 내놓았을 것이다. 다만 미래는 인간의 영역이 아니니 정확하게 맞출 수는 없다. 진짜 문제는 자신의 알토란 같은 자산을 남의 말만 믿고 덜컥 투자했다는 것에 있다. 이처럼 언제까지 '남의 탓' 만 할 것인가?

그렇다고 전문가의 말이 전혀 필요 없다는 소리는 아니다. 하지만 이렇게 '남의 탓' 만 하는 사람들의 행태를 보면 대부분 전문가의 경제예측에 대한 결론만 본다. 다시 말해 전문가가 전망을 도출하기까지의 과정은 눈여겨보지 않고 '그래서 앞으로 주가가 오른다' 라든지 '부동산을 팔아라' 라는 식의 결론만 기억하고 그렇게 행동한다. 그것도 자신이 믿고 싶은 부분만 취사선택해서 말이다.

2007년 중국펀드가 피크를 칠 때 우리 주변에는 과열된 중국시장과 중국펀드 투자에 대한 전문가들의 우려의 목소리도 적지 않았다. 해외펀드 비과세 혜택이 국내주식형 펀드에는 이미 존재하는 것이니 무슨 대단한 혜택인양 생각하지 말라는 의견도 상당히 많았다. 그러나 사람들은 자신이 믿고 싶고 듣고 싶은

결론만 추려서 듣고 우르르 중국펀드에 몰렸으나 그 결과는 참패였다. 사람들은 전문가의 말에 속았다며 비난을 했다. 물론 실력도 없으면서 자신이 전문가라 자처하는 사람들도 있을 것이다.

하지만 정말 실력 있는 전문가라고 모든 것을 다 맞출 수는 없다. 겨우 몇 가지만 맞출 뿐이다. 따라서 어떠한 투자의사결정을 내릴 때에는 여러 전문가들의 의견을 자신의 시각에서 분석하고 나름대로의 기준을 만들어 의사결정을 내려야 한다.

전문가들의 의견은 천편일률적으로 똑같지가 않다. 경제예측은 미래의 일이고 따라서 정답이 없기 때문이다. 여러 전문가들이 서로 다른 결론을 냈다면 그것을 도출하기까지 그들이 어떤 자료와 근거를 대고 있는지 파악하고 거기서 자신이 옳다고 생각하는 답을 찾을 수 있는 혜안이 필요하다.

비단 투자만을 이야기하는 것은 아니다. 경제활동을 하면서 우리는 수없이 많은 의사결정 상황에 직면한다. 여기서 우리는 가급적 주체적인 의사결정을 내릴 수 있도록 연습, 훈련해야만 한다. 그러기 위해서는 경제의 ABC 정도는 알고 있어야 할 것이다.

물론 전문가들이 자신의 의견을 피력하기 위해 사용하는 각종 경제지표나 지수 등의 도구들도 경제의 ABC에 포함된다. 이러한 경제의 기초를 알고 난 후, 내린 의사결정이라면 설령 결과가 잘못되었더라도 '남의 탓'을 하지 않고 자신의 오판을 반성할 수 있다. 또한 이러한 과정이 반복됨에 따라 경제를 보는 혜안이 길러진다.

자! 이제부터 필자를 따라 선언해보자.

"오등吾等은 자玆에 경제 독립인임과 경제 자주인임을 선언하노라!!"

둘째, 경제지표라는 내비게이션(Navigation)

한 번도 가본 적 없는 낯설고 먼 곳을 가기 위해 운전석에 앉았다고 해보자. 그것도 칠흑같이 캄캄한 밤이다. '한밤중이면 헤드라이트를 켜면 될 것 아니냐'고 이야기하지만 밤은 물리적인 어둠만을 여러분에게 주는 것은 아니다. 국도를 달리다 차를 잠시 세워놓고 길을 물어볼 사람이 한밤중에 있을 리가 없다. 자동차의 헤드라이트는 앞만 비춰줄 뿐이다. 캄캄한 상황에서 주위의 지형지물이 눈에 쏙쏙 들어오지도 않는다. 게다가 되도록 빠른 시간 안에 도착해야 하는 상황이라면 이것 참 낭패다. 불안과 걱정이 당신의 온몸을 감싸고 돈다.

"이것 큰일이군. 이 캄캄한 밤에 한 번도 가본 적 없는 그곳까지 어떻게 가지?"

갑갑한 마음에 담배를 물고 이렇게 궁시렁거려 본다. 하지만 차 안에는 내비게이션이 있지 않은가! 목적지만 찍으면 어떤 길이라도 상세히 안내해줄, 21세기 최첨단 과학의 결정판 GPS를 이용한 올 컬러판 맵^{map}을 탑재한 내이게이터가 있는데, 뭐가 걱정인가? 뭐라고? 아내가 필요하다길래 구입해서 달아놓았지만 정작 당신은 한 번도 사용해본 적이 없다고? 그게 무슨 상관인가! 지금이라도 당장 전원을 켜고 목적지를 찍으면 작동이 되는데 말이다. 그렇다. 낯선 곳을 갈 때에는 내이게이터를 이용하면 된다. 일반화된 문명의 이기를 애써 외면할 필요는 없다.

우리 인생도 마찬가지다. 우리가 앉아 있는 곳이 바로 낯선 곳을 향해 한밤중을 달려야만 하는 자동차의 운전석과 같다. 한 번도 가보지 않은 미래를 향해

캄캄한 밤길을 달려야 하는 게 우리의 인생 아닌가! 이처럼 인생은 삶의 궁극적인 가치를 찾아야 하는 일과 당장에 먹고 사는 문제가 오묘하게 섞여 있다. 만약 인생에도 현대과학이 만들어낸 내이게이션이란 게 있다면 우리는 그것을 적극 활용해서 가고자 하는 목적지까지 찾아가는 게 현명하다. '목적지: 행복의 나라' 이렇게 찍었을 때 '1킬로미터 전방에서 좌회전하세요' 하고 길을 안내해준다면 오죽 좋으랴! 그러나 필자는 지금껏 궁극적인 가치에 대해 알려주는 내비게이션에 대해 들어본 적이 없다.

하지만 당장의 먹고 사는 문제인 경제활동을 하는 데 있어 길을 안내해주는 내비게이션은 분명 있다. 귀가 번쩍하는가! 그런 게 정말 있단 말인가! 물론 있다. 다만 여러분에게 약간의 양해를 구하자면 아직은 과학(?)이 발달하지 않아 경제의 내비게이션은 다소 부실한 것이 사실이다. 자동차에 달린 내비게이션처럼 친절한 음성과 화려한 맵으로 방향을 알려주지는 못한다. 게다가 정확도 역시 자동차의 내이게이터에 비하면 아주 많이 떨어진다. 아직은 숫자와 그래프 정도로 우리들에게 길을 안내해주려고 애쓸 뿐이다. 게다가 지도상의 목적지는 내가 모를 뿐 이미 존재하는 곳이지만 경제의 목적지는 아무것도 정해지지 않은 진짜 미래의 일이라 정확도도 상당히 떨어진다. 하지만 캄캄한 밤에 한 번도 가본 적 없는 미래를 찾아가는 데 분명 도움이 되는 길 안내를 해준다는 점만큼은 사실이다. 이러한 경제의 내비게이션이 바로 '경제지표'이고 '경제지수'다. 사실 우리 주변에는 경제를 알려주는 내비게이션이 가득하다. 그것도 찾아보면 웬만한 건 공짜로 얻을 수 있다. 따라서 아직 한 번도 사용해본 적이 없다고 내팽개쳐두지 말기 바란다. 조금이라도 그 이용법을 알게 된다면 여러분이 평소 어렵다고만 생각하던 경제의 미래를 판단하는 데, 또 합리적인 의사결정을 내리는 데 많은 도움이 될 것이기 때문이다.

셋째, 지수(index number)란 무엇인가?

"1,000¹⁺과 10,000¹萬 중에 어느 쪽이 더 큰가?"

시작부터 애들 장난치려느냐고 불쾌해하며 이 책을 덮지 말기 바란다. 너무 당연한(?) 것을 묻는 내 마음도 이해해 달라. 아마도 바보가 아닌 정상인이라면 한결같이 1,000보다는 1만이 더 크다고 말할 것이다. 하지만 과연 언제나 그럴까? 다음 문장을 보자.

"영석이는 새나라전자 주식을 1,000주나 가지고 있어. 하지만 정아는 좋은 자동차 주식을 1만주밖에 가지고 있지 않아."

위의 문장을 보고 여러분은 순간 의아한 생각이 들지도 모른다. 1,000주는 '~나' 라는 조사를 붙였고, 1만주는 '~밖에' 라는 조사를 붙였기 때문이다. 앞서도 말했듯이 일반적으로 1,000보다는 1만이 큰 숫자인데 말이다. 한국어가 서툰 사람이거나 숫자에 약하거나 이도저도 아니면 오타가 아닐까 생각했을 수도 있다. 하지만 여기서 사용한 조사들은 전적으로 옳다. 아마 독자들은 지금부터 설명하는 다음 이야기를 들으면 '아 그렇구나' 하고 고개를 끄덕일 것이다.

새나라전자가 발행한 주식의 총수는 2,000주이고 좋은자동차가 발행한 주식의 총수는 10만주이기 때문이다. 이제 조사가 올바로 쓰였다는 말에 약간 감을 잡았을 것이다. 새나라전자의 전체 발행주식 2,000주 중 영석이가 가지고 있는 1,000주는 엄청나게 큰 것이다. 이 정도 주식이라면 영석이가 마음만 먹으면 아마 새나라전자의 경영권도 가질 수 있을 것이며, 대표이사 자리에 오를 수도

있다. 따라서 '무려 1,000주나' 가지고 있다고 했다.

반면, 좋은자동차의 전체 주식 10만주에 비해 정아가 가지고 있는 1만주는 큰 숫자가 아니다. 아무리 정아가 원해도 그 정도 주식으로는 대표이사가 되거나 경영권을 가질 수 없다. 따라서 정아가 보유한 주식 1만주는 '고작 1만주'에 불과한 것이다. 하지만 이렇듯 주저리주저리 부연설명이 없다면 영석이의 1,000주와 정아의 1만주 중 어느 것이 더 큰지를 구분하기란 쉽지 않다. 그렇지만 필요는 발명의 어머니라고 했던가! 그래서 사람들은 이를 효과적으로 표현할 수 있는 방법을 고안했다. 바로 분수分數라는 개념이다. 전체 주식 중에서 영석이나 정아가 보유한 주식수를 몇 분의 몇이라는 '비율(%)'로 나타내는 것이다. 초등학교 산수를 듬성듬성 공부한 사람이라도 이 정도 계산은 다 할 수 있다.

▼ 표 1-1 | 영석이와 정아의 보유주식 비율

회사명	전체 주식수	주식보유자	보유주식수	계산식	비율(지분율)
새나라전자	2,000주	영석	1,000주	=1,000주/2,000주	50%
좋은자동차	10만주	정아	1만주	=1만주/10만주	10%

표 1-1에서 보듯이 영석이와 정아가 보유한 주식의 비율은 각각 50%와 10%다. 당연히 우리는 50%가 10%보다 더 크다는 것을 알 수 있다. 여기서 보유주식의 비율을 '지분율'이라고 한다. 따라서 앞서 소개한 말을 다음과 같이 고칠 수 있다.

"영석이의 새나라전자 지분율은 50%나 되지, 하지만 정아의 좋은자동차 지분율은 10%밖에 되지 않아."

이제 누가 보더라도 조사가 어색하지 않은 올바른 표현임을 알 수 있다. 이처럼 사람들은 숫자로만 표시해놓으면 어떤 대상의 크기를 정확하게 비교할 수 있을 거라고 믿지만 상황에 따라서는 숫자 그 자체가 모든 것을 명쾌하게 설명해주지 못한다. 그래서 위와 같은 사례를 비교할 때, 사람들은 분수계산식을 이용하여 '비율'이란 새로운 형태의 숫자를 만들어낸 것이다. 그런데 비율이라는 개념은 반드시 경제나 주식투자에서만 사용되는 것이 아니라 우리의 일상생활 가운데 필요에 따라 너무나 자연스럽게 사용된다.

"이번 승진은 영업실적 상위 10%에 든 사람만을 대상으로 할 겁니다."
"그 아르바이트를 나에게 소개해주면 처음 급여의 20%를 사례비로 줄게."

다시 한번 정리해보자. 영석과 정아의 사례에서 우리는 두 사람이 가진 서로 다른 두 회사의 보유주식 크기를 비교하기 위해 비율이라는 개념이 필요함을 알 수 있었다. 이렇게 비율(지분율)로 표시해놓으면 각 회사의 전체 발행주식의 총수를 굳이 알 필요가 없더라도 누가 더 많은 주식을 보유하고 있는지 가늠할 수 있다. 이제 내친 김에 필자는 여러분에게 새로운 숫자를 하나 더 소개하려 한다. 사실은 그것이 앞의 사례를 언급한 원래 목적이다.

 ● 시간적인 변화량을 비교할 때 필요한 숫자 : 지수

자! 앞서 영석과 정아의 사례는 서로 다른 대상을 비교한 것이다. 그런데 만약 같은 대상이지만 비교하는 시기時期가 다를 경우, 다시 말해 같은 대상이 서로 다른 시점에서 어느 정도 증가 또는 감소했는지를 비교할 경우라면 어떻게 해야 할까? 눈치가 빠른 여러분은 이 또한 단순한 숫자만으로는 비교하기 힘들

것 같다는 느낌을 받았을 것이다. 그렇다면 이제 어떤 새로운 개념의 숫자가 필요한지 예를 들어 살펴보겠다.

 "홍대리는 2009년 3/4분기 업무수행평가에서 총점 347점을 받았어."

제길, 347점이란 점수가 도대체 무엇을 의미하는가? 우리는 도저히 알 길이 없다. 그럼 아래의 두 표현을 보자.

A) "홍대리는 2009년 3/4분기 업무수행평가에서 총점 347점을 받았어. 정말 갈수록 대단한데."
B) "홍대리는 2009년 3/4분기 업무수행평가에서 총점 347점을 받았어. 이거 갈수록 큰일이네."

위의 A에서는 347점이 홍대리의 업무수행평가가 날이 갈수록 높아진 점수라는 것을, 그리고 B에서는 347점이 날이 갈수록 낮아진 점수라는 것을 추측할 수 있다. 하지만 여전히 우리는 347점이 어느 정도 높아졌거나 낮아진 것인지 알 수 없다. 도대체 347점이란 게 얼마나 큰 숫자인지 업무수행평가에 대해 자세한 지식이 없는 사람이라면 알 수 없다. 사람들은 이러한 숫자의 모호함을 없애기 위해 새 개념을 도입했다. 바로 2년 전 홍대리가 대리로 승진한 분기分期에 평가한 업무수행평가의 총점을 '100' 으로 하고 이를 기준으로 매달 평가 점수를 환산해보기로 한 것이다. 마침 홍대리의 인사기록부를 보니 대리로 승진한 분기에 평가한 업무수행평가 총점이 224점이었다. 그렇다면 2009년 3/4분기의 총점 347점은 과연 얼마로 환산할 수 있을까? 바로 '154.9' 다. 계산은 다음과 같이 간단하게 할 수 있다.

● 154.9=(347÷224)×100 → [(2009년 3/4분기의 총점 ÷ 대리로 승진한 분기의 총점)×100]

홍대리가 대리로 승진한 분기의 업무수행평가 총점을 모르더라도 '154.9'라는 숫자에서 다음과 같은 정보를 얻을 수 있다.

"아~ 홍대리는 대리로 승진한 2년 전에 비해 업무수행평가 점수를 54.9% 높게 받았구나."

물론 이는 A에 대한 설명이다. 우리는 쉽게 B에 대한 설명도 해볼 수 있다. 이번에는 홍대리가 대리로 승진한 분기의 총점이 498점이었다고 해보자. 그럼 위의 식을 통해 2009년 3/4분기 총점은 '69.7'이라는 것을 알 수 있다.[→(347÷498)×100=69.7] 따라서 홍대리는 대리로 승진한 분기에 비해 69.7%의 점수를 받았다는 사실을 알 수 있다. 자! 내친김에 A의 경우만 가지고 한판 더 가자. 2009년의 마지막인 4/4분기에 한 번 더 홍대리의 업무수행평가 총점을 받아봤더니 448점이었다면 환산 점수는 '200.0'이 나온다. 그렇다면 2009년 4/4분기는 홍대리가 대리로 승진한 분기에 비해 두 배나 높은 점수를 받았으며 이는 직전 3/4분기보다도 45.1% 높은 점수를 받은 것이다.

▶ 표 1-2 | 홍대리의 업무수행평가(A의 경우)

업무수행평가	대리로 승진한 분기(기준일)	2009년 3/4분기	2009년 4/4분기
총점	224	347	448
환산점수	100.0	154.9	200.0

이렇듯 기준일(위의 경우는 홍대리가 대리로 승진한 분기)에 비해 같은 대상(위의 경우는 홍대리의 업무수행평가 총점)이 시간이 지나면서 얼마나 증가 또는 감소했는지 더욱 쉽게 알기 위해 기준일을 100으로 정하여 각 숫자를 환산한 숫자를 사용한다. 이렇게 환산된 숫자가 바로 '지수index number'인 것이다. 참고로 지수는 기준일을 100으로 하여 숫자의 변화치를 백분율로 나타내기 때문에 특별한 단위를 사용하지는 않는다(특별한 단위를 사용하지 않는 숫자를 무명수無名數라고 한다―저자 주).

신문이나 뉴스 등에서 심심찮게 등장하는 코스피지수, 경기선행종합지수, 물가지수… 등등의 왠지 복잡할 거 같고 친해지기 쉽지 않은 용어들이 탄생하게 된 근본적인 이유를 알았는가? 지수는 그 구체적인 숫자 자체의 크기보다는 시간의 흐름에 따른 해당 숫자들의 변화치만을 간편하게 알기 위한 유용한 도구로서 탄생되었다. 이 같은 지수의 특성 때문에 우리는 경제활동에서 산출되는 다양한 숫자를 일목요연하게 정리하여 그 변화하는 추이를 살펴볼 수 있다. 그리고 이렇듯 경제활동과 관련 있는 지수들을 특히 '경제지수'라고 부른다. 우리에게 익숙한 대표적인 것이 코스피KOSPI지수다. 예컨대 2009년 7월 24일 현재 코스피지수가 '1502.59'라고 한다면, 기준일의 주가지수 '100'으로부터 무려 15배나 상승했다는 걸 의미한다. 어쨌거나 지수의 탄생 비밀을 알게 되었으니 이 또한 기쁘지 아니한가!

넷째, 지수와 지표의 차이는 또 무엇인가?

"치아 건강에 중요한 칫솔 교환 시기를 알려줍니다."

아직도 기억에 남는 칫솔광고가 있다. 바로 '오랄비 인디케이터 칫솔'이다. 칫솔모毛가 파란색으로 되어 있는데, 많이 사용하면 색깔이 흰색으로 변해 적정한 칫솔 교환 시기를 알려준다는 내용이다. 내가 직접 사용해본 적은 없지만 이 광고 덕분에 인디케이터indicator가 '뭔가를 알려주는 사람이나 사물, 신호표시기, 방향지시기'라는 의미라는 걸 알게 되었다. 여기서 뜬금없이 칫솔광고 이야기는 꺼낸 이유는 '인디케이터'라는 단어의 이미지를 내 머릿속에 '돌에 글자 새기듯' 꽉 박아준 고마운 광고였기 때문이다. 또한 그 이미지가 경제지표를 이해하는 데 적지 않은 도움을 주었기 때문이다.

경제지표經濟指標를 영어로 바꾸면 'Economic Indicator'다. 여기서 알 수 있듯이 경제지표란 오랄비 인디케이터 칫솔과 같은 것이다. 경제가 어느 방향으로 가고 있는지 알려주는 방향지시기, 경제가 어떤 상태인지 알려주는 신호표시기이니까 말이다. 그렇다고 어떤 블랙박스 모양으로 불이 깜빡깜빡 왔다갔다 하며 방향과 상태를 알려주는 기계를 말하는 건 아니다. 여러 경제 현상 중 의미 있는 항목들의 수치를 통계나 수학적으로 가공해서 그 방향과 상태를 가늠할 수 있도록 해주는 숫자나 그래프들을 의미한다. 으악, 통계나 수학이란 단어에 경기驚氣가 일어나는가! 그러나 우리는 이러한 지표를 직접 계산할 필요는 없으니 구체적인 통계나 수학적인 계산방법까지는 알 필요가 없다. 이런 것들은 통계청이나 한국은행 등에 근무하는 똑똑하고 유능한 전문가들의 몫이니까. 다만 우리는 그렇게 나온 숫자와 그래프들을 보고 방향과 상태를 가늠해보기만 하면 된다. 치아 건강을 위해 칫솔 갈아줄 시기를 알듯이 말이다.

대표적인 경제지표로는 GDP(국내총생산)가 있다. 또 코스피지수나 소비자심리지수 등도 주요 경제지표다. 그러니까 경제지수도 경제지표에 포함된다. 경제지표와 경제지수가 다르지는 않지만 굳이 그 차이를 말하자면 '지표는 특

정 기준일의 숫자를 100으로 잡아서 환산하지 않고 숫자 그대로를 사용한 것'
이다. 그 이유는 숫자 그 자체의 크기 또한 의미가 있기 때문에 환산하는 과정
을 거치지 않는다. 예컨대 대표적인 경제지표인 'GDP'의 경우, 총 '몇 천억
달러'라는 금액 자체도 아주 중요하기 때문에 100을 기준으로 환산하지 않는
다. 다시 말해 '경제지표⊃경제지수'라고 생각하면 이해하기 쉽다. 이 책에
서는 경제지표와 경제지수를 모두 다룰 것이다.

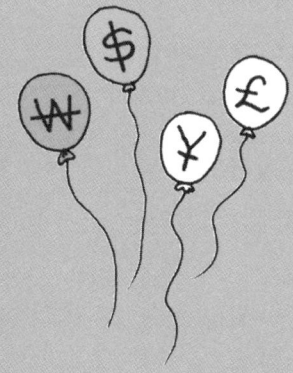

경기종합지수 속속들이 해부하기

"국민 여러분 살림살이 좀 나아졌습니까?"

17대 대통령선거에 나선 어떤 후보자가 유세에서 들려준 말이 한때 유행한 적이 있다. 여기서 '살림살이'를 한자어로 달리 표현한다면 어떤 게 적당할까? 바로 '경제(經濟)'라고 하면 된다. 국민들의 살림살이, 기업들의 살림살이, 정부의 살림살이를 각각 가계경제, 기업경제, 정부경제(재정)라 하고 이것들이 모여 나라 전체의 살림살이, 즉 국가경제가 된다. 그래서 경제의 3주체를 가계, 기업, 정부라고 하는 것이다. 그럼 스스로 자문해보자. 살림살이가 좀 나아졌는지, 또는 살림살이가 앞으로 좀 나아지려는지. 막연히 좋아질 것 같기도 하고 계속 나빠지는 것 같기도 하고 솔직히 잘 모르겠다고? 그렇다. 모름지기 숲 속에 있으면 정작 숲 전체를 제대로 파악할 수 없듯 우리가 현실 속에서 몸을 부대끼며 살다 보니 정작 우리의 살림살이 전체 모습을 제대로 보기가 쉽지 않다. 이럴 때 살림살이(경제)의 상태와 진행 방향을 가늠해볼 수 있는 유용한 도구가 있는데 이름하여 '경기종합지수'라 한다. 그렇다면 경기종합지수란 도대체 어떤 녀석일까? 지금부터 속속들이 알아보도록 하자.

경기란 무엇인가?

LESSON 01

경기란 한마디로 경제상황을 일컫는다. 자연법칙과 비슷하게 순환하는 특성을 갖고 있는데, 자연법칙과는 달리 주기적인 순환은 아니다. 그러나 불황과 호황이 반복적으로 거듭된다는 점에서 자연법칙과 비슷하다 하겠다. 그렇기 때문에 景氣라는 한자를 사용하는 모양이다.

우선 '경기'가 무슨 뜻인지 한번 알아보자. 경기란 살림살이의 상태, 즉 경제상황을 의미한다. 자! 여기서 독자들에게 퀴즈를 하나 내겠다. '경기'는 한자로 어떻게 쓸까? 물론 답을 맞추더라도 거창한 상품이 준비되어 있는 것은 아니지만 그래도 성심껏 아래의 보기 가운데 정답을 찾아보시기 바란다.

> 경기란 살림살이의
> 상태, 즉 경제상황을
> 의미한다.

 ● ❶ 經氣 ❷ 景氣 ❸ 經紀 ❹ 競技 ❺ 經期

역시 여러분은 똑똑하다. 정답은 ❷번이다. 경기가 경제상황을 의미하기에 언뜻 생각해서는 '경'을 '經'자로 쓸 것 같지만 맞는 한자는 '景'자다. 한자로 풀면 '햇빛 경景' 자에 '기운 기氣'자다. 왜 이런 글자를 사용했을까? 순전히 내 생각이지만 이는 햇빛이 움직

경기순환의 특성

'경기순환 ≒ 햇빛 기운의 순환'

경기순환의 과정이 햇빛의 움직임과 100% 같은 것일까? 그렇지는 않다. 가장 다른 점은 경기순환의 경우 반복적이지만 자연법칙처럼 주기적이지는 않다. 자연법칙의 경우 3개월 간의 겨울이 지나면 어김없이 봄이 찾아오지만 경기순환은 그렇지 않다. 불황이 짧게 지나갈 수도 있고 호황이 예상보다 길어질 수도 있다. 또 다른 점은 이렇다. 경기순환은 지속적이긴 하지만 불규칙적이란 것이다. 과거에 겪은 불황의 깊이와 이번 불황의 깊이가 같을 수는 없다. 이런 두 가지 특성 때문에 경기가 기후나 날씨보다 예측하기가 더 힘들다. 물론 과거에는 10년 주기설, 40년 주기설 등등의 얘기에서 보듯이 경기가 나름대로 주기적이며 규칙적으로 순환한다는 주장도 없었던 건 아니다. 하지만 최근의 이론들은 이러한 주기설들을 부정한다. 오히려 경기변동을 유발하는 충격들이 무엇이고 이러한 충격이 한 번 가해질 때 어떤 경로를 타고 전파되느냐에 더 중점을 맞추어 경기를 예측하려는 시각이 지배적이다.

⬇ 그래프 2-1 | 경기순환 과정 가상도

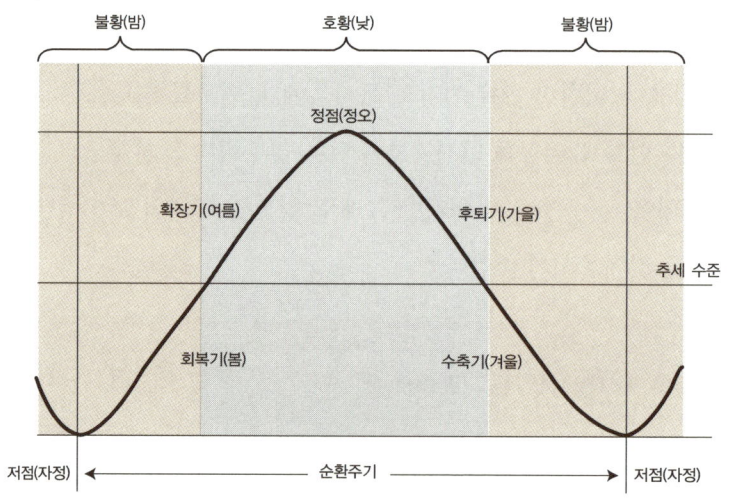

※ 경기순환 과정을 나타낸 가상도다. 그림에서 보듯 경기는 '회복가→확장가→후퇴가→수축기'를 거치며 저점에서 정점으로, 그리고 다시 저점으로 순환주기를 그리며 반복한다. 이 그림을 굳이 가상도라고 한 이유는 실제 경기가 위의 그림처럼 좌우 대칭되어 주기적이고 반복적으로 순환하지 않기 때문이다.

출처 《경제학강의 워크북》 김진욱 저

이는 기운과 경기가 움직이는 것이 똑같기 때문이다. 아무리 캄캄한 밤일지라도 아침이 되면 언제 그랬냐는 듯이 해가 떠오른다. 정오의 뜨거운 태양 빛도 저녁이 되면 뉘엿뉘엿 석양이 되어 사라지고 다시금 어둠이 찾아온다. 이것이 바로 '햇빛 기운'의 자연법칙이다. 뜨고 지는 순환의 반복 말이다. 어디 하루 햇빛의 기운만 그러하랴.

1년도 마찬가지다. 봄 햇살의 온화한 기운으로 시작해 여름 태양의 강렬함으로 타오르다가 가을 볕의 따스함이 다시금 겨울 태양의 차가움으로 반복하며 움직이지 않던가. 이러한 햇빛의 기운이 우리 살림살이의 순환과 비슷하다고 본 것이다. 침체기를 거쳐 불황의 나락으로 빠져 곧 죽을 것 같지만 다시금 회복기로 이어지고, 이내 호황기로 타오르는 순환을 거듭하니까 말이다. 그래서 사람들은 이를 경기景氣라고 이름 붙인 모양이다. 불황기가 오는 것도 호황기가 오는 것도 바로 자연의 이치다.

모든 국가의 경제는 이런 과정을 거친다. 그러므로 불경기라고 너무 비관할 필요가 없다. 밤이 지나면 낮이 찾아오듯이 언젠가는 꼭 호황기가 찾아올 것이기 때문이다. 또한 호황기라고 너무 거만해서도 안 된다. 여름이 가면 추운 겨울이 반드시 찾아오게 마련이기 때문이다. 초반부터 너무 철학적인 이야기를 꺼낸 것 같다. 필자답지 않게 말이다.

> 불황기가 오는 것도 호황기가 오는 것도 바로 자연의 이치다. 모든 국가의 경제는 이런 과정을 거친다. 그러므로 불경기라고 너무 비관할 필요가 없다. 밤이 지나면 낮이 찾아오듯이 언젠가는 꼭 호황기가 찾아올 것이기 때문이다.

경기종합지수
3종 세트

신문과 뉴스에서 우리가 자주 듣는 용어 가운데 경기종합지수란 말이 있다. 흔히 경제지표와 지수를 말할 때 '경기선행', '경기동행', '경기후행' 등으로 표현한다. 달리 말해 경기종합지수의 종류로 세 가지가 있다는 이야긴데, 경기종합지수 3종 세트에 대해 간단히 알아보자.

경기종합지수

전반적인 경기 동향을 쉽게 파악, 예측하고자 주요 경제지표 움직임을 종합해서 지수로 나타낸 것이다. 약칭 'CI (Composite index)'라고 한다. 생산·투자·소비·고용·금융·무역 등 경제의 각 부문 지표 중 민감하게 경기에 반영하는 주요 경제지표를 선정하고 이후 이 지표들의 전월대비 증감률을 가중평균하여 작성한다. 1983년 3월부터 통계청에서 매달 작성, 발표하고 있다.

사람들은 자기중심적인 경향이 강하다. 내 배가 부르면 다른 사람이 굶고 있는지 어떤지 잘 모른다. 반면에 자신의 살림살이가 녹녹하지 않으면 나라 전체가 불경기인 것처럼 느껴진다. 따라서 이러한 주관적 관점으로는 경기를 제대로 볼 수 없다. 뭔가 객관적인 지표가 필요하다. 이렇듯 지금이 불황기인지 호황기인지 경기순환 상태를 가늠하기 위해 '경기종합지수 CI: Composite Index'가 만들어졌다. 여기서 '종합'이란 것은 경기를 파악할 수 있는 여러 가지 개별지수를 짬뽕하여 경기지수를 만들었기 때문에 그렇게 부른다. 경기종합지수는 그 숫자 자체로 의미가 있다기보다 전월에 비해 얼마나 증가했는지가 더 중요하다. 전월대비 증가했을 경우 경기 상승이라 하고 감소했다면 경기하락이라고 말한다. 경기종합지수는 여러 지표를 다루는 통계청에서 매월 말경 작성하여 발표한다.

발표 시에는 한 달씩 늦은 자료가 공개되는데, 2009년 11월 말에는 2009년 10월 말의 경기지수가 발표되는 식이다. 이는 여러 자료를 수집하고 통계적인 기법을 이용하여 지수로 만들다 보니 적지 않은 시간이 걸리기 때문이다. 명색이 한 나라의 전체 살림살이의 움직임을 나타내야 하는데, 한두 가지 자료로 얼렁뚱땅 지수를 만들 수는 없지 않은가! 경기종합지수는 생산, 소비, 고용, 투자, 금융, 무역 부분에서 살림살이의 전반적인 상황을 나타내주는 여러 가지 지표를 종합하여 만들어지기에 다소 시간이 걸리는 것이니 너그럽게(?) 이해해야겠다. 참고로 경기종합지수도 '지수'이므로 기준이 되는 시점을 100으로 정하여 만든 숫자다. 현재 발표되는 경기종합지수는 기준시점인 2005년의 숫자를 100으로 정해서 환산한 것이다.

경기종합지수는 다시 세 가지로 크게 나누는데, '경기선행종합지수', '경기동행종합지수', '경기후행종합지수'가 바로 그것이다. 용어 자체에서도 알 수 있듯이 경기선행先行종합지수가 올라가면 앞으로 몇 개월 후의 경기가 상승할 것이란 의미이고, 경기동행同行종합지수가 올라가면 현재 경기가 상승하고 있다는 뜻이다. 아울러 경기후행後行종합지수가 올라가는 것은 몇 개월 전에 경기가 상승했다는 것을 사후 재확인하는 의미가 있다. 일반적으로 경기선행종합지수가 상승하면 3~10개월 정도 후에는 경기동행종합지수도 올라가고 실제 경기도 상승한다.

> 경기종합지수는 다시 세 가지로 크게 나누는데, '경기선행종합지수', '경기동행종합지수', '경기후행종합지수'가 바로 그것이다.

경기선행종합지수

경기선행지수가 오르면 6~10개월 후의 경기가 정말로 좋아질까? 믿기 어렵겠지만 맞는 이야기다. 도대체 어떤 신통한 능력이 있기에 그런 걸까? 경기가 오르려면 미리 상승할 수밖에 없는 지표들만 모아 종합했으니 그렇다는 소리다. 그럼 좀더 구체적으로 경기선행지수에 대해 알아보자.

경기선행지수
(景氣先行指數)
쉽게 한마디로 표현하자면 현재의 경기 움직임보다 앞서 움직이는 지수를 말한다.

한국형 재난영화로 대박을 터트린 〈해운대〉를 보면, 갈매기가 트럭 앞 유리에 '퍽' 하고 머리를 들이박는 장면이 나온다. 쓰나미가 일어나기 직전의 불길한 조짐이다. 영화에서는 이러한 조짐을 몇 가지 더 보여준다. 해안가 바위 틈 사이 바닷게의 집단 움직임이라든가 바다 갈매기가 떼를 지어 한 방향으로 황급히 날아가는 장면이 그것이다. 이렇듯 커다란 자연의 변화가 일어날 때에는 우둔한 우리 인간들만 모르지 대부분의 짐승들은 이를 미리 감지한다. 물론 모른다고 좌절할 필요는 없다. 인간들 입장에서는 짐승들의 이러한 움직임만 제대로 파악하고 대피를 한다면 쓰나미 같은 자연재해도 피할 수 있다.

경기순환에도 자연현상의 변화와 마찬가지로 그 변화를 미리 감지할 수 있도록 도와주는 지표가 있다. 다름아닌 '경기선행종합지

수'다. 이 지수가 전월대비 상승하면 3~10개월 후 경기가 상승할 것으로 예측할 수 있다. 물론 지수가 한 번 상승했다고 섣부른 판단을 내리라는 말은 아니다. 통상 서너 달치의 경기선행종합지수가 꾸준히 상승했을 때 몇 개월 후 실제 경기가 상승할 것으로 봐도 무방하다는 이야기다.

"우와! 경기선행종합지수는 어떤 신통방통한 능력을 가지고 있길래 이게 올라가면 몇 개월 후의 경기도 덩달아 오른다는 말인가?" 이렇게 생각할 수도 있으리라. 하지만 경기선행종합지수가 무슨 신의 계시도 아니고 영험한 예언가는 더더욱 아니다. 다만 경기가 오르려면 미리 상승할 수밖에 없는 지표들만을 모아 종합한 것뿐이다. 현재 통계청에서는 경기가 변동하기 이전에 선행先行하여 변동하는 주요한 지표 10개를 선별하고 이를 종합해서 경기

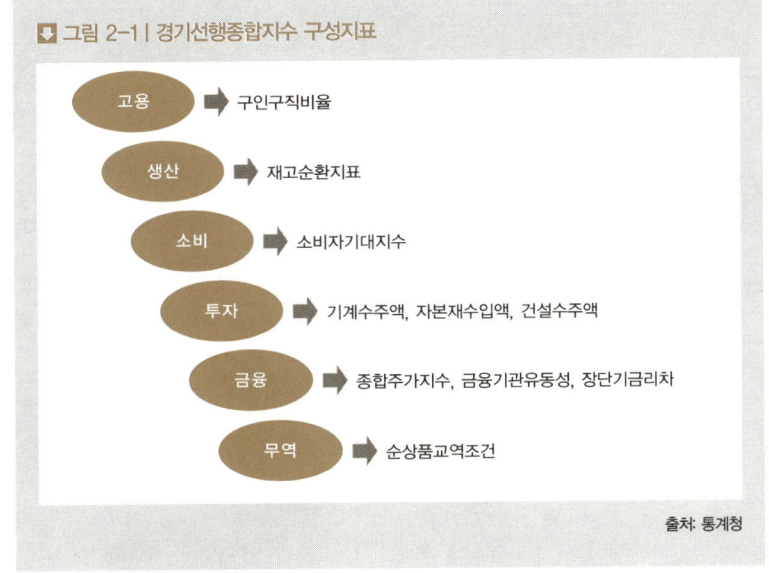

그림 2-1 | 경기선행종합지수 구성지표

고용	➡ 구인구직비율
생산	➡ 재고순환지표
소비	➡ 소비자기대지수
투자	➡ 기계수주액, 자본재수입액, 건설수주액
금융	➡ 종합주가지수, 금융기관유동성, 장단기금리차
무역	➡ 순상품교역조건

출처: 통계청

'경기선행종합지수'가 전월대비 상승하면 3~10개월 후 경기가 상승할 것으로 예측할 수 있다. 통계청에서는 경기가 변동하기 이전에 선행하여 변동하는 주요한 지표 10개를 선별하고 이를 종합해서 경기선행종합지수를 발표한다.

지수별	2008년 5월	2008년 6월	2008년 7월	2008년 8월	2008년 9월	2008년 10월	2008년 11월	2008년 12월	2009년 1월	2009년 2월	2009년 3월	2009년 4월	2009년 5월
선행종합지수(2005=100)	115.0	114.6	113.5	113.5	113.4	112.7	111.5	110.4	110.6	111.8	112.9	115.0	117.4
선행종합지수 구성지표 증감률													
구인구직비율(전월치, %P)	-0.4	1.2	1.9	0.0	0.1	-1.4	-2.5	-5.3	-5.4	-4.0	-2.6	2.3	1.9
재고순환지표(전월치, %P)	-2.0	-4.1	-2.2	-1.1	-1.1	-3.6	-5.6	-4.0	-5.2	6.5	6.2	6.6	4.9
소비자기대지수(전월치, %P)	-3.0	-3.2	-3.7	0.6	0.6	-1.8	-5.2	-6.1	-1.0	-0.9	0.2	5.9	9.1
기계수주액(국내, 선박제외)(전월치, %P)	-5.7	-0.6	5.5	-3.2	-3.2	-14.1	-6.4	-2.0	-2.6	2.5	2.1	0.6	2.3
자본재수입액(전월치, %P)	1.9	1.3	0.0	1.0	1.0	-1.6	-9.1	-12.3	-12.8	-4.9	-2.0	3.6	4.1
건설수주액(전월치, %)	-2.3	-5.4	-12.9	-0.3	-0.8	10.7	-3.9	20.9	20.9	-4.2	-14.2	3.9	4.0
종합주가지수(전월치, %)	3.7	1.4	-4.1	-5.6	-5.6	-6.6	-10.9	-9.2	-9.2	3.0	0.7	4.0	7.8
금융기관유동성(전월치, %)	-0.3	-1.0	-1.4	-0.6	-0.6	0.9	1.3	1.4	1.4	1.1	0.3	0.3	0.7
장단기금리차(전월치, %P)	0.1	0.2	0.3	0.1	0.1	-0.3	0.1		0.0	0.3	0.4	0.5	0.1
순상품교역조건(전월치, %P)	0.4	-0.1	-1.7	-1.8	-1.6	-2.1	-0.4	0.0	0.0	4.4	3.4	2.0	1.6

출처: 통계청

선행종합지수를 발표한다. 그러니까 정확히 말하자면 경기선행종합지수가 오르면 경기가 상승하는 것이 아니라, 경기가 상승하려고 하면 이들 지표들이 포함된 경기선행종합지수가 오를 수밖에 없다는 얘기다. 장닭이 울어야 새벽이 오는 게 아니라 새벽이 오기 직전에 장닭이 우는 것과 같은 이치다. 원래 모르고 보면 모든 게 신화이고 종교이고 미혹迷惑이지만 알고 나면 너무나 당연하고 별 것 아닌 게 우리 주위에는 너무나 많다. 경기선행종합지수도 그 중 하나다. 그럼 어떤 지표들이 그런 역할을 하는지 좀더 자세히 살펴보자.

: : 구인구직비율

당신이 할인마트를 운영하고 있다고 하자. 앞으로 경기가 좋아질 것으로 예상한다면 어떤 행동들을 할까? 그 중 하나가 종업원을 많이 뽑아 서비스

훈련을 시킬 것이다. 경기가 좋아지면 서민들의 주머니 사정도 좋아져 할인마트가 북적거릴 것이고, 그럼 당연히 이래저래 매장을 안내하고 물건을 팔고 계산을 할 교육받은 종업원이 많이 필요할 것이다. '구인구직비율'이란 일자리를 찾고 있는 사람(구직자) 대비 기업에서 신규로 채용하려는 사람(구인자)이 얼마인지를 비율로 나타낸 것이다. 앞으로 경기가 상승할 것으로 예상된다면 이 비율이 올라갈 것이고, 반대로 경기가 하락할 것으로 예상된다면 당연히 이 비율이 떨어질 것이다. 따라서 구인구직비율은 경기선행종합지수를 구성하는 지표가 된다. 사업을 하는 사람들은 바보가 아니다. 생존을 위해 귀신 같이 경기변화를 감지한다. 따라서 이들이 경기변화를 감지해 채용을 늘이거나 줄이는 것은 선행지수로 의미가 있다.

'구인구직비율'이란 일자리를 찾고 있는 사람(구직자) 대비 기업에서 신규로 채용하려는 사람(구인자)이 얼마인지를 비율로 나타낸 것.

:: 재고순환지표

'재고'란 묘한 것이다. 어떨 때는 기업의 든든한 자산이고 어떨 때는 골치 아픈 짐으로 다가온다. 이는 경기와 밀접한 관계가 있다. 경기가 활황이라 물건의 수요가 급증할 때라면 창고에 쌓인 재고가 전부 돈이나 다름없다. 생산부서에서 줄기차게 생산하여 창고에 쌓아두면 판매부서는 하루가 멀다 하고 팔아 치운다. 이에 생산부서는 계속해서 재고를 늘여간다. 하지만 불황일 때라면 상황이 180도 바뀐다. 물건이 팔리지 않아 창고에 재고가 계속 쌓인다. 창고비용이 갈수록 늘어난다. 그렇잖아도 수익이 좋지 않은 기업에 또 하나의 비용이 보태어지는 것이다. '재고순환지표'란 이러한 속성을 가

진 재고가 늘고, 줄고 하는 순환관계를 지표로 나타낸 것이다. 재고는 출하액의 증감과 함께 살펴봐야 경기의 순환관계를 제대로 파악할 수 있다. 참고로 '출하'란 창고에 있던 재고가 시장에 팔려나가는 것을 말한다. 일반적으로 경기회복기에는 재고증가율이 줄고 출하는 늘어난다. 그 동안 침체해 있던 경기가 다시 살아나면서 서서히 제품의 수요가 늘어난다. 기업은 당연히 경기불황기에 창고에 쌓여 있던 재고부터 처분할 것이다. 따라서 출하는 늘고 재고증가율이 감소하는 것이다.

경기호황기에는 재고증가율도, 출하도 함께 늘어난다. 늘어나는 수요에 맞춰 기업이 본격적으로 생산해서 재고를 쌓아놓기 때문이다. 주문이 들어오면 곧바로 대응하기 위해서 말이다. 그러다가 경기후퇴기가 되었다. 이때는 재고증가율이 늘고 출하는 줄어든다. 수요마저 점차 줄어 제품 출하도 감소하지만 공장 가동은

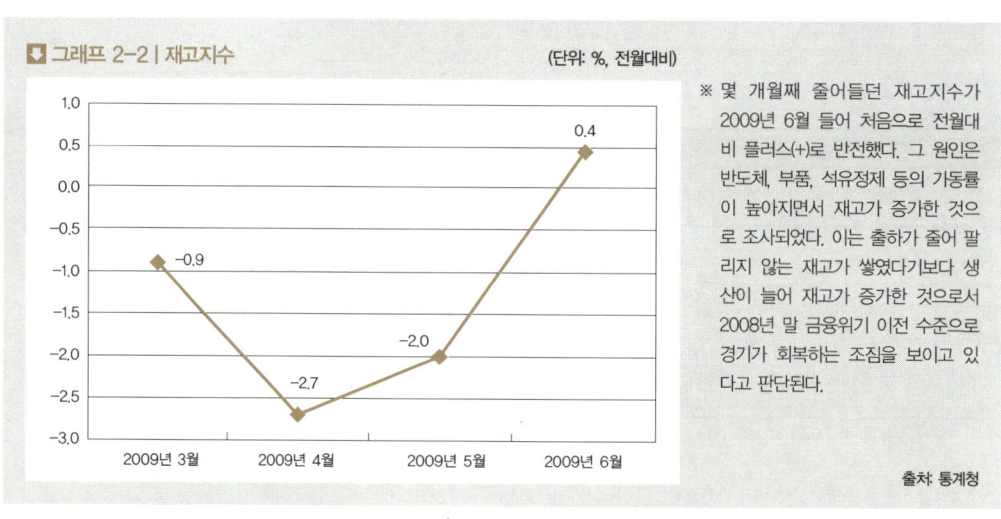

▼ 그래프 2-2 | 재고지수   (단위: %, 전월대비)

[그래프: 2009년 3월 -0.9, 2009년 4월 -2.7, 2009년 5월 -2.0, 2009년 6월 0.4]

※ 몇 개월째 줄어들던 재고지수가 2009년 6월 들어 처음으로 전월대비 플러스(+)로 반전했다. 그 원인은 반도체, 부품, 석유정제 등의 가동률이 높아지면서 재고가 증가한 것으로 조사되었다. 이는 출하가 줄어 팔리지 않는 재고가 쌓였다기보다 생산이 늘어 재고가 증가한 것으로서 2008년 말 금융위기 이전 수준으로 경기가 회복하는 조짐을 보이고 있다고 판단된다.

출처: 통계청

즉시 중단할 수 없기 때문에 이번에는 팔리지 않는 제고가 쌓인다. 경기가 나빠질 것 같다고 바로 직원을 해고하고 공장을 멈추는 기업은 없다!

마지막으로 경기불황기에는 당연히 재고증가율과 출하 둘 다 줄어든다. 경기악화로 기업은 더 이상 생산을 늘리지 않는다. 구조조정에 돌입한 것이다. 따라서 재고가 더 이상 늘지 않는 것이다. 이렇듯 재고도 경기에 따라 순환을 한다. 이 같은 변화를 지표로 만들어 경기선행종합지수에 포함시키는 것이다.

: : 소비자기대지수

'소비자기대지수CEI: consumer expectation index'란 소비자를 대상으로 6개월 후의 경기에 대한 기대심리를 조사하여 지수로 만든 것이다. 도시 지역 2,000가구를 대상으로 통계청에서 조사원을 동원하여 경기상황, 소비지출, 생활형편, 내구재소비, 외식·오락 등에 대해 직접 조사하고 이를 지수화하여 매월 발표한다. 100을 기준으로 그 이상이면 향후 경기가 좋아질 것으로 기대하며 따라서 소비를 더 늘리겠다는 가구가 많다는 의미다. 반대로 100 미만이면 향후 경기가 나빠질 것으로 생각하는 가구가 많다는 의미로 해석된다. 모름지기 모든 사람이 그렇게 생각하면 그런 것이다. 그게 '소비자기대지수'의 본질이다. '앞으로 경기가 좋아질 것 같습니까?'라고 물었을 때 상당수 사람이 '아니오. 살기가 점점 더 어려워질 것 같아요'라고 대답한다면, 나랏님이 아무리 앞으로 경기가 나아질 거라고 나팔을 불어도 경기는 나아지지 않을 것이다. 소비자들이 경

경기불황기에는 당연히 재고증가율과 출하 둘 다 줄어든다. 경기악화로 기업은 더 이상 생산을 늘리지 않는다. '소비자기대지수'란 소비자를 대상으로 6개월 후의 경기에 대한 기대심리를 조사하여 지수로 만든 것.

기가 어려워질 것이라고 느낀다면 지갑을 꽁꽁 닫을 것이고 이는 얼마 후 기업의 수익에도 악영향을 미쳐 실제 경기가 나빠질 것이기 때문이다. 따라서 6개월 후 경기가 어떻게 될지에 대한 소비자들의 기대지수는 경기선행종합지수의 구성지표로서 한 자리를 차지한다.

: : 기계수주액

여러분이 솜사탕을 만들어 판다고 가정해보자. 경기가 본격적으로 좋아지면 놀이공원에 많은 사람들이 놀러올 것이고 자연스레 솜사탕도 많이 팔릴 것이다. 그러다 보면 솜사탕 기계 하나만으로는 수요를 맞추기가 힘들어질 수도 있다. 그래서 큰맘 먹고 솜사탕 기계를 한 대 더 주문했다. 이렇게 주문한 금액이 바로 '기계수주액'이다. 수주受注란 생산업자가 제품의 주문을 받는다는 뜻이다. 경기가 좋아질 것 같으면 나라 전체의 기계수주액은 늘게 마련이다. 향후 경기가 좋아진다면 늘어날 수요에 미리 대비하기 위해 제품을 대량 생산해야 할 것이고 따라서 제품을 만드는 기계가 이보다 앞서 필요하다. 반대로 경기가 하락할 것으로 예상된다면 물건을 많이 만들어놓을 필요가 없으므로 기계 주문이 줄어든다. 따라서 기계수주액은 경기선행종합지수를 구성하는 지표가 된다.

: : 자본재수입액

기계를 우리나라에서만 주문하지는 않을 것이다. 필요하다면 독일이나 일본 등 해외에서도 주문할 것이다. 자본재수입액이란 국내가 아니라 외국으로부터 기계 등을 수입하는 것을 말한다. 이 역시 기계수주액과 마찬가지로 경기 상승이 예견되면 증가하게 되어 있다. 따라서 경기선행종합지수에 포함된다.

:: 건설수주액

건설수주를 하고 나서 사업승인, 착공, 준공까지는 적지 않은 시일이 걸린다. 따라서 건설수주액이 늘었다면 그 당시에는 경기에 별 변화가 없다. 하지만 일정한 시일이 지나고 나면 공사를 하게 될 것이고 그로 인해 인부를 고용하고 자재를 구입하는 등 시중에 돈이 풀린다. 즉 경기가 좋아질 거라는 의미다. 상식적으로 보더라도 시중에 돈이 풀리고 사람들의 소득이 늘면 경기는 좋아지니까 말이다. 따라서 당장의 건설수주액 증가는 향후의 경기상승에 영향을 주고 그런 이유로 경기선행종합지수에 포함된다.

:: 종합주가지수(코스피지수)

주가는 가능성에 투자하는 것이다. 경기상승으로 기업의 실적이 좋아질 가능성이 높아지면 해당 주식에도 매수세가 몰릴 것이고 주가는 상승한다. 따라서 일반적으로 종합주가지수(정식 명칭은 코스피지수이나 종합주가지수라 부르기도 한다. 자세한 내용은 Section 5 코스피지수를 참조)는 경기선행지표라는 말을 많이 한다. 물론 주가가 반드시 경기에 선행한다고 단정하기에는 여러 가지 변수들이 존재하지만 말이다.

:: 금융기관유동성(Lf)

경기가 침체되면 시장에는 돈이 말라 더욱더 어려워진다. 이럴 때 정부는 정책금리를 인하하고 시장에 돈을 푼다. 이를 유동성공급정책이라 한다. 2008년 하반기부터 2009년 초까지 일어난 상황이 딱 그랬다. 시장에 유동성이 풍부해지면 주식시장도 활황이 되고 기업에서는 낮은 금리를 이용해 시중의 자

금을 끌어다 사업을 확장하게 된다. 그럼 고용도 늘고 경기가 회복된다. 따라서 시장의 유동성이 풍부해지면 향후 경기상승으로 이어지는 경향이 짙다고 하겠다. 따라서 금융기관유동성도(자세한 내용은 Section 5 통화지표를 참조) 주요 경기선행종합지수의 구성지표가 된다. 과거에는 총유동성(M3)이라는 지표를 사용했으나 2002년 3월부터 IMF가 새롭게 권고한 유동성지표인 금융기관유동성을 사용함에 따라 이를 선행종합지수를 구할 때도 쓰는 것이다.

: : 장단기금리차

자금시장은 국공채와 회사채 같은 채권들이 거래되는 장기자금시장capital market과 양도성예금증서CD나 콜, 환매조건부채권RP 등이 거래되는 단기자금시장money market으로 나뉘어 있다. 그런데 일반적으로 사람들은 장기로 돈을 빌려서 단기로 대출하려는 성향이 강하다. 따라서 장기자금시장에는 수요가 몰리고 단기자금시장에는 공급이 몰린다. 이로 인해 수요가 많은 장기자금시장의 금리(장기금리)가 공급이 많은 단기자금시장의 금리(단기금리)보다 높은 게 일반적이다(이를 'Market Segmentation Theory'라고 한다). 그러나 앞으로 경기가 하락할 것으로 예상된다면 기업들이 장기적으로 돈을 빌려 신규사업에 뛰어드는 것을 자제할 것이다. 그럼 장기자금시장의 수요가 줄어 장기금리도 하락한다. 결국 장기금리와 단기금리의 차이도 줄어든다. 따라서 '장단기금리차'가 준다면 앞으로 경기가 나빠질 것이라는 것을 미리 가늠할 수 있다. 즉 경기선행종합지수의 구성지표로 한 몫하는 것이다.

'장단기금리차'가 준다면 앞으로 경기가 나빠질 것이라는 것을 미리 가늠할 수 있다.

: : 순상품교역조건

'순상품교역조건'이란 수출품과 수입품의 가격 비율을 계산하여 수출품의 단위가격을 100원이라고 할 때 수입품을 몇 개나 사올 수 있는지 계산한 지표다(교역조건에 대해서는 Section 3에서 다시 한번 설명한다). 예컨대 우리나라 신발 한 켤레를 베트남에다 30달러에 수출하고 베트남에서는 신발 한 켤레를 5달러에 수입한다고 해보자. 그럼 우리나라 신발 한 켤레는 베트남 신발 여섯 켤레의 교역조건을 가진다. 그런데 기술 개발로 인한 신발 품질의 향상이나 달러 대비 원화가치 상승 등의 이유로 50달러에 신발 수출이 가능하게 되었다면[원화가치가 상승(환율인하)했다고 신발 단가를 올려서 수출할 수 있다는 것에 대해 의아하게 생각할 수도 있을 것이다. 일반적으로는 환율인하가 되면 수출품의 가격 경쟁력이 떨어져 수출에 타격을 입는다고 알고 있으니 말이다. 하지만 수출하는 품목이 수입국에서 반드시 필요로 하는 물건이거나 탁월한 기술력 등으로 선호도가 상당히 높은 물건일 경우라면 오히려 단가를 올려 수출해도 판매가 된다. 가장 대표적인 예가 원유다. 달러가치가 하락해 산유국의 자국통화 가치가 상승할 경우 산유국에서는 유가를 올려서 수출을 하지만 이를 수입하는 나라에서는 울며 겨자 먹기식으로 오른 가격에 수입을 할 수밖에 없다. 이렇듯 일반적으로 말하는 환율하락에 따른 수출감소라는 것도 수출품목의 경쟁력에 따라 그 정도가 달라진다—저자 주] 이제는 우리나라 신발 한 켤레에 베트남 신발 열 켤레의 교역조건을 가지게 되는 것이다. 이런 경우를 두고 '교역조건이 개선되었다'라고 말한다.

- 기존 교역조건 → 한국: 30달러×1켤레 = 베트남: 5달러×6켤레
- 개선된 교역조건 → 한국: 50달러×1켤레 = 베트남: 5달러×10켤레

이렇듯 순상품교역조건이 개선되었다는 것은 같은 수량의 상품을 수출하더라도 해외로부터 더 많은 돈을 벌 수 있다는 의미며, 이것이 쌓이면 경기가 상승한다. 따라서 순상품교역조건 역시 경기선행종합지수에 포함되는 것이다.

전월비, 전년비

누군가 '역사는 반복되지만 항상 똑같지는 않다'라고 했다. 경제(경기)도 마찬가지다. 상승과 하락을 반복하지만 그 시기나 정도가 일정하지는 않다. 그러다 보니 경기를 파악할 때에는 현재 시점에서 얼마인가보다는 과거에 비해 지금이 얼마나 상승 또는 하락했는지를 지속적으로 파악하는 것이 더 중요하다. 다시 말해 경기는 특정 시점의 관측치보다는 시계열(時系列)에 따른 변화치를 파악해야 한다는 것이다. 예를 들어 코스피지수가 1500이라는 것보다는 지난 달에 비해 4% 올랐다는 것이 주식시장의 흐름을 파악하는 데 더 중요한 것처럼 말이다. 경제지표를 살펴보다 보면 지표 옆에 '전월비' 또는 '전년비'라고 되어 있는 항목을 자주 볼 수 있다. 말 그대로 현재 해당 지표의 값이 지난 달이나 지난 해와 비교하여 몇 퍼센트(%) 증가 또는 감소했는지를 계산해놓은 것이다. 이런 항목들을 통해 우리는 시간에 따른 경제지표의 전체적인 흐름을 쉽게 파악할 수 있다. 참고로 경제지표 중 지수가 아니라 비율로 표시된 항목일 경우는 전월비가 아니라 '전월차'를 구해놓았다. 그 이유는 비율을 다시 나누어 전월비를 계산할 수 없으니 그 차이를 빼주어 전월차를 계산했기 때문이다.

표 2-2 | 경기선행종합지수(2005=100)〉

항목	2008년 11월	2008년 12월	2009년 1월	2009년 2월	2009년 3월	2009년 4월	2009년 5월
선행종합지수(2005=100)	111.3	110.4	110.6	111.8	112.9	115.0	117.4
선행종합지수 전월비(%)	-1.2	-0.8*	0.2	1.1	1.0	1.9	2.1
선행종합지수 구성지표 증감률(일부)							
구인구직비율(전월차)(%p)	-2.5	-5.3	-5.4	-4.0	-2.6	2.3	1.9
자본재수입액(전월비)(%)	-9.1	-12.3	-12.6	-4.9	-2.0	3.6	4.1
건설수주액(전월비)(%)	-3.9	20.9	-3.6	-4.2	-14.2	3.9	4.0
종합주가지수(전월비)(%)	-10.9	-9.2	-1.9	0.7	0.7	4.0	7.8
장단기금리차(전월차)(%p)	0.1	0.0	0.3	0.3	0.4	0.3	0.1

※ 2008년 12월 선행종합지수 전월비가 -0.8%라는 것은 11월에 비해 지수값이 0.8% 감소했다는 의미다. 이렇듯 매달 전월비를 비교해봄으로써 시계열의 변화를 쉽게 파악할 수 있다.

출처: 통계청

사람들은 현재 자신이 처한 상황과 위치를 파악하고자 노력한다. 경기에서는 지금 우리가 처한 살림살이의 정확한 위치를 알려주는 지표가 있다. 다름 아닌 경기동행지수다. 현재 상황이 호황인지 불황인지 알고 싶다면 이 지수를 참고하면 많은 도움이 된다.

지난 여름 휴가 때 주문진에서 1박을 한 적이 있다. 낯선 어촌에서의 하룻밤이라 그런지 새벽 4시경에 잠이 깨었다. 다른 일정도 있고 해서 다시 짐을 챙겨 강릉으로 향했다. 주문진이나 강릉이나 나에게는 모두 초행길이었다. 더군다나 비도 많이 쏟아져 길을 파악하기가 쉽지 않았다. 그렇지만 강릉까지 찾아가는 데는 어떠한 어려움도 심적 부담도 없었다. 왜냐하면 '내비게이션'이 있었기 때문이다. 잠시 안내지시를 놓쳐서 샛길로 들어갔지만 GPS는 나의 정확한 위치를 다시 파악하여 '경로를 다시 조정합니다'라는 안내 멘트와 함께 쉽게 길을 찾을 수 있도록 해주었다.

'오! 이 찬란한 현대문명의 이기利器여!' 필자는 그저 탄복하지 않을 수 없었다. 경기동행종합지수도 마찬가지다. 물론 경기선행종합지수가 더 중요할 수 있다. 새롭게 창업을 시작하거나 주식에 투자하거나 대출을 받아 내 집마련을 하려는 사람들이라면 앞으로 경기가 좋아질지 나빠질지 여부를

경기동행지수
(景氣同行指數)
경기종합지수 가운데 현재의
경기 상황을 파악하는 데 도
움이 되는 지표를 일컫는다.

미리 가늠해보고 계획을 세워야 하기 때문이다. 하지만 현재의 위치를 파악하는 일도 중요하다. 지금 우리가 처한 살림살이의 정확한 상태나 위치를 알아야 앞으로의 길도 찾을 수 있기 때문이다. 그래서 현재 경기가 호황인지 아니면 불황인지를 객관적으로 바라볼

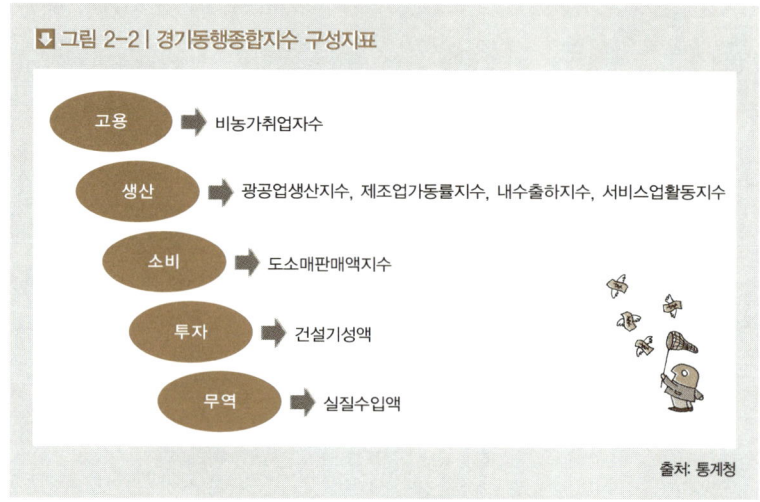

🔻 그림 2-2 | 경기동행종합지수 구성지표

출처: 통계청

🔻 표 2-3 | 경기동행종합지수

지수별	2008년 5월	2008년 6월	2008년 7월	2008년 8월	2008년 9월	2008년 10월	2008년 11월	2008년 12월	2009년 1월	2009년 2월	2009년 3월	2009년 4월	2009년 5월
동행종합지수(2005=100)	117.3	117.3	117.6	117.7	117.9	117.6	115.9	113.0	110.9	110.9	111.9	113.6	114.4
동행종합지수 구성지표 증감률													
비농가취업자수(전월비, %)	0.0	0.1	0.1	0.1	0.0	0.0	-0.1	-0.1	-0.2	-0.3	-0.3	-0.1	0.0
광공업생산지수(전월비, %)	0.2	-0.1	-0.4	-0.9	-0.7	-1.1	-4.0	-7.3	-6.4	-0.6	4.6	4.7	3.0
제조업가동률지수(전월비, %)	-0.1	-0.3	-0.7	-0.7	-1.2	-0.8	-4.3	-6.8	-7.6	-0.7	3.6	5.2	2.9
건설기성액(전월비, %)	-0.9	-0.4	-0.7	-0.5	0.5	-0.5	-0.8	-2.6	3.4	3.9	2.2	-0.6	-2.4
서비스업생산지수(도소매업 제외)(전월비, %)	0.2	0.3	0.3	-0.2	0.0	0.0	-0.3	-0.6	-0.5	0.7	0.4	1.3	0.2
도소매판매액지수(전월비, %)	1.9	-0.6	1.2	0.7	0.1	-2.3	-3.5	-1.8	-0.1	1.2	0.0	-0.5	0.6
내수출하지수(전월비, %)	-0.6	-0.6	-0.2	-0.3	-1.0	-1.2	-3.5	-4.9	-5.6	-1.0	1.5	3.2	2.1
수입액(전월비, %)	-0.8	-0.7	0.9	2.4	2.4	2.1	-0.6	-4.6	-3.8	-5.1	-4.4	-0.3	-2.4

출처: 통계청

수 있는 경기동행종합지수도 중요한 의미를 가진다고 하겠다. 경기동행종합지수는 현재 경기가 좋아지면 함께 좋아지는 8개의 지표로 만들어진다. 각각의 지표가 좋아진다는 것은 현재 경기가 좋다는 것이고 실제로 현재 경기가 좋으면 이들 8개의 지표도 좋아지게 마련이다. 즉 경기와 동행하는 지표들이다. 이제부터 이들 지표의 특성을 함께 살펴보도록 하자.

경기동행종합지수는 현재 경기가 좋아지면 함께 좋아지는 8개의 지표로 만들어진다.

: : 비농가취업자수

경기가 좋아지면 씀씀이가 늘어난다. 그 동안 라면만 먹다가 삼겹살에서 꽃등심으로 소비가 옮겨간다. 이들 음식점에도 손님들을 상대하기 위해 많은 종업원이 취직해 있다. 공장에서는 주문이 늘어나기 때문에 더 많은 근로자를 뽑는다. 이들의 소득이 늘어나니 다시 소비가 늘어난다. 따라서 취업자 수가 늘어났다는 것은 경기가 호황이라는 증거다. 반대로 경기가 불황이면 취업자 수가 줄어든다. 이처럼 취업자 수는 경기와 함께 움직인다. 그런데 아무래도 우리나라는 서비스업과 제조업의 비중이 크다. 따라서 전체 취업자 수보다는 농가를 제외한 취업자 수가 경기상황을 더 효율적으로 반영해줄 수 있다. 따라서 '비농가취업자수'를 경기동행종합지수의 구성지표로 사용하는 것이다.

취업자 수가 늘어났다는 것은 경기가 호황이라는 증거다. 반대로 경기가 불황이면 취업자 수가 줄어든다.

: : 광공업생산지수

경기가 좋아지면 광공업에 대한 생산이 늘게 마련이다. 수요가 살아나고 소득이 증가하니 생산활동도 그만큼 증가하는 것은 너무나

당연하다. 따라서 광공업생산지수 또한 경기동행종합지수에 포함된다.

:: 제조업가동률지수

살림살이가 나아지고 수요가 증가하면 제조업에서는 공장 가동을 늘려 제품 생산에 박차를 가하게 된다. 따라서 경기호황기에는 제조업가동률지수가 증가한다. 당연히 경기동행지수인 것이다.

:: 내수출하지수

앞서 선행지수에서 설명한 '재고순환지표'와 관계가 있는 지표다. 공장에서 제품을 생산하면 일단 창고에 보관한다. 이를 재고라고 한다. 그러다 제품 주문이 오면 창고에서 필요한 수량만큼 빼내는 데 이를 출하라고 한다. '내수출하지수'란 공장에서 생산한 제품이 국내 도매상이나 소비자에게 판매하기 위해 출하되는 추이를 측정하여 지수로 만든 것이다. 여기서 우리는

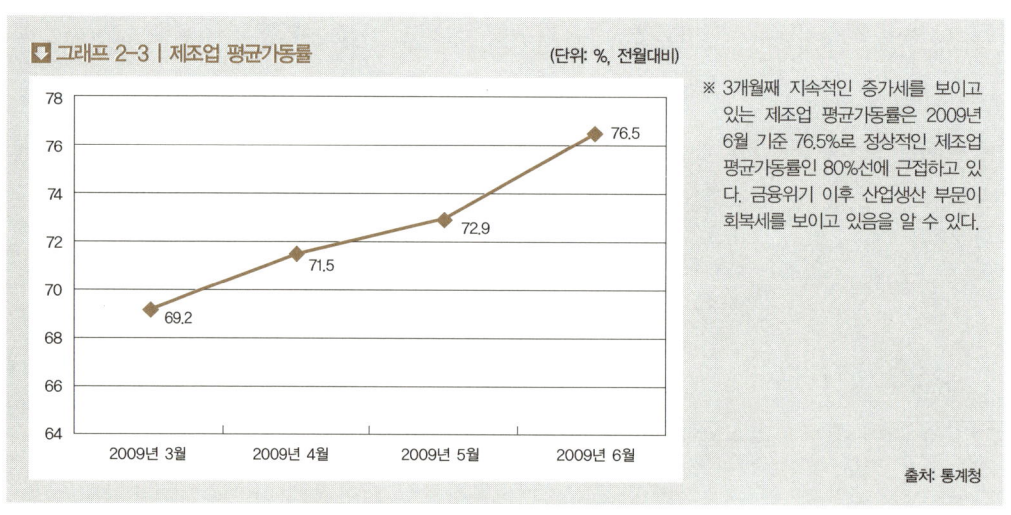

🔻그래프 2-3 | 제조업 평균가동률　　　(단위: %, 전월대비)

※ 3개월째 지속적인 증가세를 보이고 있는 제조업 평균가동률은 2009년 6월 기준 76.5%로 정상적인 제조업 평균가동률인 80%선에 근접하고 있다. 금융위기 이후 산업생산 부문이 회복세를 보이고 있음을 알 수 있다.

69.2 / 71.5 / 72.9 / 76.5

2009년 3월　　2009년 4월　　2009년 5월　　2009년 6월

출처: 통계청

프로세스의 순서가 '재고'에서 '출하'로 이어진다는 것을 알 수 있다. 그러니까 '재고순환지표'가 경기선행지수이고 '내수출하지수'가 경기동행지수임을 짐작할 수 있다. 경기상승과 함께 출하량도 늘어날 것이기 때문이다.

: : 서비스업생산지수(도소매업 제외)

경제선진국가와 마찬가지로 산업이 발달한 우리나라도 이제는 서비스업이 차지하는 비중이 전체 산업의 50%가 넘어선다. 따라서 경기를 이야기할 때 서비스업생산지수를 제외해서는 안 될 것이다. 서비스업이란 어떤 것들인가? 상업, 운송업, 금융업, 통신업, 교육업, 의료업, 창고업 등이 여기에 속한다. 경기가 호황일 때는 이들 서비스업의 생산도 늘어나므로 이 역시 경기동행종합지수에 포함된다. 다만 여기서 서비스업 중 도소매업은 제외시킨다. 도소매업의 경우 아래에서 바로 설명하겠지만 그 중요성을 인정받아 독자적으로 도소매판매액지수를 만들어 지표로 활용하기 때문이다.

: : 도소매판매액지수

경기호황, 즉 살림살이가 나아지면 사람들의 소득이 증가하고 당연히 씀씀이도 함께 늘어난다. 그럼 백화점이나 할인마트에서 판매가 올라가게 되고 여기에 물건을 대는 도매상의 판매도 덩달아 늘어난다. '도소매판매액지수'란 이들 도소매상의 판매실적을 지수로 만든 것이다. 호황일 때 증가하고 불황일 때 감소하는 것은 너무나 당연하기에 경기동행종합지수의 구성지표로 사용된다. 이러한 도소매판매액지수는 우리 서민들이 피부로 느끼는 경기를 그대로 나타내주기 때문에 더욱더 중요한 의미를 지닌다.

도소매판매액지수는 우리 서민들이 피부로 느끼는 경기를 그대로 나타내주기 때문에 더욱더 중요한 의미를 지닌다.

예를 들어 자동차 판매량이 증가했다거나 가전제품 대리점이나 백화점 의류매장에 매상이 올랐다는 것은 서민들의 경기가 나아지고 있음을 직접적으로 나타낸다고 할 수 있다. 참고로 도소매판매액지수에 포함되는 구성항목으로는 자동차 판매, 음식료품, 가정용 기기 및 가구류, 의약품, 화장품 외에도 산업용 농축산물, 산업용 중간재, 무점포소매업(전자상거래, TV홈쇼핑 등) 등 실로 다양하다.

: : 건설기성액

원래 물건이란 다 만든 후 양도하는 시점에 대금을 지급받는 게 일반적이다. 하지만 건설업에서는 그렇지 않은 경우가 많다. 특히 큰 규모의 아파트 단지나 고층 건물은 자금도 많이 들어가고 기간도 몇 년씩 걸린다. 따라서 건설대금의 전액을 건물이 완공된 후에 받게 된다면 그 동안 건설사는 그 비용을 감당하기 힘들어 중간에 도산할 수도 있다. 따라서 건축주는 회계상으로 '건설가계정' 이라는 것을 만든 다음, 여기에 미리 지불할 대금을 넣어둔다. 그리고 건설이 진행되는 단계마다 여기서 돈을 빼내어 건설사에 지급하는 것이다. 이를 '건설기성액(또는 건설기성고)' 이라고 한다. 앞서 우리는 경기선행지수로 '건설수주액' 이 있다는 것을 알았다. 건설계약이 수주되면 그 후 건설이 진행되면서 실제 건설대금이 지급되고 따라서 건설기성액이 늘게 된다. 만약 건설수주액은 늘었으나 갑자기 경기가 어려워져 공사가 진행되지 않으면 건설기성액은 늘어날 수 없다. 아울러 건설기성액이 늘어났다는 것은 직접 건설대금이 집행되

건설계약이 수주되면 그 후 건설이 진행되면서 실제 건설대금이 지급되고 따라서 건설기성액이 늘게 된다.

어 건설사나 여러 건축자재업자, 그리고 건설노동자들에게 소득이 생긴 것
이므로 경기도 함께 좋아지는 것이다. 그러므로 건설수주액이 선행지수인
반면 건설기성액은 동행지수가 된다.

: : 수입액

경기가 상승하면 당연히 수입이 늘어난다. 직접적인 완제품 수입도 늘어나
고 국내에서 제품을 생산하기 위한 원재료 등의 수입도 늘기 때문이다. 경
기순환에 동행하여 움직이는 것이다.

경기후행종합지수

경기후행지수는 앞서 소개한 선행, 동행지수보다는 그 비중이 좀 낮은 편이긴 하다. 후행지수라는 제목에서 알 수 있듯이 이 지표는 수개월 전의 경기가 정말로 좋았는지 나빴는지를 확인해보는 데 그 의의가 있다고 하겠다. 통계청에서는 매달 선행, 동행지수와 함께 후행지수를 발표한다.

경기후행종합지수는 시험을 본 후 정답을 확인하듯 수개월 전 경기가 상승 또는 하락했던 게 정말 그랬는가를 다시 확인하는 데 그 의의가 있다.

경기후행종합지수는 시험을 본 후 정답을 확인하듯 수개월 전 경기가 상승 또는 하락했던 게 정말 그랬는가를 다시 확인하는 데 그 의의가 있다. 따라서 그 비중만을 놓고 보면 경기선행종합지수나 경기동행종합지수에 비해 다소 밀리는 경향이 있다.

이 책에서도 짧은 언급만 하겠다. 경기후행종합지수는

(1)상용·임시근로자수

(2)생산자제품재고지수

(3)도시가계소비지출

(4)소비재수입액

(5)회사채유통수익률

위와 같이 5개 구성지표로 만들어지며 통계청에서 매달 선행, 동행지수와 함께 발표한다.

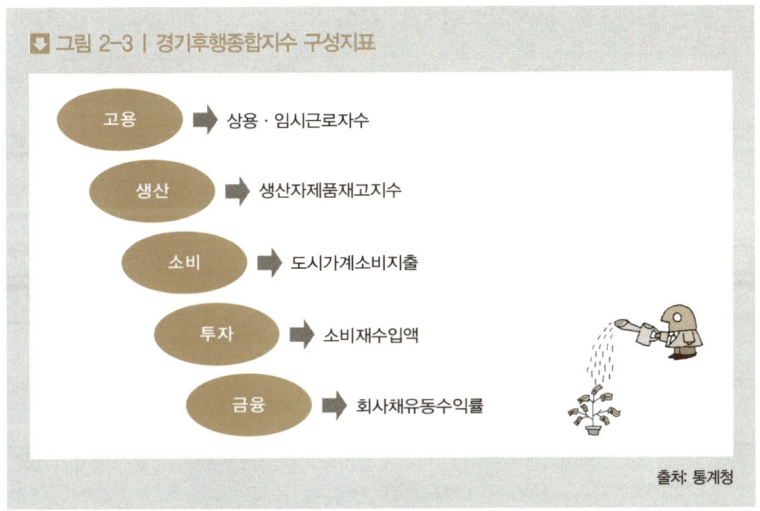

그림 2-3 | 경기후행종합지수 구성지표

- 고용 ➡ 상용·임시근로자수
- 생산 ➡ 생산자제품재고지수
- 소비 ➡ 도시가계소비지출
- 투자 ➡ 소비재수입액
- 금융 ➡ 회사채유동수익률

출처: 통계청

표 2-4 | 경기후행종합지수

지수별	2008년 5월	2008년 6월	2008년 7월	2008년 8월	2008년 9월	2008년 10월	2008년 11월	2008년 12월	2009년 1월	2009년 2월	2009년 3월	2009년 4월	2009년 5월
후행종합지수(2005=100)	118.3	119.2	120.2	121.0	121.2	121.6	121.8	121.5	120.2	119.1	118.4	118.4	118.1
후행종합지수 구성지표 증감률													
상용·임시근로자수(전월비, %)	0.2	0.4	0.4	0.3	0.4	0.0	−0.1	0.0	0.0	0.1	0.0	0.2	0.3
생산자제품재고지수(전월비, %)	0.7	2.4	1.8	1.5	1.8	1.4	1.1	−1.6	−3.4	−5.1	−3.2	−3.0	−1.8
도시가계소비지출(전월비, %)	−0.6	0.0	0.3	0.0	0.3	0.2	−0.5	−0.2	−4.4	−0.8		2.6	−0.6
소비재수입액(전월비, %)	0.9	0.5	−0.1	0.6	90.1	−4.7	−6.0	−5.4	0.8	−0.8	−1.7	−2.0	0.8
회사채유통수익률(전월비, %)	0.0	0.2	0.4	0.3	0.4	0.8	0.5	0.3	−0.2	−0.5	0.7	−0.6	−0.6

출처: 통계청

참고로 구성지표 중 상용·임시근로자수란 쉽게 말해 '고용'을 말한다. 경기가 나빠지더라도 기업은 바로 인력을 줄이지는 못한다. 노조의 저항이나 정부의 정책적인 요구, 그리고 사회관습적인 여러 요인이 작용하기 때문이다. 따라서 고용을 줄인다는 것은 경기가 이미 수축기에 들어섰다는 것을 의미하며 따라서 상용·임시근로자수를 경기후행지수에 포함하는 것이다.

〈그래프 2-4〉는 선행, 동행, 후행지수 3종 세트를 동시에 표시한 것이다. 우리나라 경기를 장기적 관점에서 보면 1997년 말과 2008년 말에 눈에 현저하게 띄는 골짜기가 보이는데, 이때가 각각 외환위기와 글로벌 금융위기로 인한 경기불황기였다. 골짜기에서의 각각의 그래프를 자세히 살펴보면 선행지수 그래프가 먼저 꺾였고 그 다음에 동행지수 그래프, 마지막으로 후행지수 그래프가 꺾였음을 알 수 있다. 이렇듯 경기종합지수를 살펴보면 경기의 지난 모습과 현재, 그리고 앞으로의 경기 전망을 할 수 있다.

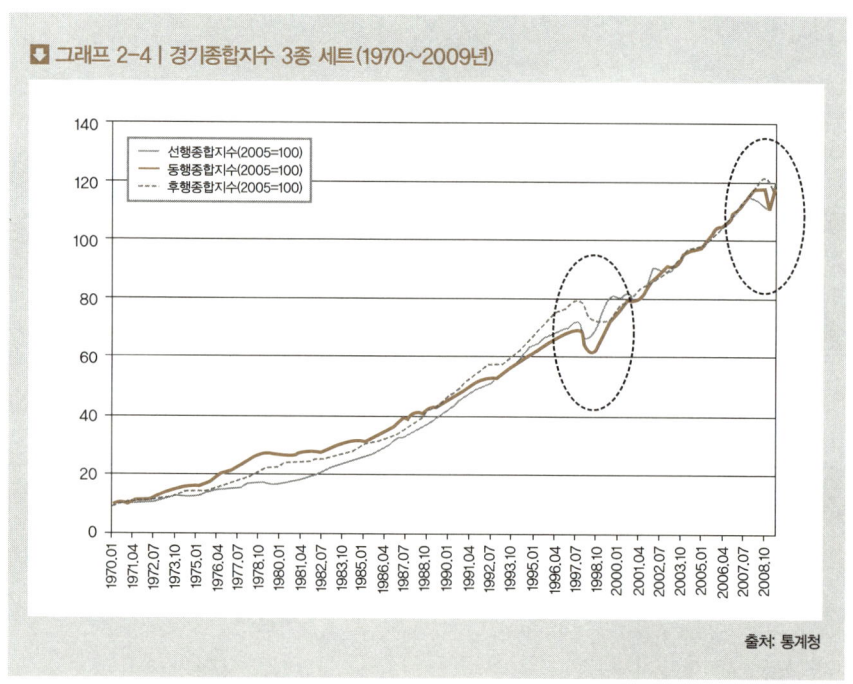

▼ 그래프 2-4 | 경기종합지수 3종 세트(1970~2009년)

출처: 통계청

선행지수 전년동월비 vs. 동행지수 순환변동치

선행지수 전년동월비, 동행지수 순환변동치… 왠지 용어만 들어도 내용이 복잡하고 어려울 것 같지만 걱정 붙들어두기 바란다. 말과 용어만 어렵게 느껴질 뿐 실상은 그렇지 않다. 이제부터 전년동월비와 순환변동치에 대해 쉽게 설명할 테니 차근차근 접근해보기 바란다.

신문에 난 기사를 하나 소개한다. 지금까지 설명한 내용을 상기해보면서 아래의 기사를 읽어보기 바란다.

生生 경제뉴스!

◉ 생산 · 소비 · 투자 줄줄이 '좋은 소식'

국내 기계수주가 전년 동월에 비해 7.8%나 증가했다. 소비재 판매도 지난해 같은 달보다 7.3% 늘었다. 생산에 이어 민간소비와 투자도 살아난다는 신호다. 통계청이 31일 발표한 6월 산업활동 동향에 따르면 광공업 생산은 전달보다 5.7% 늘어 6개월 연속 증가세를 유지했다. 특히 국내 기계수주는 11개월 만에 처음 지난해 동기 대비로도 증가세로 돌아섰다. 현재 경기를 보여주는 〈경기동행지수 순환변동치〉는 95.4포인트로 6개월 연속 상승했다. 6~9개월 후 경기를 가늠할

Section 2 경기종합지수 속속들이 해부하기 • **069**

수 있는 〈경기선행지수 전년동월비〉도 전달보다 2.8% 올랐다. 통계청 윤명준 산업동향 과장은 "재고 감소폭이 확대되고 출하 감소폭은 둔화 돼 경기가 회복 국면에 진입한 것으로 보인다"고 말했다.

출처: 〈중앙일보〉 2009년 8월 1일

이처럼 신문기사에 종종 등장하는 경기선행지수나 경기동행지수가 어떻게 구성되어 있으며 무엇을 의미하는지 알았는가? 하지만 신문기사들을 가만히 읽다 보면 그냥 선행지수나 동행지수가 아니라 뒤에 무슨 꼬리표가 붙어 있음을 발견할 수 있다. 경기선행지수에는 '전년동월비'가 경기동행지수에는 '순환변동치'라는 알 듯 말 듯한 용어 말이다. 허 참! 이건 또 무슨 골치 아픈 말인가? 이제 겨우 경기선행지수와 경기동행지수를 이해했는데 말이다. 하지만 이 역시 결코 어려워할 필요가 없다.

경기의 향후 전망과 현재 상황을 알기 위해 만든 경기선행종합지수와 경기동행종합지수는 그 지수의 의미심장함에도 불구하고 막상 지수를 계산해서 그래프로 그려보면 눈에 크게 띄지 않는다는 특성이 있다. 무슨 말인고 하니, 선행지수와 동행지수는 어차피 현재 얼마냐가 중요하기보다는 그 숫자가 과거에 비해 얼마나 올랐냐 아니면 떨어졌느냐가 중요하다. 그런데 막상 각 기간별 지수를 구해서 비교해보면 그 증감이 크게 눈에 띄지 않는다는 것이다(〈그래프 2-4〉 경기종합지수 3종 세트를 다시 살펴보자. 장기간의 지수를 모아놓았을 때에는 돋보기를 대고 자세히 살펴보지 않으면 경기변화를 파악하기가 쉽지 않다). 가령 화학 실험을 할 때 어떤 용액이 산성으로 변했는지 알

선행지수와 동행지수는 어차피 현재 얼마냐가 중요하기보다는 그 숫자가 과거에 비해 얼마나 올랐냐 아니면 떨어졌느냐가 중요하다.

지수별	2008. 10월	2008. 11월	2008. 12월	2009. 01월	2009. 02월	2009. 03월	2009. 04월	2009. 05월	2009. 06월
동행지수 순환변동치(p)	99.2	97.3	94.6	92.4	92.0	92.5	93.5	93.8	95.4
선행지수 전년동월비(5)	-1.8	-3.2	-4.2	-4.1	-3.0	-2.0	0.1	2.7	6.0

출처: 통계청

칼리성으로 변했는지 알아보기 위해 그 용액 속에 특정 시약을 넣는 경우가 있다. 그렇게 해서 색깔이 붉은 색 또는 푸른 색으로 변해 해당 용액의 변화된 특성을 쉽게 알 수 있도록 하는 것이다. 전년동월비나 순환변동치도 같은 역할을 한다고 생각하면 된다. 각 지수의 증감 상태나 변동 상황을 보다 쉽게 볼 수 있도록 하기 위해 약간의 시약을 넣어 숫자를 가공하는 것이다. 지수의 본질을 변경시키는 게 아니라 본질을 더욱 두드러지게 하기 위해서 말이다. 그렇게 시약을 넣어 만든 게 바로 '선행지수 전년동월비'이고 '동행지수 순환변동치'다. 그럼 좀더 자세히 알아보자.

:: 선행지수 전년동월비

경기가 나아지고 있는지의 여부를 비교하기 위해선 이번 달과 지난 달을 차례로 비교해보면 금세 알 수 있을 것 같지만 실상은 그렇지 않다. 예를 들어 11월과 12월의 도소매판매액지수를 비교한다고 해보자. 당연히 12월의 지수가 더 높다. 그렇다고 경기가 더 좋아졌다고 단정 지을 수는 없다. 왜냐하면 12월에는 크리스마스와 연말연시가 끼어 있어 사람들의 소비가 평소보다 더 늘기 때문이다. 추석과 설이 끼어 있는 달이나 여름 휴가철과 같은 시기도 마찬가지다. 해당 시기에 도소매판매액지수가 늘어났다고 해서 단순히 경기가 좋아졌다고 볼 수는 없다. 그러므로 이러한 계절적 특성을 감안

하여 경기의 변화를 비교하기 위해서는 지난 해 12월과 올해 12월을 비교하는 방법을 쓰는 것이 더 합리적이다. 같은 연말연시인데 작년보다 올해 소비가 얼마의 비율로 늘었는지 살펴보는 것이다. 이를 한자어로 말하면 '전년동월비'다. 선행종합지수의 구성지표를 가지고 지난 해(전년) 같은 월(동월)과 비교하여 그 비율을 계산한 것이다. 따라서 선행종합지수는 100을 기준으로 한 지수인 반면, 선행지수 전년동월비는 퍼센트(%)로 나타내는 비율이다. 다시 말해 2009년 5월의 선행종합지수가 2008년 5월과 비교해서 몇 퍼센트 상승 또는 하락했느냐를 선행지수 전년동월비를 보고 알 수 있다. 그런데 실제 계산에서는 단순하게 '지난 해 같은 월'과 비교하지는 않는다. 전년동월비는 향후 경기 국면과 그 전환점을 예측하기 위한 것이다. 하지만 전년동월의 자료의 불규칙성으로 인해 전체 전년동월비가 왜곡되는 현상이 생길 수 있으며, 전반적인 경기 국면 파악도 어려운 점이 있다. 따라서 이런 현상을 줄이기 위해 전년동월 하나뿐 아니라 그것을 중심으로 그 이전 5개월과 그 이후 6개월치의 평균, 그러니까 총 12개월의 이동평균치를 구해서 이를 이용해 비율을 구한다. 예를 들어 2009년 5월의 선행지수 전년동월비는 2009년 5월의 전년인 2008년 5월을 중심으로 이전 5개월과 이후 6개월, 즉 2007년 12월부터 2008년 11월까지의 선행종합지수의 평균치를 구한다. 아래 자료를 보고 실제로 계산해보면 평균치는 114.45가 나온다. 그런 다음 2009년 5월의 선행종합지수인 117.4가 얼마나 증감했는지 그 비율을 구하는 것이다. 이렇게 해서 산출된 2009년 5월의 선행지수 전년동월비는 2.6%다.

선행지수 전년동월비의 산식은 다음과 같다.

- 전년동월비 = ($\dfrac{\text{선행종합지수}}{\text{전년동월의 선행종합지수 전후 12개월 평균치}} - 1) \times 100$

- 2009년 5월 동월비 = ($\dfrac{\text{2009년 5월, 선행종합지수}}{\text{2009년 12월~2008년 11월, 선행종합지수 평균치}} - 1) \times 100$

〈표 2-7〉에서 보듯이 선행종합지수만 봐서는 모두 기준이 되는 100 이상으로 비슷비슷해 감이 잘 안 온다. 하지만 선행지수 전년동월비로 보면 확연히 감이 온다. 글로벌 금융위기가 한창이던 2008년 말과 2009년 초에는 마이너스(-) 값이다. 전년에 비해 선행지수가 하락했다는 의미다. 2009년 4월부터 플러스(+)로 전환되었다. 선행지수 상승을 의미한다. 선행지수가 상승하고 있다면 실제 경기는 3~10개월 후 회복이 진행될 것이라고 예측할 수 있다. 이렇듯 사람들은 점점 더 보기 편한 숫자들을 개발해내는 것이다.

🔽 표 2-6 | 2007년 12월~2008년 11월 평균치 : 114.45

구분	2007년 12월	2008년 1월	2008년 2월	2008년 3월	2008년 4월	2008년 5월	2008년 6월	2008년 7월	2008년 8월	2008년 9월	2008년 10월	2008년 11월
선행종합지수	116.8	116.5	115.7	115.1	115	115	114.6	113.8	113.5	113.4	112.7	111.3

🔽 표 2-7 | 2009년 5월, 선행지수 전년동월비(2.6%) = [(117.4/114.45)-1]×100

구분	2008년 11월	2008년 12월	2009년 1월	2009년 2월	2009년 3월	2009년 4월	2009년 5월
선행종합지수 (2005=100)	111.3	110.4	110.6	111.8	112.9	115	117.4
선행지수 전년동월비(%)	-3.2	-4.2	-4.1	-3	-2	0.1	2.6

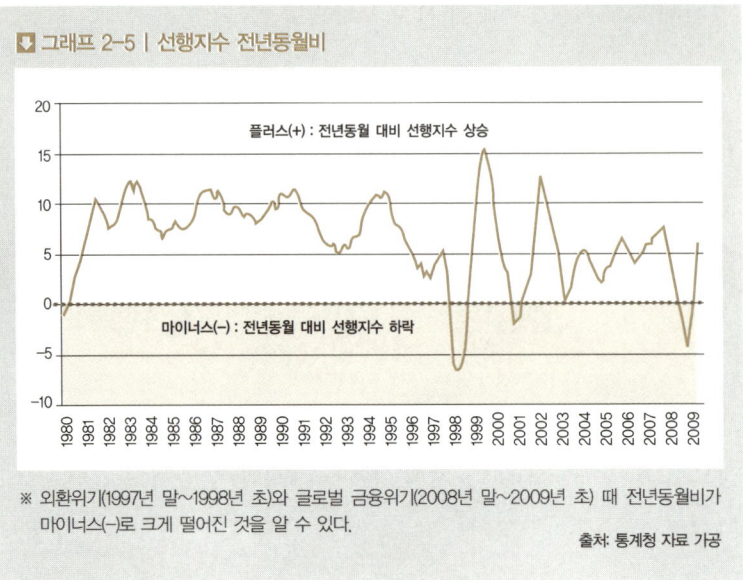

▼ 그래프 2-5 | 선행지수 전년동월비

플러스(+) : 전년동월 대비 선행지수 상승

마이너스(-) : 전년동월 대비 선행지수 하락

※ 외환위기(1997년 말~1998년 초)와 글로벌 금융위기(2008년 말~2009년 초) 때 전년동월비가 마이너스(-)로 크게 떨어진 것을 알 수 있다.

출처: 통계청 자료 가공

:: 동행지수 순환변동치

이번에는 경기동행종합지수를 그래프로 그려보자.

〈그래프 2-6〉에서 알 수 있듯이 동행지수는 시간이 지날수록 위로 올라가고 있다. 중간 중간의 굴곡은 있지만 전반적으로는 경기가 상승하고 있다는 걸 알 수 있다. 이렇듯 대부분의 자본주의 국가에서는 경기종합지수가 우상향하는 것이 정상이다. 경제가 계속 성장해왔기 때문이다. 하지만 우리가 정말 알고 싶은 것은 그런 게 아니다. 현재 경기가 좋지 않다며 걱정하는 국민들에게 과거 1960년대에 비해 현재의 살림살이가 확연하게 나아졌으니 그냥 만족하고 살라고 말한다면 정신 나간 소리로 들릴 것이다. 분명 과거 1960년대나 1970년대도 호황과 불황이 반복되었고 지금도 호황과 불황이

대부분의 자본주의 국가에서는 경기종합지수가 우상향하는 것이 정상이다. 경기순환 국면만을 알 수 있는 지표가 있으면 더 좋을 것 같다. 이러한 필요에서 나온 것이 바로 '동행지수 순환변동치'다.

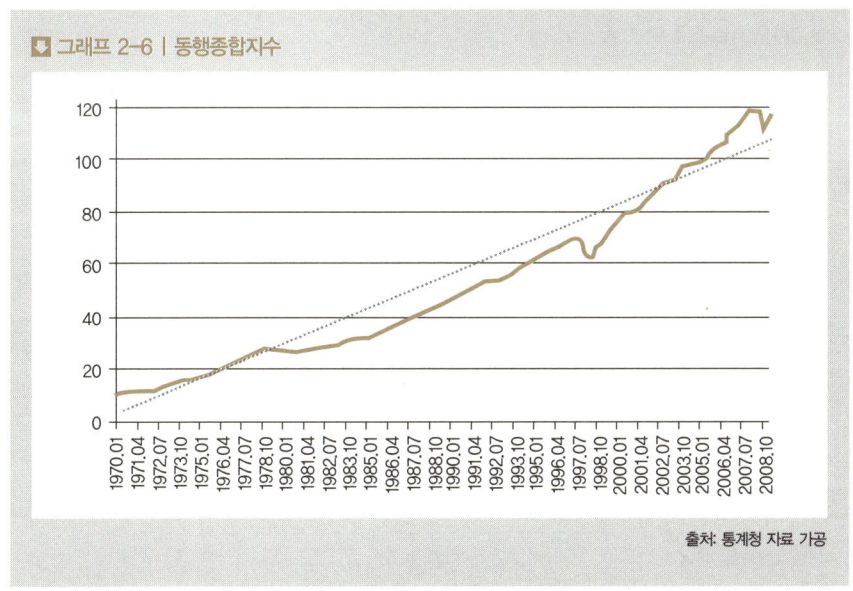

▼ 그래프 2-6 │ 동행종합지수

출처: 통계청 자료 가공

반복되고 있다. 정작 우리에게는 과거보다 잘살게 되었다는 사실이 아니라 현재 생활 수준에서 경기가 호황인지 불황인지를 가늠하는 게 더 큰 관심사다. 따라서 경기순환 국면만을 알 수 있는 지표가 있으면 더 좋을 것 같다. 이러한 필요에서 나온 것이 바로 '동행지수 순환변동치' 다. 이는 동행지수를 조금 가공하여 경기 순환 과정만 볼 수 있도록 만든 것인데 그 방법은 간단하다.

〈그래프 2-7〉을 보자. 비록 들쭉날쭉 굴곡은 있지만 우상향하는 큰 흐름에 있다. ❶ 이런 흐름에 일직선을 그어보자. 이를 추세선이라 한다. 이 추세선 역시 당연히 우상향하는 모습이다. ❷ 자! 이제 추세선의 오른쪽 끝을 잡아서 아래로 끌어내려 보자. ❸ 추세선을 우상향에서 평형으로 만들어보자는 이야기다. 왜 이런 짓을 하는가? 앞서도 말했듯이 대부분의 자본주의 국가에서는 장기적으로 볼 때 경기는 상승하기 때문에 우상향하는 동행지

그래프 2-7 | 동행지수 순환변동치 구하기

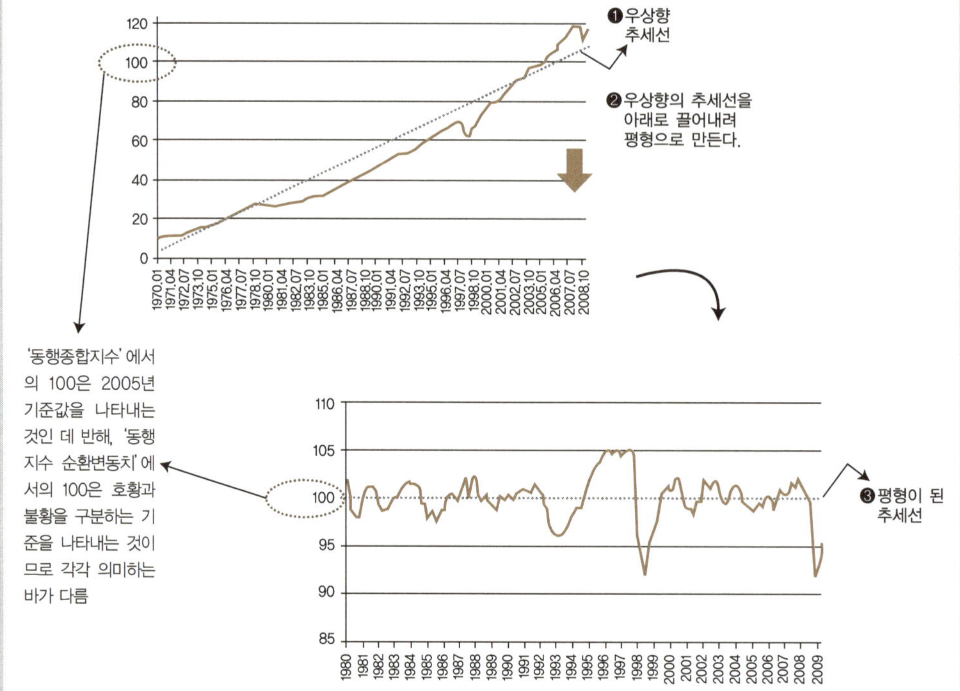
❶우상향 추세선
❷우상향의 추세선을 아래로 끌어내려 평형으로 만든다.
'동행종합지수'에서의 100은 2005년 기준값을 나타내는 것인 데 반해, '동행지수 순환변동치'에서의 100은 호황과 불황을 구분하는 기준을 나타내는 것이므로 각각 의미하는 바가 다름
❸평형이 된 추세선

수 자체를 살펴보는 것에 한계가 있다. 따라서 추세선을 평형으로 만들어 경제성장에 따른 자연 추세분을 빼주고 호황, 불황의 경기순환 여부만 살펴보는 시도가 필요하다. 하지만 좀 이상하다. 여전히 진폭이 크지가 않다. 따라서 이 그래프를 평형으로 만든 추세선을 기준으로 그 폭을 넓히는 작업을 한다. 숫자를 과장되게 조정하는 것이다. 눈에 띄지 않으니 잘 보이라고 시약을 넣듯이 말이다. 그래서 만들어진 게 바로 동행지수 순환변동치다.

선행지수 전년동월비는 전년동월과 비교한 비율(%)이다. 이에 반해, 동행지수 순환변동치는 동행지수에서 경기의 순환만 보겠다는 의도에서 추세

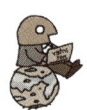

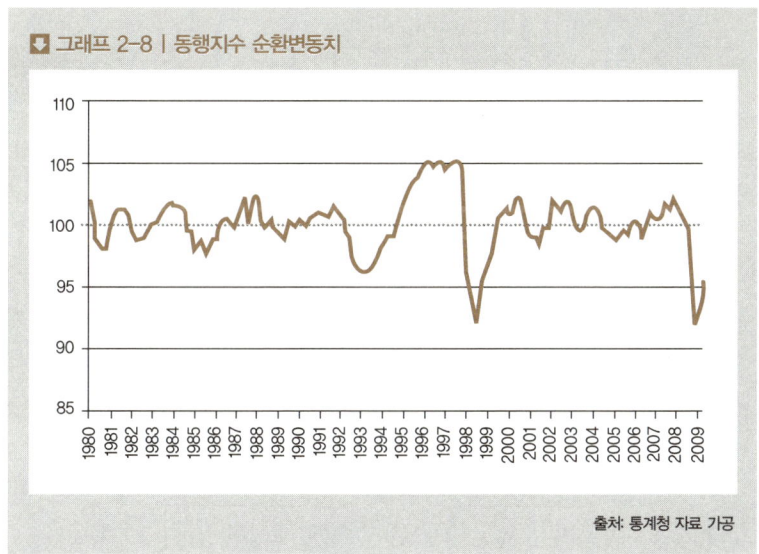

그래프 2-8 | 동행지수 순환변동치

출처: 통계청 자료 가공

선을 제거하고 그래프를 가공하여 만든 수치다. 따라서 그 값은 비율(%)이 아니라 100을 기준으로 한다. 〈그래프 2-8〉에서 보듯이 기준값 100을 중심으로 순환변동치가 100 이상이면 호황, 100 미만이면 불황을 의미한다. 현재 경기가 호황인지 불황인지를 비교적 정확하게 반영해주는 지표다.

선행지수 전년동월비는 전년동월과 비교한 비율(%)이다. 이에 반해, 동행지수 순환변동치는 동행지수에서 경기의 순환만 보겠다는 의도에서 추세선을 제거하고 그래프를 가공하여 만든 수치다. 따라서 그 값은 비율(%)이 아니라 100을 기준으로 한다.

계절조정 (seasonal adjustment)

좀더 정확한 시계열 분석을 위하여 1년 주기의 원래 통계치에서 계절에 따른 변동분을 제거해주는 통계기법을 말한다. 나라별로 고유한 문화나 관습에 따라 매년 계절별로 반복되는 변동분이 있는데 이를 계절변동이라 한다. 우리나라의 경우 추석이나 설날에 백화점 매출이 증가하는 것이 대표적인 예라 하겠다. 따라서 경제의 흐름을 더욱 정확하게 파악하기 위해서는 계절조정을 통해 이러한 주기적 변동분을 제거해주어야 한다.

구분	2008년 5월	2008년 6월	2008년 7월	2008년 8월	2008년 9월	2008년 10월	2008년 11월	2008년 12월
동행종합지수 (2005=100)	117.3	117.3	117.6	117.7	117.9	117.6	115.9	113
동행지수 순환변동치	101	100.6	100.4	100.1	99.8	99.2	97.3	94.6

〈표 2-8〉을 보자. 동행종합지수는 2005년(100)을 기준으로 각각의 구성 지표를 종합하여 만든 숫자다. 따라서 100을 넘는다는 건 2005년에 비해 경기가 좋다는 것이지 지금까지 계속해서 호황이 지속되고 있다는 의미는 아니다. 2005년 이후에도 호황과 불황은 반복되고 있다.

하지만 동행지수만으로 호황, 불황 여부를 확연하게 알기는 쉽지 않다. 반면에 동행지수 순환변동치는 그렇지 않다. 〈표 2-8〉에서도 알 수 있듯이 2008년 8월까지는 순환변동치가 100 이상이었다. 여기서 100을 넘었다는 것은 경기가 나름 호황 국면이라는 것을 나타내주는 것이다. 하지만 같은 해 9월부터는 계속해서 100 미만이다. 글로벌 금융위기 이후로 불황의 늪에 빠져 있는 우리 경제를 한눈에 볼 수 있다. 이제 신문기사에서 선행지수 전년동월비나 동행지수 순환변동치라는 것들이 무엇을 의미하고 왜 필요한 지 이해가 되었을 것이다.

경기 동향을 파악하는 데 도움이 되는 심리지수들

유명한 경제학자 케인즈는 '경기를 움직이는 원동력이 심리'라고 밝힌 바 있다. 눈에 보이지 않는 인간의 심리가 경기 흐름에 많은 영향을 미치고 있음을 전달한 것이다. 경기를 파악하는 데 우리의 심리가 어떻게 작용하는지, 또 심리를 반영한 지표로는 어떤 것들이 있는지 알아보자.

월 스트리트를 휘어잡은 헝가리 출신의 전설적 투자가 앙드레 코스톨라니 Andre Kostolany 는 놀랄 만한 투자실적을 올려 '미스터 주식'이라 불리는 인물이다. 또한 그는 투자실적만큼이나 경이로운 어록들을 많이 남긴 것으로도 유명하다. 가령 그는 '주가란 합리적이고 과학적으로 움직이기보다는 유동성과 시장 참여자의 심리에 의해 좌우된다'고 말했다. '시장의 90%는 심리학이 지배한다', '단위면적당 바보가 제일 많은 곳이 증권사 객장'이라는 그의 말은 아직도 월 스트리트에서 유명하다. 그 뿐만이 아니다. 경제학자 케인즈 역시 심리적 요인이야 말로 경제를 움직이는 원동력이라며 그 유명한 '야성적 충동animal spirits(케인즈는 자신의 저서 《고용, 이자 및 화폐에 관한 일반이론》에서 이렇게 말했다. "인간의 적극적인 활동의 대부분은, 도덕적이거나 쾌락적이거나, 또는 경제적이건 간에 수학적 기대치에 의존하기보다는 오히려 스스로 만들어낸 낙관주의에 의존하려 한다. 이러한 인간의 불안정성이 판단과 결정에 중요한 요인이 된

다. 인간의 의지는 추측하건대, 오직 '야성적 충동'의 결과로 이루어질 수 있을 뿐이며, 계산적인 이해관계로 이루어지는 것이 아니다."—저자 주)'에 대해 이야기하지 않았던가! 그는 지나치다 싶을 정도로 비관적이고 불안한 군중심리가 1930년대 대공황의 원인이라고 지적했고, 시장은 비관적인 감정과 낙관적인 감정의 흐름에 좌우되며 이것은 불합리한 것이기는 해도 합리적인 계산이 존재하지 않는 한 정당한 것이라고 보았다.

이렇듯 시장참여자뿐 아니라 객관적으로 시장을 분석해야 하는 전문가들조차도 경제의 상당 부분이, 아니 어찌 보면 전부가 우리들의 심리에 의해 좌우된다고 인정한다. 그렇다면 사람들의 심리를 제대로 파악하면 경제의 흐름을 보다 쉽게 이해할 수 있지 않을까? 이러한 생각에서 나온 것이 바로 '소비자심리지수^{CSI}' 같은 심리지수다. 현재 경기상황과 앞으로의 전망을 알기 위해 어려운 분석을 시도하는 것보다는 사람들에게 그것을 물어보는 게 오히려 간단하고 정확하다는 생각에서 만들어진 지수다. 어차피 경제는 다수의 군중들이 믿는 방식대로 흘러가기 때문이다. 따라서 좀더 정확한 경기전망을 위해 GDP나 경기종합지수를 보완해주는 지표로 심리지수가 많이 활용된다.

> 시장참여자뿐 아니라 객관적으로 시장을 분석해야 하는 전문가들조차도 경제의 상당 부분이, 아니 어찌 보면 전부가 우리들의 심리에 의해 좌우된다고 인정한다.

:: 소비자심리지수

"앞으로 생활형편이 좋아질 것 같습니까?"라고 물어봤더니 대부분의 사람들이 "예, 좋아질 것 같아요"라고 대답한다면 소비자심리지수$^{CSI: consumer sentiment index}$는 상승하게 되고 경기도 좋아진다. 다시 말해

(단위: P, %)

지수별	2008년 10월	2008년 11월	2008년 12월	2009년 1월	2009년 2월	2009년 3월	2009년 4월	2009년 5월	2009년 6월	2009년 7월
소비자심리지수	88	84	81	84	85	84	98	105	106	109

출처: 한국은행

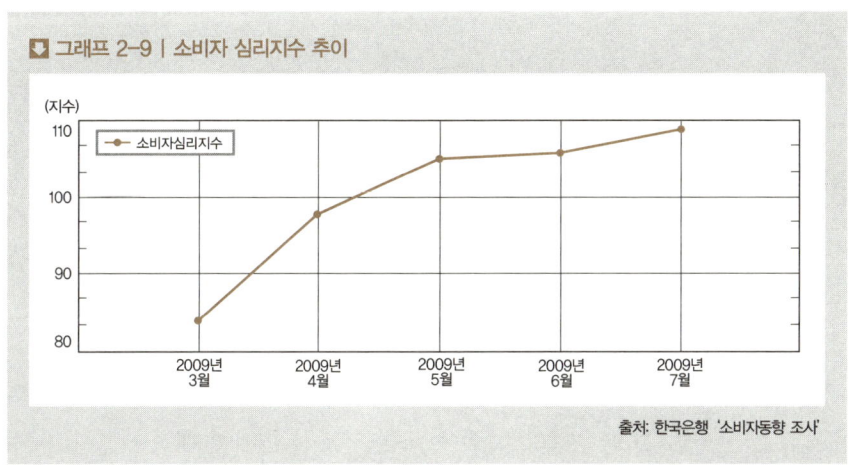

■ 그래프 2-9 | 소비자 심리지수 추이

출처: 한국은행 '소비자동향 조사'

봄이 되어서 봄이라기보다는 사람들이 날씨가 풀린다고 하니 봄이라는 것이 이 지수의 핵심이다. 소비자심리지수[CSI]는 한국은행에서 실시하는 소비자동향조사를 기초로 현재생활형편CSI, 생활형편전망CSI, 가계수입전망CSI, 소비지출전망CSI, 현재경기판단CSI, 향후경기판단CSI 등 6개 주요 개별지수의 평균값과 표준편차를 이용하여 합성해 만든 종합지수다. 소비자들이 경기상황을 어떻게 받아들이는지를 종합적으로 나타내준다. 소비자심리지수는 지수 자체가 증가하거나 감소하는 것도 중요하지만, 기준치(100)를 상회하는지에 대한 여부가 더 중요하다. 만약 이 지수가 100을 넘으면 앞으로 생활형편이나 경기, 수입 등이 좋아질 것으로 보는 사람이 많다는 의미이고, 100 미만이면 그 반대다. 이 지수는 민간소비나 경기동행지수와

⊡ 표 2-10 | 소비자심리지수 구성 개별지수

지수항목	2009년 6월	2009년 7월	전월대비
소비자심리지수(CSI)	106	109	3p 상승
현재생활형편CSI	89	92	3p 상승
생활형편전망CSI	102	105	3p 상승
가계수입전망CSI	98	99	1p 상승
소비지출전망CSI	107	107	-
향후경기전망CSI	108	114	6p 상승

소비자심리지수
소비자의 심리를 종합적으로 판단하는 데 유용한 주요 지수를 선택, 이를 합성하여 작성한 종합지수다. 이 지수가 100을 넘으면 향우 생활 형편이나 경기, 수입 등이 좋아질 것으로 보는 사람이 많다는 의미이고 100 미만이면 그 반대다. 이 지수는 한국은행이 분기마다 소비자동향조사를 실시하여 작성한다.

일치하거나 1~2분기 정도 앞서 나타나는 등 서로 높은 상관관계를 보인다. 따라서 100을 넘는지의 여부를 따져서 미래의 소비나 경기 상황을 전망하는 데 유용하게 사용할 수 있다.

〈그래프 2-9〉를 보자. 2009년 4월까지 기준치 100 아래에 있던 지수가 5월부터 100 이상으로 상회하며 증가하는 모습을 보여준다. 글로벌 금융위기 이후 침체했던 우리 경제에 대해 일반 소비자들의 심리가 이제는 회복기조로 돌아설 것으로 보고 있음을 알 수 있다. 한편 종합지수인 소비자심리지수뿐 아니라 이를 구성하는 개별지수도 경기상황을 전망하는 데 의미가 있다.

〈표 2-10〉을 보면 소비자심리지수를 구성하는 2009년 7월의 개별지수 대부분이 전월대비 상승했다. 하지만 현재생활형편CSI나 현재경기판단CSI 등은 아직도 100 미만에 머물러 있어 현재 느끼는 체감경기는 향후 기대치와 달리 여전히 어렵다는 것을 알 수 있다.

: : 기업경기실사지수

소비자만 예측을 하는 것은 아니다. 생산자, 다시 말해 기업들도 경

구분	2007 1/4	2007 2/4	2007 3/4	2007 4/4	2008 1/4	2008 2/4	2008 3/4	2008 4/4	2009 1/4	2009 2/4	2009 3/4
BSI 실적	90	103	100	108	92	94	87	59	65	101	–
BSI 전망	96	112	107	114	100	108	98	78	61	95	108

※ 매출액 기준, BSI가 100 이상이면 증가(호전), 100 미만이면 감소(악화), 100이면 보합 수준으로 해석

출처: 지식경제부, 산업연구원(온라인 설문조사 결과분석 자료)

기에 대한 전망과 예측을 한다. 자본주의라는 시스템의 중심에서 산업을 이끌어가는 기업들의 전망 또한 경기동향을 파악하는 귀중한 지표가 된다. 이 지표를 바로 '기업경기실사지수BSI : business survey index'라 한다. 이 지수는 기업들에게 경기동향에 대한 전망을 질문하여 '매우 악화(0)'에서 '매우 호조(200)' 사이로 응답한 자료를 토대로 기업비율을 곱하여 평균을 내어 구한다. 이 지수의 값이 100 이상이면 전분기 대비하여 경기호전, 100이면 불변, 그보다 작으면 경기악화라는 의미를 가진다. 기업들의 판단, 예측, 계획의 변화 추이를 관찰하여 경기상황을 파악하는 데 유용한 지표다. 조사기관으로는 한국은행, 전경련, 지식경제부가 있으며 각 기관마다 기준척도나 작성주기가 조금씩 다르다.

〈그래프 2-10〉을 보면 BSI가 2006년과 2007년을 지나면서 단기적 파동은 있었지만 장기적으로는 100을 기준으로 횡보하는 모습을 보여주다가 2008년 하반기 들어서면서 급속하게 하락하는 모습을 보인다. 누가 보아도 경기급락의 시기였음을 알 수 있다. 하지만 2009년 상반기에 다시 회복세를 보여 100 수준을 넘어서고 있어 조심스레 경기회복을 예견해볼 수 있다.

모름지기 상품시장에서는 가계(소비자)가 수요자, 기업이 공급

기업경기실사지수의 값이 100 이상이면 전분기 대비하여 경기호전, 100이면 불변, 그보다 작으면 경기악화라는 의미를 가진다.

구분	2008년						2009년					
	2/4분기		3/4분기		4/4분기		1/4분기		2/4분기		3/4분기	
	현황	(전망)	현황	(전망)	현황	(전망)	현황	(전망)	현황	(전망)	현황	(전망)
시황	94	(108)	87	(98)	59	(78)	65	(61)	101	(95)		(108)
매출액	101	(112)	92	(103)	64	(89)	63	(65)	104	(100)		(108)
내수(국내 출하)	97	(108)	90	(99)	63	(85)	66	(65)	102	(96)		(106)
수출	101	(108)	96	(103)	76	(90)	75	(78)	97	(97)		(103)
경상이익	87	(97)	83	(92)	63	(78)	66	(64)	92	(88)		(99)

출처: 지식경제부

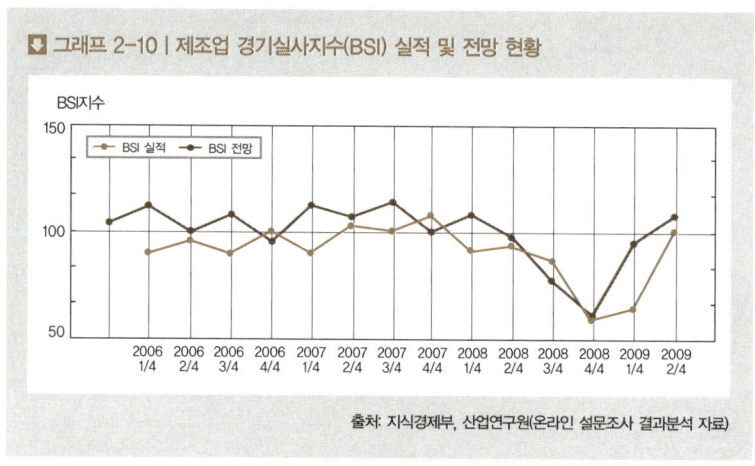

■ 그래프 2-10 | 제조업 경기실사지수(BSI) 실적 및 전망 현황

출처: 지식경제부, 산업연구원(온라인 설문조사 결과분석 자료)

CSI가 높다는 것은 앞으로 경기가 좋아져 소비자들이 자신들의 소득이 올라갈 것으로 믿고 있다는 것을 의미한다. 또한 BSI가 높다는 것은 기업이 앞으로 기업실적이 좋아질 것이라고 전망함을 의미한다.

자 역할을 한다. 노동시장에서는 그 반대로 가계가 공급자, 기업이 수요자 역할을 한다.

정리하면 이렇다. CSI가 높다는 것은 앞으로 경기가 좋아져 소비자들이 자신들의 소득이 올라갈 것으로 믿고 있다는 것을 의미한다. 또한 BSI가 높다는 것은 기업이 앞으로 기업실적이 좋아질 것이라고 전망함을 의미한다.

가계는 소득이 올라가면 소비를 늘릴 것이며 이는 기업실적을

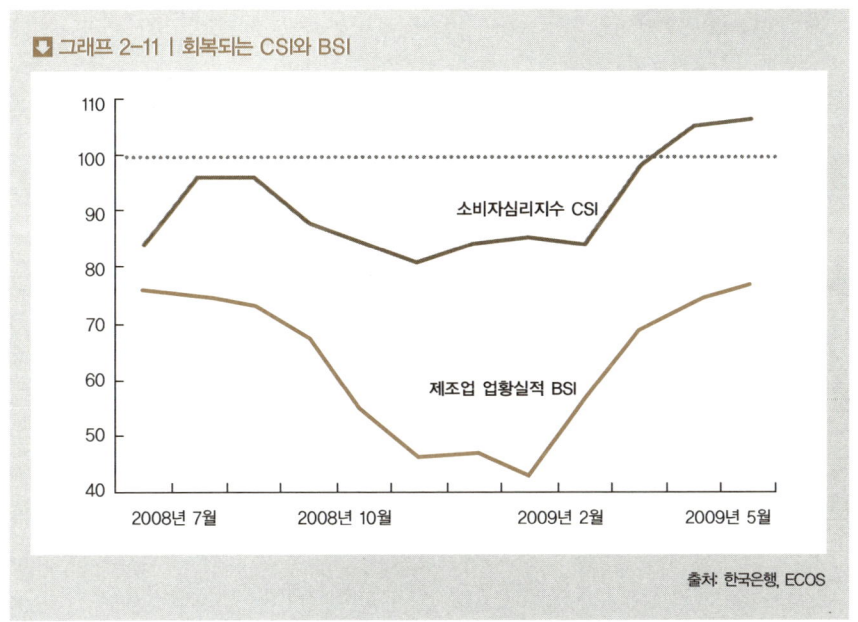

그래프 2-11 | 회복되는 CSI와 BSI

소비자심리지수 CSI

제조업 업황실적 BSI

2008년 7월   2008년 10월   2009년 2월   2009년 5월

출처: 한국은행, ECOS

올리는 역할을 할 것이다. 또한 기업은 실적이 올라가면 고용을 증대시킬 것이고 따라서 가계의 소득은 더욱 늘어날 것이다. 바로 경제의 선순환 과정이 일어나는 제대로 된 모습이다. CSI와 BSI가 증가한다는 것은 가계와 기업이 모두 이러한 선순환 과정이 임박했다고 믿는 것이다. 당연히 경기가 좋아진다는 이야기다.

물론 CSI나 BSI만으로 경기변동을 단정 지어서는 안 된다. 정확한 경기 진단을 위해서는 GDP성장률이나 경기종합지수 등 다양한 지수에 보완하여 참조하는 것이 마땅하다.

◉ KDI '생산감소 완화로 경기급락세 진정'

한국개발연구원(KDI)은 6일 발표한 'KDI경제동향' 보고서에서 "최근 우리 경제가 내수와 고용부진이 지속되고 있으나 생산의 감소세가 완화되면서 경기 급락세가 다소 진정되는 모습"이라고 평가했다. 2월 중 광공업생산지수 증가율은 −10.3%를 기록해, 전월(−25.5%)에 비해 하락세가 완화됐다. 계절조정치를 감안한 전월대비 증가율은 6.8%로 2개월 연속 증가세를 유지했다. 대부분의 업종에서 감소세가 완화됐고 특히 반도체, 자동차 부문이 전월대비 증가율이 높았다. 서비스업생산지수는 0.1%로 4개월 만에 증가하는 모습을 보였다. 계절조정 전월대비 증가율은 1.2%로 전월(0.4%)에 비해 증가세가 점차 확대됐다. 도소매업과 운수업을 제외한 대부분의 업종에서 전월대비 개선되는 양상이었다.

KDI는 생산 증가율의 하락세가 둔화되는 가운데 재고가 큰 폭으로 감소해 생산과 재조의 조정이 상당한 수준으로 이뤄졌음을 시사했다고 진단했다. 2월 중 소비재판매액지수는 최근 하락세가 지속되면서 −6.2%를 기록했지만 계절조정 전월대비 증가율은 5.0%를 기록해 전월대비 개선됐다. KDI는 3월 중 소비자심리지수 및 소비지출전망은 1,2월과 유사한 수준인 84 및 91로 소비심리가 여전히 위축돼 있음을 드러낸다고 지적했다. 2월중 설비투자와 국내기계수주는 각각 −21.2%와 −28.8%로 전월(−25.9%, -46.9%)에 비해 감소세가 완화됐지만 그 중 상당 부분은 운수장비 투자 및 공공부문 기타 수송용 기계수주의 일시적 증가에 따른 것으로 판단했다. 건설기성액은 공공 및 토목 부문이 각각 33.3%와 37.3%였으며 전체적으로는 12.2% 증가했지만 선행지표인 건설수주는 민간 및 건축 부문의 수주 부진이 지속되며 전월(−15.0%)에 비해 감소폭이 확대된 (−20.7%)를 기록했다. 3월 중 수출과 수입은 국내외 경기침체 및 단가

하락 등의 영향으로 감소세를 지속하는 가운데 무역수지는 46억 1,000만달러의 흑자를 기록했다. 2월 중 경상수지는 상품수지의 개선에 힘입어 전월의 16억 4,000만달러 적자에서 36억 8,000만달러 흑자로 반전했으며 자본수지는 파생금융상품 수지의 순유출 규모가 확대되면서 전월 51억 4,000만달러 유입에서 33억 2,000만달러 순유출로 전환됐다. 2월 중 노동시장은 취업자가 14만 2,000명(0.6%) 감소해 신용카드 버블 붕괴 당시인 2003년 9월 이후 5년5개월 만에 최대 감소폭을 기록했고 실업률은 0.4% 상승한 3.9%로 고용상황이 더욱 악화됐다.

3월 중 소비자물가는 농축산물 가격의 급등에 기인해 전월대비 0.7% 상승했으나 전년 동월대비로는 전월(4.1%) 보다 낮은 3.9%의 상승률을 기록했다. KDI는 3월 중 국내 금융시장에 대해 금융기관의 외화유동성 우려 완화 등에 기인해 시장금리와 원달러 환율이 하락하고 주가가 상승하는 등 비교적 안정된 모습이었다고 평가했다. KDI는 세계 경제와 관련해 주요 선진국의 내수 및 고용 부진이 심화되는 가운데 개도국의 수출과 생산이 악화되는 등 세계경제의 하강세는 지속되는 모습이라고 진단했다.

출처: 〈머니투데이〉 2009년 4월 6일

LESSON 08

경기에 선행하는 발틱운임지수(BDI)

해운업계의 종합주가지수가 있다. 바로 발틱운임지수다. 이 지수는 국제무역의 수요 증가 또는 감소를 가늠하는 데 큰 도움이 된다. 배로 실어나를 예정인 화물량을 지수로 옮긴 것이다. 이 지수는 경기와 주가의 선행지수로 많이 이용되는데, 한국해양수산개발원 사이트에서 확인이 가능하다.

"앞으로 경기가 더 나빠질까요?"

"그걸 알고 싶으면 발틱운임지수의 추이를 보세요."

2009년 초 경기가 악화일로를 걷고 있을 당시 발틱운임지수가 하락했다는 기사들이 매체를 통해 많이 보도되었다. 발틱운임지수가 경기에 선행하여 움직이므로 이 지수가 하락하면 앞으로 경기가 불황이라는 것이다. 도대체 이 지수가 무엇이기에 경기변동을 가늠해볼 수 있다는 것일까?

'발틱운임지수BDI : Baltic Dry Index'란 세계 26개 항로의 벌크화물 운임과 용선료 등을 종합한 종합운임지수다. 원래는 발틱해운거래소에서 건화물시황 운임지수로 사용해온 'Baltic Freight IndexBFI'라는 게 있었는데, 이를 대체해서 1999년 11월 1일부터 발표하여 선물시장Future Market에서 사용한다. 배의 형태별로 대표 항로를 선정

> '발틱운임지수'란 세계 26개 항로의 벌크화물 운임과 용선료 등을 종합한 종합운임지수다.

하고 각 항로별 톤, 마일 비중에 따라 가중치를 적용해 1985년 1월 4일을 기준지수 1,000으로 정하여 사용하고 있다. 이 지수는 배의 형태에 따라 Baltic Capesize Index[BCI], Baltic Panamax Index[BPI], Baltic Handy Index[BHI] 등 별도의 선형별 지수로 구성되어 있다. 이러한 발틱운임지수는 개별 운임료의 수준을 나타내는 것이 아니라 전반적인 해운업계의 운임료 현황을 나타내는 것으로 전세계적인 교역량을 알 수가 있다. 다시 말해 해운업계의 종합주가지수와 같은 개념이다.

발틱운임지수는 개별 운임료의 수준을 나타내는 것이 아니라 전반적인 해운업계의 운임료 현황을 나타내는 것으로 전세계적인 교역량을 알 수가 있다.

　내용이 여기까지 흘러오다 보니 '경기변동을 예측하는 데 웬 해운, 선박 이야기가 갑자기 튀어나오냐?'며 의아해하는 분들이 있을 것이다. 잘 모르는 분들도 있겠지만 이게 경기와 상당히 밀접한 상관관계를 가지고 있다. 이 지수가 오른다는 것은 그만큼 세계적인 물동량, 교역량이 많다는 것을 의미한다. 원자재나 상품을 실어 나르는 양이 많아지면 자연스레 가격(BDI지수)이 오를 것 아니겠는가? 반면에 이 지수가 떨어졌다는 것은 교역량이 현저히 줄었다는 것이며, 이는 당연히 해운업계의 실적이 악화된다는 것을 의미한다. 게다가 한 걸음 더 나아가 국제무역의 수요가 급감하고 있다는 것을 알 수 있다. 즉 전세계적으로 경기불황이라는 의미다. 특히 이 지수가 계속 떨어진다는 것은 우리나라처럼 수출에 의존하는 경제구조에선 특히나 치명적이다.

　아닌 게 아니라 〈그래프 2-12〉에서도 보듯이 발틱운임지수가 2008년 5월 말만 해도 11,000선까지 치솟았었는데 같은 해 12월 3일 680까지 폭락했다. 바로 글로벌 금융위기가 한창인 때였다. 그런

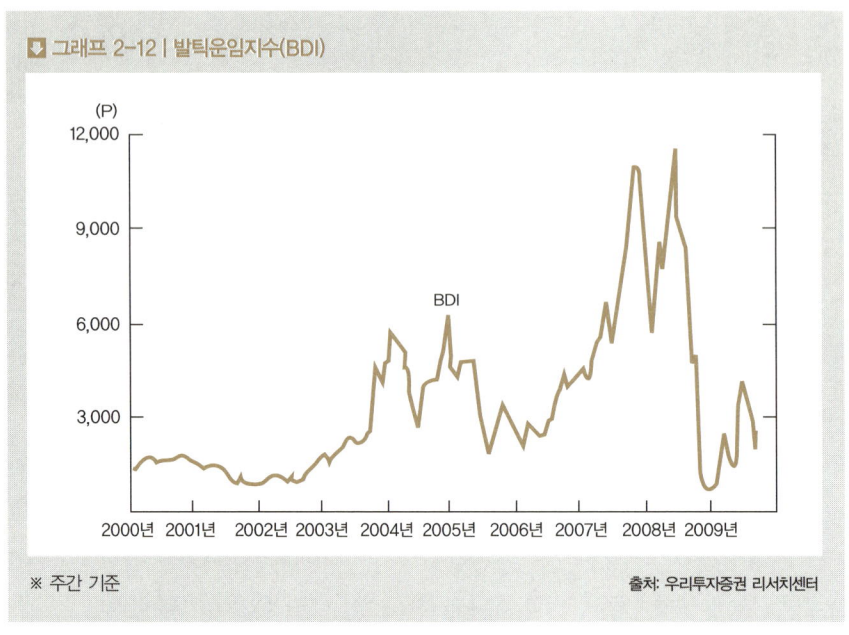

↓ 그래프 2-12 | 발틱운임지수(BDI)

(P)

BDI

2000년 2001년 2002년 2003년 2004년 2005년 2006년 2007년 2008년 2009년

※ 주간 기준

출처: 우리투자증권 리서치센터

후 2009년 2월부터 반등하기 시작하여 6월 들어 4,000선을 회복하는 모습을 보이기도 했다. 하지만 다시 하락하여 2009년 9월에는 2,400대에서 횡보하고 있는 상황이다. 글로벌 금융위기 이후 적잖은 회복세가 다른 지표에서 곳곳이 보이고 있기는 하지만 발탁운임지수를 근거로 볼 때 여전히 국제무역량의 수요는 완전히 회복하지 않았으며 세계경제 역시 위기 이전 수준으로 회복하지는 못한 것으로 해석할 수 있다. 이렇듯 '미국이나 중국 등 전세계 경제가 어려우니 수출이 줄겠지' 하는 식의 피상적으로 생각했던 것을 발틱운임지수 추이를 보면서 실제 수치로 확인할 수 있다. 이런 점에서 발틱운임지수는 경기와 주가의 선행지수로 많이 이용된다. 이제부터 경기가 어떻게 변동될지 궁금하다면 발틱운임지수도 챙겨보도록 하자. 참고로 한국해양수산개발원 사이트 www.kmi.re.kr에 가면 이 지수를 확인할 수 있다.

소비 변화를 빨리 알 수 있는 '이마트(E-Mart)지수'

실제로 소비자들의 장바구니 물가가 궁금하다면 이마트 지수가 유용할 수도 있겠다. 사람들의 소비 형태를 판매, 매출액으로 환산하여 제시한 지수다. 물론 이 지수가 경기를 예측하는 주요 지수라기보다는 현재 내수경기 상황의 일부를 알 수 있는 보조자료 정도로 생각하면 된다.

경기가 살아나고 있는지의 여부를 알려면 뭐니뭐니 해도 내수경기 현황을 가늠해봐야 한다. 이렇듯 내수경기를 살펴보려면 어떤 지표가 필요할까? 당연히 통계청이 발표하는 소비재판매액지수나 백화점 또는 할인매장의 매출액을 살펴보면 될 것이다. 하지만 여기엔 함정(?)이 있을 수 있다. 판매액이나 매출액이 늘었다고 해서 무조건 소비자들의 구매가 늘어나 내수경기가 활성화되었다고 말할 수는 없다. 그 이유는 판매액과 매출액의 증가 원인이 소비자 구매의 증가라기보다는 물가상승 때문일 수도 있기 때문이다. 실제로 소비자는 예전과 동일하게 100개를 샀을 뿐인데 물가가 90만원에서 100만원으로 올랐다면 매출액은 9,000만원에서 1억으로 증가하게 된다. 이렇듯 매출액만으로 소비가 늘었는지 파악하는 데에는 한계가 있다. 이런 상황에서 신세계 이마트$^{E-Mart}$에서 발표하는 '이마트

판매액이나 매출액이 늘었다고 해서 무조건 소비자들의 구매가 늘어나 내수경기가 활성화되었다고 말할 수는 없다. 그 이유는 판매액과 매출액의 증가 원인이 소비자 구매의 증가라기보다는 물가상승 때문일 수도 있기 때문이다.

지수'가 있어 눈길을 끈다.

'이마트지수'란 전국 120여 개의 이마트 매장 중 매출 수준이 안정적인 50개 매장을 엄선하여 여기서 팔리는 식품, 생활용품, 의류, 가전제품 등 총 476개의 상품군을 대상으로 매출액(판매액)이 아니라 판매량을 지수로 하여 만든 이른바 '실질 소비량 측정지수'다. 다시 말해 소비자가 100개를 구매했는지 150개를 구매했는지 이마트 계산대의 바코더로 찍은 데이터를 기준으로 합산하여 만든 지수이므로 가격이 개입되지 않는다는 것이다. 그러니 물가상승에 대한 통계치의 왜곡을 사전에 막을 수 있다는 게 장점이다.

이마트지수는 매 분기별로 발표하는 지수로 전년도 같은 기간의 판매량을 100으로 하여 그보다 판매가 늘었다면 100 이상, 줄었다면 100 이하로 지수가 매겨진다. 이마트지수는 2008년 1분기 '102.5'였던 것이 2분기 '99.6'으로 떨어졌고 3분기 '96.0'과 4분기 '95.1'을 나타내 지속적으로 하락했다. 그만큼 내수경기가 침체되고 있음을 여실히 보여준다. 한편 이마트지수는 '의생활지수', '식생활지수', 주생활지수', '문화생활지수' 등 4대 하위지수로 나뉘어진다. 따라서 하위지수별 상승 또는 하락 정도를 보면 소비 변화와 경기상황도 가늠해볼 수 있다.

2008년 당시, 매 분기가 지날수록 이마트지수는 모두 함께 하락했지만 특히 문화생활지수와 의생활지수의 하락폭이 더 컸다. 이는 경기가 악화되자 각 가계들이 우선 문화생활과 옷을 사 입는 것부터 줄이고 있다고 해석할 수 있다. 물론 이러한 이마트지수 역시 가계의 소비 변화와 내수경기 상황의 모든 것을 말해주는 것은 아니다. 우선 대형 할인매장에서 일어나는 구매의 경우 가계의 전체 소비재 구매의 14.7% 정도에 지나지 않는다. 다시 말해 이마트가 아무리 국내 최대의 할인매장이라고 해도 우리나라 전체

가계 소비를 대표하기에는 한계가 있다. 게다가 할인매장의 판매량만으로는 최근 들어 가계 지출의 가장 큰 비중을 차지하는 사교육비나 의료비 등에 대한 소비량을 제대로 알 수가 없다.

아울러 이마트지수는 소비가 일어난 다음 각 분기별로 이를 정리하여 발표하는 숫자이므로 경기를 예측하는 선행지수라기보다 현재 내수경기 상황의 일부를 보여주는 어디까지나 보조적 자료라는 한계가 있다. 하지만 매 분기 마감 후 늦어도 10일 이내 지수가 발표된다는 점과 판매액이 아닌 판매량으로 소비 변화를 보여준다는 점, 그리고 일반인이 이해하기 쉽다는 점에서 이마트지수의 존재 의의는 충분하다고 볼 수 있다. 그래서 그런지 최근 들어 내수경기에 대한 기사를 쓸 때 이 지수가 종종 인용되곤 한다.

이마트지수는 경기를 예측하는 선행지수라기보다 현재 내수경기 상황의 일부를 보여주는 어디까지나 보조적 자료라는 한계가 있다.

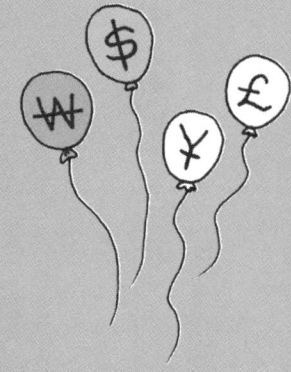

살림살이의
척도 GDP의
모든 것

경제(經濟)란 순 우리말로 살림살이라고 했다. 그럼 살림살이란 또 무엇인가? '등 따시고 배부른 것'이다. 가계와 기업, 그리고 국가가 지금 등 따시고 배부른가를 알아보고 또 앞으로도 계속 그렇게 할 수 있을지를 가늠해보는 것이 바로 경제다. 살림살이 수준을 가장 종합적으로 나타내는 경제지표 중 대표적인 것이 GDP다. 왜냐하면 GDP가 성장하면 '살림살이', 즉 '경제'가 성장하기 때문이다. 그래서 일반적으로 경제성장률과 GDP성장률은 같은 뜻으로 쓰인다. 그럼 GDP란 녀석이 왜 '살림살이'를 대표하는 것인지 좀더 자세히 알아보자.

GDP는 너희가 작년에 해놓은 모든 것을 알고 있다

LESSON 01

여러분은 GDP에 대하여 얼마나 알고 있는가? 사실 누구나 초등학교 수업시간부터 들어온 용어이긴 해도 GDP를 정확하게 아는 사람은 생각보다 많지 않은 것 같다. 이번 장에서는 이 녀석을 꽁꽁 묶어두고서 낱낱이 해부해보겠다. 자 준비 되었는가? 그렇다면 이제 출발!!

2007년, 이제 우리도 1인당 국민소득이 2만달러를 넘어섰다는 뉴스를 보도하면서 난리 블루스를 춘 적이 있다. 그야말로 잠시나마 행복(?)한 한때였다. 하지만 다음 해 여러 이유로 인해 다시 2만달러의 턱걸이에 실패하고 말았다. 이에 대해서는 뒤에 다시 다루겠다. 어쨌거나 지금 여기서 말하고 싶은 것은 '2만달러' 라는 숫자가 아니라 '국민소득' 이라는 단어 자체에 있다. 국민소득에 대해 언급하면서 정작 뉴스에서 인용한 숫자는 GDP라는 요상한 녀석이다. 이 녀석을 우리나라 인구수로 나누어 구한 값을 가지고 '1인당 국민소득' 이 어쩌구 저쩌구 논한 것이다. 왜 그랬을까? 분명 '1인당 GDP' 가 맞는 말일 텐데 이를 왜 '1인당 국민소득' 이라고 일컫는 것일까?

"누굴 바보로 알아! 영어로 된 GDP가 우리말로 풀이하면 바로 '국민소득'이겠지."

이렇게 외치면서 당장 사전을 찾아본다. 하지만 결과는 터무니없이 나

온다. GDP란 'Gross Domestic Products'의 약자로 우리말로는 '국내총생산'이다. '국내≠국민' 그리고 '총생산≠소득'. 우리가 일상생활에서 사용하는 언어 수준으로 볼 때 이들은 동의어가 아니다. 완전히 다른 뜻이다. 그럼 왜 국내총생산이 국민소득으로 탈바꿈되어 사용될까? 이 의문을 풀기 위해서 GDP의 정의를 한번 읽어보자

● GDP(Gross Domestic Products, 국내총생산)란?
일정 기간 동안 한 국가 내에서 생산된 모든 최종재(상품과 서비스)의 시장가치의 총합을 말한다.

GDP

=

시장가치의 총합

GDP의 정의를 한 문장으로 간단명료하게 표현해보았다. 즉 'GDP=시장가치(→생산물의 개수×생산물의 가격)의 총합'이라는 말이다. 그러나 여전히 국민소득과의 연결고리를 찾기가 쉽지 않다. 그렇다면 GDP의 개념을 좀더 확실히 파악하기 위해 이 문장을 낱낱이 해부해보기로 하자. 자! 이왕 칼을 들었으니 곧바로 시작해보자.

: : 일정 기간 동안…

말 그대로 GDP는 '일정 기간 동안'의 총합이다. 대개는 1년 또는 3개월(1분기)을 기준으로 하여 그 합계를 구하는 것이다. 그래서 전년과 비교하거나 전년동분기 또는 전분기와 비교하여 얼마나 증가 또는 감소했는지를 가늠하는 것이다. 참! 분기별 GDP를 발표한다고 하지만 그 숫자는 1년으로 환산한 것이다. 다시 말해 2009년 3/4분

기 GDP가 총 120조원이라고 한다면 이는 3/4분기(7월~9월)인 3개월 동안의 GDP가 아니라 9월 말을 기준으로 1년 동안으로 환산했을 때 총 120조원이라는 의미다. 그렇게 하는 이유는 각 분기별 또는 매년을 서로 비교할 때 착오가 없도록 하기 위해서다.

: : 한 국가 내에서…

우리나라의 GDP는 우리나라 안에서 생산한 것만 계산한 것이다. 만약 당신이 호주에서 직장을 구해 1년 동안 열심히 일했다. 그럼 당신이 호주에서 생산해낸 것들은 한국의 GDP에 포함될까? 천만의 말씀이다. 당신이 아무리 한국사람이라고 우겨봐야 당신이 일한 것은 호주의 GDP에 포함되지 한국의 GDP에는 포함되지 않는다. 반면 지금 우리나라에 와 있는 동남아의 노동자들이 땀 흘리며 생산한 것은 우리나라 GDP에 포함된다. 이렇듯 GDP는 '국가의 개념'이다. 국민(또는 국적)의 개념이 아니다. 만약 생산한 사람의 국적을 따져서 계산하려면 GDP가 아니라 GNP(국민총생산) 자료를 뒤적거려야 할 것이다.

: : 생산된 모든…

GDP 계산의 대상이 되는 '생산된 모든[all]' 이란 합법적으로 생산되어서 시장을 통해 판매되는 모든 상품이나 서비스를 포함한다는 것이다. 따라서 마약과 같이 불법적으로 생산되는 것이나 주부의 가사노동처럼 시장을 통해 판매될 수 없는 서비스 등은 GDP 계산에 포함되지 않는다. 하지만 예외도 있다. '자가 주택의 주거서비스' 가 대표적이다. 자가 주택의 주거서비스란 내 집을 남에게 임대했다면 매달 들어왔어야 할 돈인데, 내가 직접 살기 때

문에 들어오지 않는 월세를 말한다. 이를 귀속임대료라고도 하는데 이것은 시장을 통해 판매되는 서비스가 아님에도 대부분의 나라에서 그 중요도를 인정받아 GDP에 포함시킨다. 우리나라에만 특수하게 포함시키는 예외사항도 있다. 바로 '음성적 사교육비'가 그것이다. 대표적인 것이 과외수업비인데, 사교육비에 대한 지출 규모가 가계에 차지하는 비중이 엄청 큰 우리나라에서는 그 중요도가 크기 때문에 2003년부터 이를 GDP 계산에 포함한다. 그 참! 사교육비 비중이 얼마나 컸으면 GDP에까지 포함됐을까? 대한민국 가계가 사교육비로 고생하는 모습이 눈에 어른거린다. '왠지 씁쓸허구면~'

또한 GDP는 '판매된 것의 모든…'이 아니라, '생산된 모든…'이라 했다. 왜 하필 한 국가의 살림살이 규모 또는 수준을 측정하는 데 '생산'을 기준으로 할까? 그 이유는 다음과 같다. 모름지기 살림살이가 제대로 되려면 뭐니뭐니 해도 소득이 생겨야 한다. 그리고 소득은 일자리를 잡아야 생기는 것이다. 다시 말해 고용이 살림살이의 상당히 중요한 요소라 할 수 있다. 예를 들어 겨울철 따끈따끈한 호빵이 있다고 하자. 100만원어치를 생산했는데 80만원어치만 팔렸다. 하지만 판매 여부와 상관없이 100만원어치를 생산하기 위해서 누군가를 그만큼 고용해야 한다. 따라서 생산만으로도 살림살이의 중요한 요소인 고용을 충분히 나타낼 수 있다.

:: 최종재(상품과 서비스)의…

생산된 것의 대상은 '모든 최종재'다. 여기서 '최종재'란 데 의미를 두어야한다. 다시 말해 여러 생산 단계를 거치더라도 그건 다 상관없다. GDP는 가장 마지막으로 생산되어 나온 것을 대상으로 한다. 예를 들어 떡을 만든

다고 해보자. 농부가 쌀을 추수(생산)해서 1,000원의 값을 매겨 방앗간업자에게 팔았다. 방앗간업자는 그 쌀을 빻아 쌀가루를 만들어(생산하여) 1,300원의 가격으로 떡집에 팔았다. 떡집은 그 쌀가루로 떡을 만들어(생산하여) 1,500원에 손님들에게 팔았다. 그럼 여기서 최종재인 떡 1,500원만 GDP에 계산되는 것이다. '어? 그럼 나머지 농부나 방앗간업자의 노고는 다 허사가 되는 것인가?' 그렇지 않다. 최종재만을 계산하지 않으면 중복계산이 되기 때문에 그렇게 한 것이다. 이를 설명하기 위해 농부와 방앗간업자, 그리고 떡집의 생산을 다 따져서 직접 계산해보자.

앞서도 말했듯이 농부는 쌀 1,000원어치를 생산했다. 그리고 방앗간업자는 쌀가루 1,300원어치를 생산했다. 잠깐! 정말 그런가? 아니다. 방앗간업자가 쌀가루를 생산해 창출한 가치는 300원뿐이다. 1,300원의 쌀가루에는 1,000원의 쌀 가격이 포함되어 있기 때문에 이를 구분하지 않으면 중복계산이 된다. 떡집의 경우도 마찬가지다. 떡집이 1,500원어치의 떡을 생산했지만 그곳에는 쌀 1,000원어치와 이를 쌀가루로 만들면서 늘어난 300원어치, 그리고 떡으로 바뀌면서 늘어난 200원어치의 생산이 있을 뿐이다. 참고로 이렇게 원료를 이용해서 추가로 생산해낸 가치를 '부가가치 added value'라고 한다. 그럼 지금까지의 내용을 다음과 같은 식으로 표시할 수 있다.

- 각 단계별 생산물의 가격(3,800원) = 쌀 1,000원 + 쌀가루 1,300원 + 떡 1,500원

1,000원(쌀)+300원

1,000원(쌀)+300원(쌀가루)+200원

- 부가가치(1,500원) = 쌀 1,000원 + 쌀가루 300원 + 떡 200원

여기서 알 수 있듯이 각 단계별 생산물의 가격을 단순하게 더한 3,800원은 200원이 한 번, 그리고 300원은 무려 두 번이나 중복계산된 것이므로 정확한 GDP 계산이라 할 수 없다. 따라서 각 단계별 생산물의 부가가치만을 계산해야만 정확한 GDP 값이 나온다. 그런데 여기서 떡을 만드는 데 필요한 각 단계별 생산과정에서 나온 부가가치 합의 숫자는 그냥 최종재인 떡의 가격인 1,500원과 같다는 걸 알 수 있다. 따라서 우리는 GDP의 정의를 생산된 최종재의 합으로 해도 무방하다는 점을 알 수 있다.

 ● 부가가치(1,500원) = 최종재(1,500원) ⇒ ∴ 모든 최종재 들의 총합(GDP)

: : 시장가치의 총합…

생산물을 표시할 때는 여러 방법이 있을 수 있다. 무게(킬로그램, 톤, 파운드)나 개수(개, 상자, 묶음), 부피(리터, 갤론) 등 우리가 사용하고 있는 도량형은 실로 다양하기 때문이다. 하지만 이런 다양한 도량형을 사용하는 데는 여러 가지 곤란한 점이 뒤따른다. 우선 상품(재화)은 무게나 부피를 잴 수 있지만 서비스(용역)는 이를 잴 수가 없다. 그리고 같은 재화라 할지라도 자동차 100톤과 쌀 100톤을 같은 생산량이라고 비교하기엔 상당한 억측이 따른다. 부피도 마찬가지다. 휘발유 100리터와 생수 100리터는 누가 봐도 같다고 할 수 없다. 이처럼 곤란한 점을 해결하기 위해 나온 것이 '시장가치'다. 시장가치란 쉽게 말해 가격price이다. 까놓고 얼마냐? 돈으로 생산된 것을 표시하는 것이다. 계산도 쉽다. 생산된 품목의 단가에다 생산품목의 개수를 곱하면 총 생산물의 가격(시장가치)이 나오게 된다. 자동차 2,000만원어치와 사

과 2,000만원어치는 같이 비교할 수 있다고 봐야 한다. 어차피 선호도의 문제일 뿐 2,000만원으로 살 수 있다는 점에서는 같으니까 말이다.

자! 이제 GDP에 대한 해부를 끝냈다. 그러니까 한마디로 GDP 란 한 국가의 영토 안에서 생산된 모든 최종재(원료나 부품으로 사용된 것이 아닌)의 개수에다 단가를 곱해서 합산한 것을 의미한다. 1년 동안 한 국가 안에서 일어난 모든 경제활동을 금액으로 표현한 것이라 할 수 있다. 이쯤에서 GDP를 계산한 간단한 예를 들어보자. TV 개그콘서트에 나오는 '뿌레땅뿌르국'이 실제로 있다고 해보자. 뿌레땅뿌르국에서 밀과 밀가루를 생산해서 빵을 만들고, 젖소에서 우유를 짜 치즈를 만든다고 하자. 그렇다면 뿌레땅뿌르국에서 생산하는 최종재는 빵과 치즈 두 가지다. 2008년에는 빵 10개를 단가 100원에, 치즈 10개를 단가 1,000원에 생산해냈다. 2009년에는 빵 20개를 단가 120원에, 치즈 12개를 단가 1,500원에 생산해냈다. 그렇다면 뿌레땅뿌르국의 2008년, 2009년 GDP는 〈표 3-1〉과 같다.

> GDP란 한 국가의 영토 안에서 생산된 모든 최종재(원료나 부품으로 사용된 것이 아닌)의 개수에다 단가를 곱해서 합산한 것을 의미한다.

⬇ 표 3-1 | 뿌레땅뿌르국, 연도별 최종재 생산 내용

항목	2008년			2009년		
	수량	단가	시장가치	수량	단가	시장가치
빵	10개	100원	1,000원	20개	120원	2,400원
치즈	10개	1,000원	10,000원	12개	1,500원	18,000원
GDP			11,000원			20,400원

표에서 보듯이 뿌레땅뿌르국의 GDP는 2008년에는 총 11,000원이고 2009년에는 20,400원이다. 우리는 여기서 전년과 비교하여 2009년의 뿌레땅뿌르국의 살림살이가 좀 나아졌다는 것을 알 수 있다. 물론 현실에서의 GDP 계산은 이렇게 간단하지 않다. 한 국가 내에는 엄청나게 많은 재화와 용역이 생산되고 있으며, 그 가격 또한 계속 변하기 때문이다. 따라서 현실에서의 GDP를 일일이 조사해서 계산하기란 쉬운 일이 아니다. 하지만 그 개념 자체는 위의 뿌레땅뿌르국의 사례처럼 간단한 것이다. '수량 ×단가'의 총합이면 끝나는 것이다. 물론 현실에서의 복잡한 계산을 여러분이 걱정할 필요는 없다. 한국은행이나 국책연구기관 등의 전문가들이 모두 알아서 해주니까 말이다. 우리는 그 숫자를 보고 이해만 할 수 있으면 그만이다.

GDP의 실제 계산은 부가가치의 총합으로 한다

GDP의 개념은 최종재의 시장가치라고 했다. 하지만 실제 계산에서는 각 생산단계에서 발생하는 부가가치의 총합을 구하는 방식으로 구한다. 부가가치는 각 생산단계별 산출물의 가치에서 투입물의 가치를 빼준 것이다. 본문에서도 언급했듯이 최종재의 시장가치와 부가가치의 합은 같다. 그런데 현실에서는 최종재를 정의하기가 생각보다 쉽지 않다. 따라서 부가가치의 합을 GDP 계산에 이용하는 게 훨씬 효율적이다. 예를 들어 보자. 2009년 12월 말 기준으로 농부가 생산한 사과가 창고에 보관되어 있다. 이 사과는 최종재일까? 중간재일까? 솔직히 어느 쪽인지 헷갈린다. 사과가 가정으로 팔려 나간다면 최종재다. 하지만 사과주스를 만들기 위해 주스공장으로 팔려 나간다면 이는 중간재다. 따라서 GDP를 계산하는 시점에서 최종재인지 중간재인지를 확정하기에 애매한 경우가 상당히 많다. 이러한 모호함을 없애기 위해 실제 계산에서는 부가가치의 합을 사용하는 것이다.

우리나라의
GDP 순위는?

세계은행 자료에 따르면 2008년 기준 우리나라의 GDP 순위는 세계 15위 규모다. 월드컵이 열린 2002년만 해도 세계 11위 규모였지만 지금은 그보다 조금 밀려났다. 왠지 좀 씁쓸하다. 물론 행복의 조건에서 돈이 전부가 아니라지만, 그래도 없는 것보다야 돈 좀 있는 게 백 번 좋지 않은가?

자! 그럼 이쯤에서 전세계 주요 국가들의 2008년 GDP를 살펴보자. 〈그래프 3-1〉을 참조하기 바란다. 아무래도 세계 각국을 대상으로 하다 보니 기준통화는 원화가 아닌 달러다.

세계 최고의 부자 나라답게 미국의 GDP가 1위(14조 2,043억달러)다. 그 아래로 일본(4조9,093억달러)과 중국(3조 8,600억달러)이 보인다. 정말 중국 많이 컸다는 사실이 GDP 숫자를 보면 명명백백하게 드러난다. 얼마 전만 해도 세계 3위 경제대국이던 독일까지 제쳤으니 말이다.

우리나라는 어디쯤 있을까? 9,291억달러로 15위를 차지했다. 물론 1950 년대 아프리카의 케냐보다도 못 살던 나라가 60년이 채 안 되어 세계 15위의 살림살이 규모를 자랑하고 있으니 대단하다고 할 수 있다. 하지만 중국, 브라질, 러시아보다 못하다는 게 상당히 자존심이 상하는 것 또한 사실이다. 게다가 순위도 점점 더 하락했다. 2002년과 2003년 11위를 유지하면서

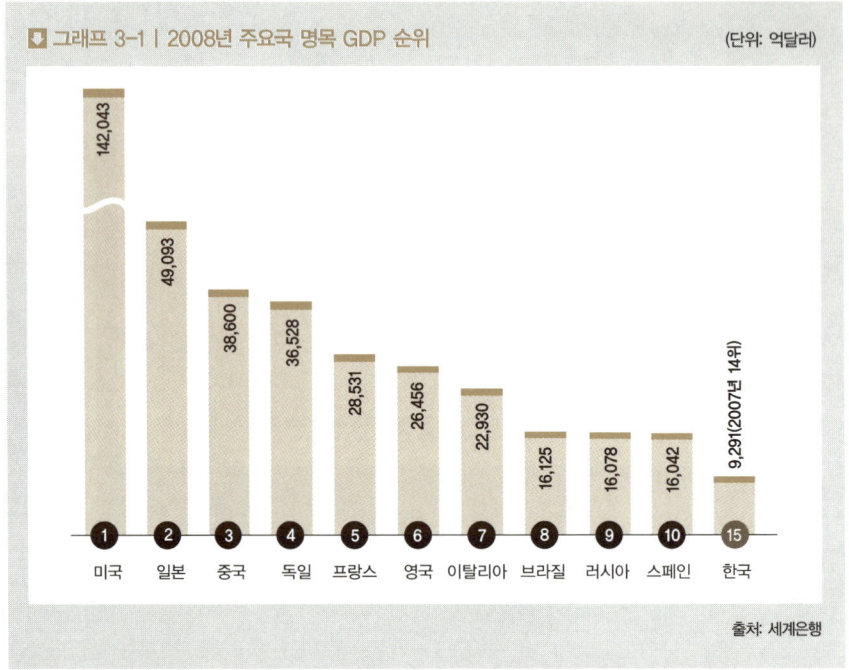

그래프 3-1 | 2008년 주요국 명목 GDP 순위 (단위: 억달러)

- 142,043 — ① 미국
- 49,093 — ② 일본
- 38,600 — ③ 중국
- 36,528 — ④ 독일
- 28,531 — ⑤ 프랑스
- 26,456 — ⑥ 영국
- 22,930 — ⑦ 이탈리아
- 16,125 — ⑧ 브라질
- 16,078 — ⑨ 러시아
- 16,042 — ⑩ 스페인
- 9,291(2007년 14위) — ⑮ 한국

출처: 세계은행

곧 세계 순위 10위권에 들어갈 것으로 기대했지만 그 이후 이머징 마켓인 브라질, 러시아, 인도에까지 밀렸다.

그로 인해 2005년엔 13위, 2006년엔 14위로 주저앉았다. 물론 이에 대해 정부는 '브라질, 러시아, 인도는 높은 경제성장률과 물가상승률로 GDP 규모가 커진 반면, 한국은 규모보다 오히려 안정적인 물가 수준과 경제성장을 유지했다'고 촌평을 내놓기는 해도 어쨌든 경제 규모에서 밀린 것은 사실이다. 여기다 2008년에는 호주(14위)에도 밀렸다. 2009년 4월에 발표한 IMF의 세계경제 전망에서는 우리나라 경제 규모가 앞으로 16위까지 하락한 뒤 2011년에 가서야 14위로 회복할 것이라는 의견을 내놓은 바도 있다.

물론 행복의 조건에서 '머니^{money}'가 전부는 아니다. 그렇다고 나라의 부가 줄어드는 게 바람직한 일은 더더욱 아니지 않는가! 따라서 GDP 순위가 그냥 숫자에 불과하다고 가볍게 여길 사항은 아니다. 게다가 외국에 정착하거나 외국을 상대로 비즈니스를 하거나, 하물며 여행을 가더라도 해당 국가의 부의 정도에 따라 알게 모르게 차별이 존재한다. 도덕적인 측면에서 절대 그래서는 안 된다고 강변해봤자 현실을 부인할 수는 없다. 우리 역시 미국인과 동남아 출신의 외국인에 대한 태도가 다르지 않은가! 외국에서의 우리나라 위상도 이러한 인간의 선입견에 좌지우지되는 게 사실이다. 그런 관점에서라도 우리나라 GDP 순위가 하락한 것은 시사하는 바가 크다고 하겠다.

북한의 경제성장률은?
2008년 북한의 실질 GDP는 2007년 대비 3.7% 성장한 것으로 추정된다. 2006년(-1.1%), 2007년(-2.3%)의 마이너스 성장에서 벗어난 모양새다. 명목 GNI는 27.3조원(우리나라의 1/38 수준), 1인당 GNI는 117만원(우리나라의 1/18 수준)으로 추정된다.

국내총생산은
국민소득이다

GNP와 GDP를 잘 모른다면 이번 장에서 확실히 그 개념을 잡기 바란다. GNP는 국민 중심의 개념인 반면에, GDP는 국내 중심의 개념이라는 것을…. 글로벌 경제화가 보편화된 지금은 GDP를 주요한 국민소득 지표로 널리 사용한다. 자세한 내용은 본문에서 공부하자.

그런데 이렇게 많은 설명을 했음에도 불구하고 여전히 석연찮은 부분이 있다.

"아니, 아까 1인당 국민소득을 1인당 GDP로 표시한다고 했는데 '국내총생산'이 왜 '국민소득'이 되는지는 아직 설명을 못한 것 같은데?"라고 말이다. 그럼 GDP의 개념에 대해서 알았으니 이제는 이에 대해 살펴보기로 하자.

:: '총생산 ≒ 총소득'이다

먼저 '총생산'이 '총소득'이라는 것에 대해 살펴보자. 눈을 크게 뜨고 먼산을 바라보라. 나무 하나하나가 아니라 산 전체를 조망하듯이 말이다. 참고로 이렇게 거시巨視적 관점에서 경제를 보는 것이 바로 '거시경제학 Macroeconomics'이다. 거시경제학적으로 세상을 보면 앞집 순돌이네 살림살이,

뒷집 철수네 살림살이는 잘 보이지 않지만 국가 전체 살림살이는 잘 보일 것이다. 이렇듯 한 국가 전체의 입장에서 볼 때는 생산과 소득, 그리고 소비는 같은 의미를 가진다.

 ● 총생산 ≒ 총소득 ≒ 총소비

"뭐라구? 생산과 소득이 같은 뜻이라구? 게다가 생산하고 소비는 완전 반대의 뜻 같은데 그게 어떻게 같은 의미일까?"

다소 의아하겠지만 사실이다. 더욱 구체적으로 살펴보자. 최종재 생산자가 물건을 생산하기 위해 우선은 원재료 제공업자들에게 돈을 주고 재료를 사온다. 그런데 이 재료를 이용해서 물건을 만들 직원들이 필요하다. 따라서 돈을 주고 직원을 고용해 물건을 생산한다. 원재료 제공업자들은 원재료를 팔아서 돈을 벌게 되니 그들의 소득이 된다. 그리고 물건을 생산하는 직원들이 받는 급여가 또한 직원들의 소득이 된다. 자! 드디어 물건(최종재)이 생산되었다. 그럼 이것을 고객에게 팔아 수익을 얻는다. 이 역시 최종재 생산자의 소득이 된다. 다시 말해 원재료 제공업자와 최종재 생산자와 그의 직원들 각각의 소득의 합은 최종재 생산가격이 되고, 이는 고객이 소비한 금액이 되는 것이다. 물론 각각의 개별품목에서는 다소 오차가 생길 수도 있지만 한 국가 전체로 볼 때는 이들의 금액은 같다.

참고로 경제에서 말하는 소비는 우리가 일상생활에서 사용하는 저축과 대치되는 개념의 소비가 아니다. '소비할 거 다 소비하고 저축을 어떻게 해. 저축부터 먼저하고 소비를 해야지'라고 말할 때의

> 경제에서 말하는 소비는 우리가 일상생활에서 사용하는 저축과 대치되는 개념의 소비가 아니다.

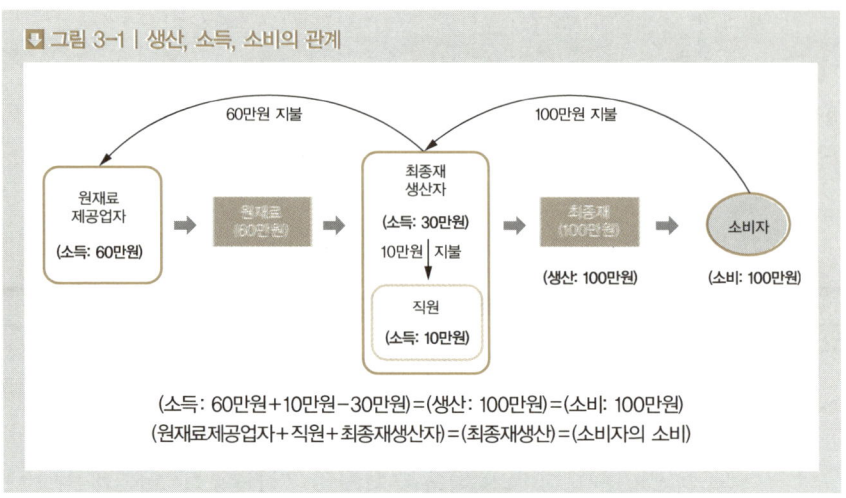

그림 3-1 | 생산, 소득, 소비의 관계

60만원 지불   100만원 지불

원재료
제공업자

(소득: 60만원)

원재료
(60만원)

최종재
생산자

(소득: 30만원)

10만원 지불

직원

(소득: 10만원)

최종재
(100만원)

(생산: 100만원)

소비자

(소비: 100만원)

(소득: 60만원+10만원−30만원)=(생산: 100만원)=(소비: 100만원)
(원재료제공업자+직원+최종재생산자)=(최종재생산)=(소비자의 소비)

그 소비와는 개념이 다르다. 경제에서의 소비는 돈을 쓰는 것뿐만 아니라 내 주머니에서 돈이 빠져 나가는 것까지를 모두 포함하는 경우가 종종 있다. 저축을 하기 위해서도 내 주머니에서 은행으로 돈이 빠져 나간다. 따라서 이 역시 소비(돈을 쓰는 것)인 것이다. 이러한 개념은 경제학뿐 아니라, 재무학이나 회계학에서도 당연한 것으로 받아들여진다.

: : '국내'이지만 '국민'으로 보자

한 가지가 더 남았다. '국내 Domestic'와 '국민 National' 이 같은가?에 대한 질문이다. 물론 다르다. 그래서 과거에는 국민소득을 나타내는 지표로 '국민총생산 GNP: Gross National Products' 을 사용한 적이 있었다. 불과 십 수년 전만 해도 그랬다. GNP는 한 국가 안에서 생산된 것을 기준으로 하는 것이 아니라 같은 국적을 가진 국민들이 생산한 것을 기준으로 하여 시장가치의 총합을 구하는 것이다. 다시 말해 한국 사람이나 한국 기업이라면 중동에 있건 미국

에 있건 상관없이 그들이 생산한 최종재는 GNP에 포함된다. 하지만 전세계를 무대로 생산기지를 넓혀나가는 글로벌 기업의 비중이 커지면서 GNP로는 한 나라의 경제상황을 나타내는 데 적지 않은 문제가 생겼다. 예컨대 1990년대부터 중국은 세계의 대표적인 생산공장이 되었다. 그 덕분에 중국의 경제 규모는 급속히 커졌다. 그러나 생산되는 품목의 상당 부분이 글로벌 기업의 중국 현지 생산이다. 그런데 여전히 '국민' 중심의 GNP로 계산한다면 외국기업인 이들 글로벌 기업의 생산액은 포함시킬 수가 없다. 분명히 중국 내에서 소득을 발생시키고 있는데도 말이다. 따라서 이런 방식으로는 한 국가의 경제 규모를 제대로 나타내기 힘들다는 인식 아래 1990년 중반부터 사람들은 '국민National'이 아닌 '국내Domestic' 개념의 GDP를 주요한 국민소득 지표로 사용하는 것이다. 따라서 비록 '국내'가 '국민'과 같은 개념은 아니지만 최근의 글로벌 경제의 특성을 고려하여 그렇게 사용하고 있다고 생각하면 된다. 따라서 GDP는 이제 누가 뭐래도 명실상부한 국민소득을 나타내는 대표 경제지표라 할 수 있다.

전세계를 무대로 생산기지를 넓혀나가는 글로벌 기업의 비중이 커지면서 GNP로는 한 나라의 경제상황을 나타내는 데 적지 않은 문제가 생겼다.

GDP를 구성하는 요소들

이제 GDP를 구성하는 요소에 대하여 알아볼 시간이 되었다. 본문에서는 조금 복잡해보이는 수식이 등장할 텐데, 이 역시 너무 걱정하지 말기 바란다. 내용을 알면 이 역시 그리 어려운 말이 아니니까…. 예로 제시하는 삼룡식품의 이야기를 기억하면 쉽게 이해할 수 있다.

이제 국민총생산이라는 이름을 가진 GDP가 국민소득과 같은 뜻임을 알았는가. 다시 말해 GDP의 명확한 정의와 시사하는 바를 알게 되었으리라 믿는다. 그렇다면 GDP는 어떤 구성요소로 이루어졌을까? GDP는 다음 네 가지 구성요소의 합으로 만들어져 있다.

GDP(or Y) = C + I + G+ NX

C = 소비(Consumption) → 주로 '가계'
I = 투자(Investment) → 주로 '기업'
G = 정부구매(Government purchase) → '정부지출'
NX = 순수출(Net exports) → '수출-수입'

* 이 식에서 GDP를 일반적으로 Y라고 표시한다. 여기서 Y는 'yield' 라는 뜻으로 총생산, 총소득 등의 의미로 쓰이므로 GDP(국내총생산)와 같은 개념이다.

"어라? GDP의 수식은 '생산물×생산단가'의 총합이라고 했는데 지금

까지 설명한 건 다 어디 가고 어디서 이런 복잡한 수식이 튀어나왔나?" 하고 놀랄 수도 있으리라. 하지만 '모든 최종생산물'을 크게 네 가지 구성요소로 분류한 것뿐이니 지레 겁먹지 말기 바란다. 여기서 소비(C)는 가계에 의해 구입된 상품과 서비스 등의 '생산물×생산단가'의 총합이다. 예를 들면 자동차, 가전제품이나 음식 그리고 이발, 의료서비스 등의 품목에 가격을 곱한 값이 여기에 속한다. 투자(I)는 기업에 의해 구입된 새로운 공장이나 기계 등의 '생산물×생산단가'의 총합이다. 그리고 정부구매(G)는 정부가 구입한 여러 물품에 생산단가를 곱한 금액으로 정부가 지출한 것을 말한다. 참고로 여기엔 실업급여 등 정부의 '이전지출transfer payments'은 포함하지 않는다. 이는 정부가 아무 반대급부 없이 돈을 지출한 것이지 뭔가 생산된 상품이나 서비스를 구매한 것이 아니기 때문이다. 다시 한번 명심하자. GDP는 생산에 초점을 맞춘 살림살이 지표다.

다시 한번 명심하자. GDP는 생산에 초점을 맞춘 살림살이 지표다.

마지막으로 순수출(NX)은 수출금액에서 수입금액을 뺀 것이다. GDP는 국가 내에서 생산된 모든 것인데 수출의 경우는 국내에서 소비(C)나 투자(I) 및 정부구매(G)로 쓰이지 않고 외국으로 빠져 나가버린 것이다. 하지만 이 역시 국내에서 생산된 것은 틀림없으니 당연히 GDP에 포함해야 한다. 반면 수입된 것은 국가 내에서 소비(C)나 투자(I) 정부구매(G)가 되는 것이지만 국가 내에서 생산된 것은 아니기 때문에 빼줘야 한다. 그럼 구체적인 예를 들어 살펴보자.

① 삼룡식품에서 생산한 라면을 분식점에 팔았다.
② 삼룡식품에서 생산한 라면을 홍길동이 구입했다.
③ 삼룡식품에서 생산한 라면을 군부대에 납품했다.
④ 삼룡식품이 내년도 수요증가를 예상하고 미리 라면을 생산했다.
⑤ 삼룡식품에서 생산한 라면을 러시아로 수출했다.

여기서 ❶의 경우, 분식점이 장사를 하기 위해 라면을 구입한 것이므로 기업의 투자(I)에 해당한다. ❷의 경우는 홍길동이라는 개인이 출출할 때 야식으로 먹기 위해 구입한 것이므로 가계의 소비(C)에 해당한다. 그리고 ❸은 정부구매(G)가 될 것이다. 군대는 가계나 기업이 아니라 정부니까 말이다. ❹의 경우, 판매는 다음 해에 가서 하겠지만 올해 생산하여 재고로 보유하고 있으므로 올해 GDP에 포함되며, 그 중에서 삼룡식품이라는 기업의 투자(I)에 해당한다. 마지막 ❺는 수출한 것이므로 순수출(NX)에 해당된다. 이렇듯 생산품(상품뿐만 아니라 서비스도 마찬가지다)이 시장을 통해 어떤 경로로 움직였느냐에 따라 소비, 투자, 정부구매, 순수출의 네 가지 구성요소로 나누어 집계하고 이를 계산하여 전체 GDP를 구하는 것이다. 이렇게 구성요소를 구분하는 이유는 자료를 집계하는 데 용이한 부분도 있지만 GDP 구성요소를 통해 각각의 경제주체(가계, 기업, 정부)에 맞는 살림살이의 상황 파악이나 향후 전망, 그리고 정책을 펴나가는 데에도 도움이 되기 때문이다. 예를 들어 전년도에 비해 올해의 GDP가 증가했다고 하자. 그럼 살림살이는 나아졌다고 볼 수 있다. 하지만 그 세부 구성요소를 보니 정부구매(G)는 네 배나 증가했는데 소비(C) 부문은 아무런 증가도 없었다면 정작 가계의 살림살이는 나아진 것이 없음을 알 수 있다. 이렇듯 각 경제주체 간의 살림살이도 파악할 수 있도록 하기 위해 GDP의 구성요소를 나누어 집계한다.

출산 증대는 주요한 경제활동이다

우리나라 GDP 구성요소를 들여다보면 순수출(NX)이 차지하는 비중이 38.3%(2007년 기준)로 세계적으로도 높은 편이다. 반면 미국의 GDP에서는 소비(C)가 70%를 차지하며 절대적 우위를 자랑한다. 그래서 2008년 미국의 서브프라임 사태로 미국 가계소비(C)가 급락하자 미국 GDP도 큰 폭으로 감소할 수밖에 없었다. 우리나라 역시 미국이나 중국의 소비가 줄어들자 순수출(NX)이 줄어 GDP가 감소한 것이다(그렇다고, 우리나라의 소비가 줄지 않았다는 것은 아니다). 이렇듯 미국은 엄청난 소비국가이며 우리는 이들에게 물건을 수출해서 먹고 산다는 아주 상식적인 사실을 양국 GDP의 구성요소 비중으로도 다시 한번 확인할 수 있다. 솔직히 우리나라의 내수시장은 경제 규모에 비해 작은 편이다. 인구가 1억의 절반도 안 되니 말이다. 친구 가운데 일본 사람이 있는데 언젠가 필자에게 이런 이야기를 했다.

> "한국이 경제선진국이 될 수 없는 이유 중 하나는 인구가 1억을 넘지 못하기 때문이다. 인구가 적어도 1억 정도는 되어야 독립적인 내수시장이 만들어질 수 있는데 한국은 그렇지 못하다. 그래서 그 빈 자리를 수출로 메우고 있다. 물론 수출이 나쁘다는 것은 아니지만 수출의존도가 높다 보니 미국이나 중국 등 외국의 경기 변동이나 환율의 변동 등에 가장 많은 영향을 받는다. 그런데도 인구를 늘릴 생각은 안 하고 오히려 출산율이 줄고 있으니 참 안타깝다. 한국 정부는 출산장려정책이 단순한 복지정책이 아니라 경제발전 정책임을 알아야 할 것이다. 그리고 한국 사람들도 인구를 늘리는 것이 최첨단 핸드폰 하나 더 만드는 것보다 더 중요한 경제활동임을 알아야 할 것이다."

비록 일본인의 이야기지만 우리가 귀담아서 들어야 할 것 같다. 그의 이야기가 사실이라는 것이 한국의 GDP 구성요소 비중을 보면 확실히 알 수 있으니까 말이다.

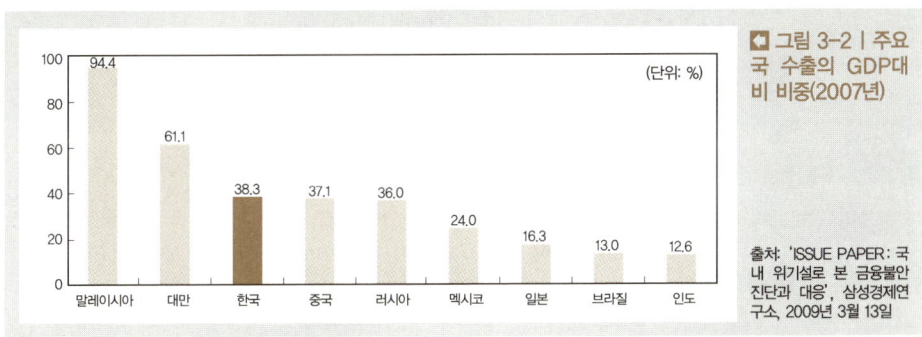

◖ 그림 3-2 | 주요국 수출의 GDP대비 비중(2007년)

(단위: %)

출처: 'ISSUE PAPER: 국내 위기설로 본 금융불안 진단과 대응', 삼성경제연구소, 2009년 3월 13일

참고로 우리나라의 경우, GDP에서 (민간)소비가 차지하는 비중이 54%(2008년 기준)라고 현대경제연구원에서 발표한 바 있다. 이는 OECD 주요국 평균 수준인 60.8%에 못 미치는 수치이다. 수출도 중요하지만 민간소비만 OECD 평균 수준으로 올린다 해도 GDP성장률은 2% 더 증가할 것이라고 한다. 내수시장의 소비진작이 중요하다는 것을 새삼 느끼게 해주는 대목이다.

자료: '한국경제 재도약을 위한 소비확충 방안', 현대경제연구원, 2009년 8월 16일

GDP는
살림살이의 속도계

GDP성장률이 곧 경제성장률이라는 사실을 알겠는가? 지금까지 설명한 내용을 잘 이해하고 따라왔다면 이에 대한 설명이 술술 나와야 한다. 스스로 한번 답해보기 바란다. 한마디로 표현하자면 이렇다. 'GDP는 경제의 속도계와 같다!'

자가용으로 고속도로를 시속 60킬로미터로 달리다 100킬로미터로 가속해보자. 당연히 속도가 빨라졌음을 알 수 있다. 하지만 시속 120킬로미터로 달리다 100킬로미터로 감속해보자. 실제로는 시속 100킬로미터라는 엄청 빠른 속도로 달리는 것이지만 별로 빠르다는 느낌을 못 받는다. 오히려 60킬로미터 정도로 달리는 것 같은 착각에 빠질 수도 있다. 그러다 사고로 이어질 수도 있다. 반대로 속도를 몰라 너무 천천히 달리다 원하는 시간에 목적지까지 닿지 못하는 경우도 있을 것이다. 하지만 우리는 매번 속도계를 보면서 자신의 운전 속도를 조정한다. GDP는 경제의 속도계와 같다. 속도계가 없는 자동차를 한번 상상해보라. 생각만으로도 오싹하지 않은가! 이와 마찬가지로 속도계가 없는 경제도 살벌한 것이다. 제2차세계대전 전까지만 해도 우리는 이러한 속도계 없는 경제를 운영해

> GDP는 경제의 속도계와 같다.

왔다. GDP라는 살림살이의 속도계는 하늘에서 뚝 떨어진 것이 아니다. 제2차 세계대전 전후로 사이먼 쿠즈네츠와 리차드 스톤에 의해 그 개념이 만들어졌다. 그 이후 GDP는 경제안정화정책을 위한 가장 중요한 지표로 자리매김을 한다. 여러 자료에 따르면 GDP 개념이 확립되고 나서 거시경제가 현저하게 안정화된 경향을 보이고 있다고 한다. 과속과 저속을 가늠할 수 있는 경제의 속도계로서의 역할을 하고 있기 때문에 GDP의 변화치를 근거로 안정적인 경제정책을 펴나갈 수 있다.

> 여러 자료에 따르면, GDP 개념이 확립되고 나서 거시경제가 현저하게 안정화된 경향을 보이고 있다

자! 이제 GDP의 기나긴 여정에서 중간 점검을 해보자. 이제 여러분은 "왜 GDP성장률이 경제성장률을 의미하는가?"라는 질문에 자신 있게 답할 수 있을 것이다.

"경제가 우리말로 살림살이라 했지 않습니까? 그런데 살림살이가 나아지려면 '등 따시고 배 불러야' 한다면서요. 등도 따시고 배도 부르려면 소득이 늘어야 하겠죠. 그런데 소득과 생산은 같은 의미라고 했지 않습니까? 따라서 생산지표인 GDP(국내총생산)로 한 나라의 소득 수준을 알 수 있는 것이죠. 게다가 GDP가 성장하면 살림살이가 나아지는 것이고 이를 달리 표현하면 경제가 성장한다는 의미죠. 따라서 GDP성장률은 경제성장률을 의미하는 것입니다."

짝짝짝~ 매우 훌륭한 100점짜리 답변이다.

그렇다고 GDP가 모든 것을 말해주는 것일까?—GDP시리즈

이번 장에서는 GDP 시리즈에 대하여 간단히 설명한다. 국민총소득지표인 GNI가 어떻게 생겨났는지도 한번 알아보자. 경제지표의 표본이고 대표인 GDP와 국민들의 소득 수준, 후생지표를 더욱 정확히 알고 싶을 때 사용하는 GNI가 소개된다.

"소득만 늘어난다고 살림살이가 나아지느냐? 월급만 늘어난다고 사는 게 행복한가?"

뜬금없이 이런 질문을 퍼부으면 정말 할 말이 없어진다. 방금 전만 해도 GDP 수치가 늘어나 소득 수준이 오르면 살림살이가 나아진다고 했는데 말이다. 하지만 위의 질문에 대한 대답은 '행복하지 않다'이다. 월급 몇 푼 더 받는다고 어찌 살림살이가 나아지고 행복해지겠는가? 부부간 불화의 거의 70%가 경제적 이유 때문이라고는 하지만 아무리 경제적으로 여유가 있더라도 서로에 대한 신뢰가 부족하고 사랑과 유대감이 없다면 물질적으로는 어떨지 몰라도 전체적인 측면에서 살림살이가 나아졌다고 볼 수는 없다. 따라서 GDP가 모든 것을 대변하지는 못한다. GDP는 어디까지나 얼마어치를 생산했느냐라는 지극히 금전적인 답변이란 한계가 있기 때문이다. 따라서 최근에는 후생厚生(후생이란 사람들을 넉넉하고 윤택하게 하는 일을 일컫는다—저

자 주)의 개념을 강조한 새로운 지표가 등장한 바 있다. MEW^{measure of economic welfare}, NEW^{new economic welfare}라는 후생지표가 바로 그것이다. 이것들은 여가의 가치, 환경의 질, 주부의 가사노동 등을 고려하여 만든 것이다. 하지만 솔직히 이러한 것들은 측정에 주관성이 너무 많이 개입되기 때문에 현재로서는 GDP가 최선은 아니더라도 차선은 된다는 생각에서 경제지표의 중심 역할을 여전히 하고 있다.

그래도 불만인가? '생산지표가 어찌 삶의 모든 수준을 대변할 수 있느

교역조건(terms of trade)

교역조건이란 외국과의 거래에서 수출품 한 개를 수출하면 수입품 몇 개를 수입해올 수 있느냐를 나타낸 것인데, 수식은 다음과 같다.

교역조건(TOT)=수출품가격(P_X)÷수입품가격(P_M) : (1) 또는,
교역조건(TOT)=수입한 수입품의 양(M)÷수출한 수출품의 양(X) : (2)

예를 들어, 우리나라가 수출하는 핸드폰 한 대 가격이 50만원이고 칠레에서 수입해오는 와인 한 병 가격이 10만원이라고 해보자. 이제 이것을 위의 (1)식에 대입해보자. 그럼 값은 5가 나온다. (→ 50만원÷10만원 = 5) 이것은 우리나라가 핸드폰 한 대를 팔면 칠레산 와인을 5병 가져올 수 있다는 의미. 이를 핸드폰과 와인의 교역조건이라고 한다. 만약 우리나라에서 와인의 수요가 늘어나 칠레산 와인의 수입가격이 한 병당 25만원으로 올랐다고 한다면 위의 (1)식에 따라 값은 2가 나온다. (→ 50만원÷25만원 = 2) 즉, 이제는 핸드폰 한 대를 팔아 칠레산 와인 2병밖에 살 수 없으며, 그만큼 우리나라의 실질 소득이 줄게 된다. 이때 우리는 교역조건이 나빠졌다고 한다. 비록 우리나라 핸드폰의 생산에는 아무 변화가 없었는데도 말이다. 이처럼 국내에서는 같은 생산을 했음에도 불구하고 교역조건 악화로 소득이 줄어드는 경우가 국제무역의 비중이 커지면서 점점 더 비일비재해졌다. 따라서 교역조건의 변화는 국민후생 측면에서 중요한 요인 가운데 하나라고 볼 수 있다.

경제후생지수

미국의 경제학자 노드하우스(W.D. Nordhaus)와 토빈(J. Tobin)은 국민총생산이 복지지표로서 부족하다는 한계를 인식하고 이를 극복하고자 후생지수라는 개념을 만들었다. '녹색 GDP', '3차원 사회지표', '인간개발지수' 등은 더 정확하게 국민의 복지를 측정하는 방법을 제시하기 위한 노력의 산물이다. 이 같은 여러 후생적 요소들을 감안하여 산출한 새로운 지수다.

출처 〈네이버 백과사전〉 발췌 정리

냐?'라고 말이다. 그래서 GDP 이외에도 비슷한 시리즈 지표를 만들어서 GDP의 문제점을 보완하고 있다. 우선 한 국가 내의 생산인 GDP와 달리, 같은 국적인 국민을 중심으로 생산물을 계산한 GNP(국민총생산)가 있다. GDP에서 해외의 자국 국민이 생산한 것을 더해주고 국내에서 외국인이 생산한 것을 빼주면 된다. 이를 굳이 어려운 말로 표현하자면 '해외 순수취 요소소득'이라고 한다. GDP시리즈는 여기서 멈추지 않는다. 이렇게 구해진 GNP에서 다시 '교역조건의 변화' 만큼 더해주면 'GNI(실질국민총소득)'라는 경제지표가 구해진다. 교역조건이란 우리나라에서 생산하여 해외에 팔 때 과연 제 값을 받느냐 못 받느냐의 정도를 의미한다.

만약 교역조건이 나빠졌다면 생산은 예전과 똑같이 했는데 과거와 달리 해외에서 제 값을 못 받게 되었다는 의미이며, 그 결과 실질적인 소득이 줄게 된다. 이렇게 되면 GDP 수치는 과거에 비해 변동이 없는데 국민소득이 오히려 줄어드는 경우가 있다. 물론 교역조건이 좋아지면 반대로 국민소득은 늘어난다. 따라서 국민소득을 보다 정확히 반영하기 위해 나온 경제지표가 바로 GNI다. 다시 말해 경제성장지표는 GDP이고 교역조건의 변화를 반영한 소득지표는 GNI다.

앞서 거시경제학적 관점에서 한 국가의 총생산과 총소득은 같다고 했다. 그렇다. 만약 한 국가가 외국과 아무 교역도 하지 않는 폐쇄경제체제라면 총생산과 총소득은 똑같아야 한다. 뿐만 아니라 '국민National'과 '국내Domestic'의 개념도 같을 것이다. 하지만 앞에서도 설명했듯이 글로벌 기업의 해외 현지 생산이 증가하면서 이미

> 국민소득을 보다 정확히 반영하기 위해 나온 경제지표가 바로 GNI다. 경제성장지표는 GDP이고 교역조건의 변화를 반영한 소득지표는 GNI다.

		+해외 순수취 요소소득	
		국민(N)	국가(D)
+교역조건의 변화	총생산(P)	GNP	GDP
	총소득(I)	GNI	GDI

'국민'과 '국내'의 개념은 달라졌다. 이와 마찬가지다. 국제무역이 증가하는 개방경제체제에서는 솔직히 총생산과 총소득이 완전히 같지는 않다. 그래서 앞서 설명할 때도 '총생산=총소득'이 아니라 '총생산≒총소득'이라는 기호를 사용한 것이다. '≒'는 거의 같다는 의미이지 똑같다는 뜻이 아니다.

이렇듯 개방경제에서는 교역조건의 변화로 인해 생산은 그대로인데, 소득이 줄거나 늘어나는 경우를 간과하고 넘길 수는 없기 때문에 GDP시리즈 중 GNI가 태어난 것이다. 따라서 통상 국민소득을 나타낼 때는 생산지표인 GDP를 사용한다.

어디까지나 GDP가 모든 경제지표의 표본이고 대표이며 장땡이다. 하지만 굳이 국민들의 소득 수준, 후생지표를 더욱 정확히 표시하고 싶을 때는 GNI를 참고로 사용하는 것이다. 그래서 생산지표인 GDP가 성장했는데도 왠지 이를 피부로 느끼지 못할 경우는 소득지표인 GNI를 들추어보는 것이다.

소득지표는 증가했다는데
왜 이리 돈은 없을까?

지표상으로는 소득이 많이 늘어난 것 같은데도, 실제로 체감하는 주머니 사정이 안 좋다면 이유가 뭘까? 이와 같은 상황을 알아보는 데 도움이 될 만한 지표가 가처분소득이다. 가처분소득지표의 증가 여부를 확인하여 그 증가폭이 그저그렇다면, 서민들의 사정이 별로라고 진단할 수 있다.

2009년 2/4분기 실질국민총소득^{GNI}의 증가율이 전기대비 5.6%로 크게 증가하면서 21년 만에 최고치를 기록했다. 한국은행이 발표한 자료에 따르면 2008년 3/4분기 글로벌 금융위기 여파로 실질 GNI가 −3.6%를 기록하면서 계속 마이너스를 보이다가 2009년 2/4분기 들어 239조원으로 큰 폭의 증가세로 돌아선 것이다. 물론 이토록 증가율이 높은 이유는 국민소득 규모 자체가 크게 늘어났다기 보다 금융위기 이후 워낙 하락폭이 컸기 때문이라는 부연설명을 붙이기는 했지만 여하튼 경기가 서서히 회복하고 있다는 청신호임이 틀림이 없다. 그런데 말이다. 이렇듯 소득지표는 최고치를 기록했다는데 왜 우리 서민들의 주머니 사정은 여전히 나아진 것 같지 않을까?

모름지기 GNI는 우리나라의 '전체 소득'을 나타내주는 경제지표다. 따라서 이 지표가 증가했다는 것은 우리나라 전체의 소득이 늘었다는 것을 의미하는 게 사실이다. 하지만 더욱 정확하게 어떤 소득이 어떻게 늘어났는지

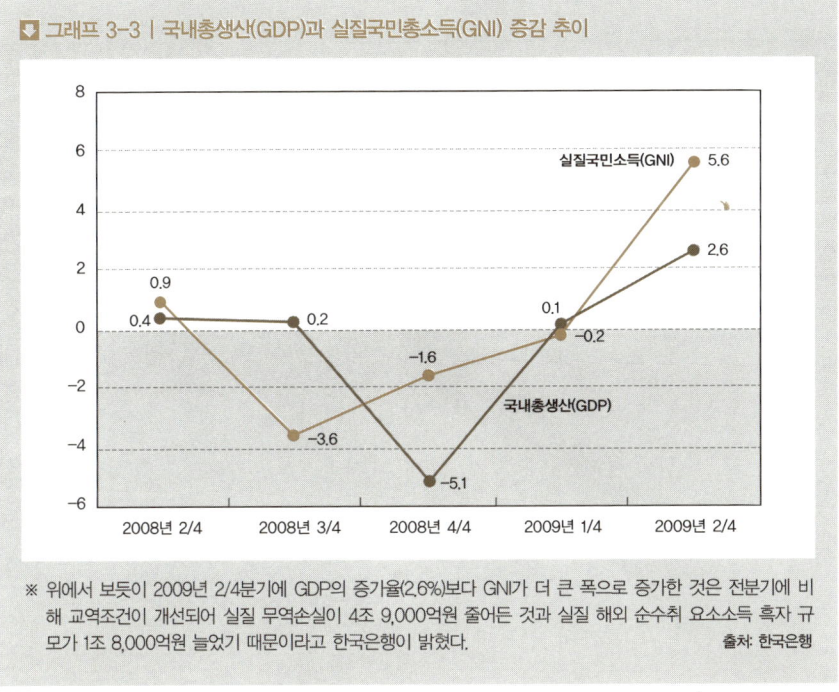

⬇ 그래프 3-3 | 국내총생산(GDP)과 실질국민총소득(GNI) 증감 추이

※ 위에서 보듯이 2009년 2/4분기에 GDP의 증가율(2.6%)보다 GNI가 더 큰 폭으로 증가한 것은 전분기에 비해 교역조건이 개선되어 실질 무역손실이 4조 9,000억원 줄어든 것과 실질 해외 순수취 요소소득 흑자 규모가 1조 8,000억원 늘었기 때문이라고 한국은행이 밝혔다.　　　출처: 한국은행

를 좀더 세분해가다 보면 GNI(실질국민총소득)와 서민의 호주머니 소득이 다소 상이하다는 것을 알 수 있다. 경제학자들은 이렇게 소득을 세분화하여 각자 용도에 알맞은 지표들을 만들어놓았는데 이들이 이른바 'GNI 동생지표' 들이다. GNI와 그의 동생지표들은 다음과 같다.

● GNI(실질국민총소득) → NNI(국민순소득) → NI(국민소득) → PI(개인소득) → DI(가처분소득)

이들이 왜 태어났는지 알아보기 위해 먼저 소득을 쪼개어 세분화해보자. 소득은 임금과 금융상품 등의 이자, 그리고 임대료 및 각종 이윤이 주축을 이룬다. 하지만 여기서 생기는 돈 전부를 자신의 주머니에 넣을 수는 없다.

지표	소득 구성요소
GNI(실질국민총소득)	= (임금, 이자, 임대료, 각종 이윤)
NNI(국민순소득)	= (임금, 이자, 임대료, 각종 이윤)-감가상각
NI(국민소득)	= 보조금+(임금, 이자, 임대료, 각종 이윤)-간접세-감가상각
PI(개인소득)	= 이전지출+보조금+(임금, 이자, 임대료, 각종 이윤)-사내유보금-법인세-간접세-감가상각
DI(가처분소득)	= 이전지출+보조금+(임금, 이자, 임대료, 각종 이윤)-소득세-사내유보금-법인세-간접세-감가상각

가처분소득

개인의 소득 중에서 소비와 저축을 자유롭게 할 수 있는 소득을 의미한다. 개인가처분 소득이라고도 한다. 간단히 정리하면 이렇다.

**가처분소득 =
개인소비 + 개인저축**

실질국민총소득 GNI은 증가했는데, 서민들이 느낄 때 여전히 주머니 사정이 나아지지 않았을 경우엔 가처분소득 DI지표의 증가 여부를 확인해야 한다.

개인의 경우라면 소득세가 빠져 나갈 것이고, 기업의 경우는 사내유보금, 법인세 그리고 감가상각비용이 있다. 게다가 각종 간접세도 자신의 주머니에 넣기 전에 빠져 나간다. 반대로 솔직히 소득이라고 하기엔 왠지 민망하지만 이전지출이나 보조금 같이 오히려 자신의 주머니로 들어오는 돈들도 있다. 따라서 이러한 소득의 각 요소들을 어디까지 지표에 포함하느냐에 따라 각각의 동생지표들이 만들어진다.

〈표 3-3〉을 보자. 여기서 가처분소득 DI: Disposable Income의 경우, 소득 구성요소들을 보면 알겠지만 세금 등을 모두 제하고 실제 자신의 주머니에 들어오는 돈을 의미한다. 소득 중 물건을 살 수 있는 실제 돈이 얼마인가를 알고 싶을 때 사용하는 지표다. 따라서 실질국민총소득 GNI은 증가했는데, 서민들이 느낄 때 여전히 주머니 사정이 나아지지 않았을 경우엔 가처분소득 DI지표의 증가 여부를 확인해야 한다. 그래서 국민총소득은 상당한 폭으로 증가했지만 가처분소득 증가폭이 그저 그렇다면 여전히 서민들의 소득은 늘지 않았다고 보면 된다. 정작 우리에게 중요한 것은 '쓸 수 있는 돈이 얼마냐'이기 때문이다. 게다가 최근 들어서 서민들의 주머니 사정

이 나아지지 않는 이유가 하나 더 있다. 현재 가계부채가 800조원을 넘어섰고 이 금액은 개인가처분소득의 1.4배가 넘는 돈이라고 한다. 2008년 말에 발표한 한국은행의 '금융안정보고서'에서도 가계가처분소득에 대한 대출이자 지급비율이 당해 6월 말 9.8%로 증가세에 있다고 한다. 이렇듯 쓸 수 있는 돈도 대출이자 비용으로 상당 부분 빠져 나가고 있으니 주머니 사정은 더더욱 나아질 리가 없다. 따라서 간혹 뉴스로 접하는 GNI가 최고치를 달성했다는 이야기가 어찌 보면 빛 좋은 개살구일 수 있는 것이다. 이런 이유 때문에 가처분소득^{DI}과 같은 GNI 동생지표들을 만들어서 각 경제주체의 실정에 맞는 살림살이 현황을 파악할 수 있게끔 보조지표로 사용하는 것이다.

간혹 뉴스로 접하는 GNI가 최고치를 달성했다는 이야기가 어찌 보면 빛 좋은 개살구일 수 있는 것이다.

꿈에도 소원은
1인당 국민소득 2만달러

1인당 GDP란 한 나라의 GDP를 인구수로 나눈 것이다. 우리의 1인당 GDP는 얼마나 될까? 2007년 1인당 국민소득 2만달러 시대를 돌파했다. 옆 나라 일본보다는 아직 뒤지는 수준이긴 해도 대국이라 자처하는 중국(2008년 기준 중국 1인당 GDP 3,265달러)과 비교하면 월등히 앞선 수치다.

"우리의 소원은 2만불, 꿈에도 소원은 2만불~"

몇 년 전 우리는 이렇게 노래를 부른 적이 있다. 바로 '1인당 국민소득 2만불 달성'이라는 화두 말이다. '꿈★은 이루어진다'고 했던가! 2007년 기어이 우리가 오매불망 기도하던 '2만달러 시대'를 달성했다. 1인당 GDP 2만 1,655달러를 기록했던 것이다. 하지만 기쁨과 희열도 잠시, 우리는 다시금 2만달러 고지에서 내려와야 했다. 그것도 고지에 깃발을 꽂은 지 불과 이듬해에 말이다. 2008년 1인당 GDP는 1만 9,106달러였다. 게다가 국내 주요 민간 연구기관에 따르면 2009년 1인당 GDP는 더욱 떨어져 1만 6,000달러 수준에 머물 것으로 내다보고 있다.

1인당 GDP란 그 용어에서도 알 수 있듯이 우리나라 GDP를 우리나라 인구수로 나눈 것이다. 이론적으로 말하자면 우리나라 한

> 1인당 GDP란 우리나라 GDP를 우리나라 인구수로 나눈 것이다.

사람이 평균 얼마를 벌어들였느냐?(생산했느냐?)를 나타내는 수치다. 우리들은 그 사람을 평가할 때 얼마를 버느냐로 평가하는 경향이 강하다. 아주 애석하게도 말이다.

"영숙이는 학교 다닐 때 나보다 공부도 못했는데, 남편 잘 만나서 인생 폈대. 글쎄 남편 연봉이 1억원이 넘는다지 뭐니."

이런 이야기를 흔히 듣지 않는가! 이것은 우리나라만의 현상은 아니다. 자본주의 경제체제에 오래 살아온 대부분의 국가들이 그러하다. 그렇다 보니 그 나라 국민들의 후생 수준을 가늠하기 위해 GDP를 인구수로 나누어 평균 연봉을 알아보는 것이다. 예컨대 중국의 전체 GDP는 우리나라보다 월등히 높다. 2008년 기준으로 무려 3조 8,600억달러다. 같은 해 우리나라와 비교해보면 무려 2조 9,309억달러나 많다. 하지만 언뜻 생각해보아도 아직까지는 중국 국민 개개인의 후생 수준이(물론, 단순평균적인 후생 수준 말이다) 우리나라보다 높다고 볼 수 없다. 이를 수치로 나타내는 방법 중 하나가 바로 1인당 GDP다. 중국의 인구가 얼마인가? 공식적으로만 13억 명이다. 비공식적으로는 15억 명이 넘을 것이라고 한다. 그러다 보니 중국의 1인당 GDP는 3,265달러(2008년 기준)에 불과하다. 물론 2007년에 비해 무려 32.7%가 증가한 것이지

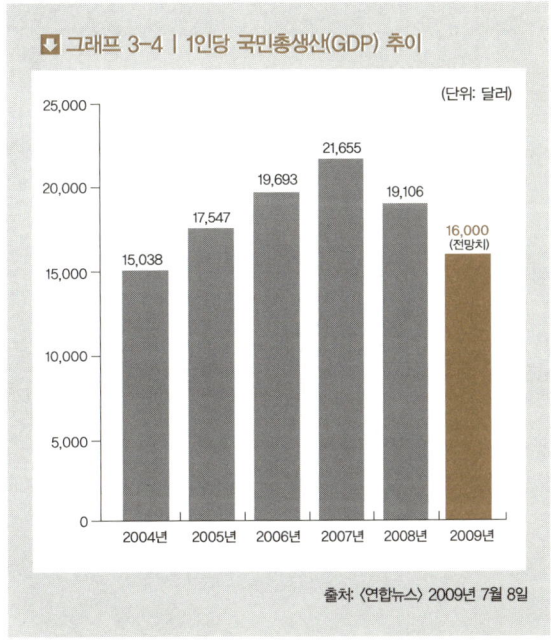

그래프 3-4 | 1인당 국민총생산(GDP) 추이

(단위: 달러)

출처: 〈연합뉴스〉 2009년 7월 8일

자본주의 경제체제에 오래 살아온 대부분의 국가들이 자기 나라 국민들의 후생 수준을 가늠하기 위해 GDP를 인구수로 나누어 평균 연봉을 알아보는 것이다.

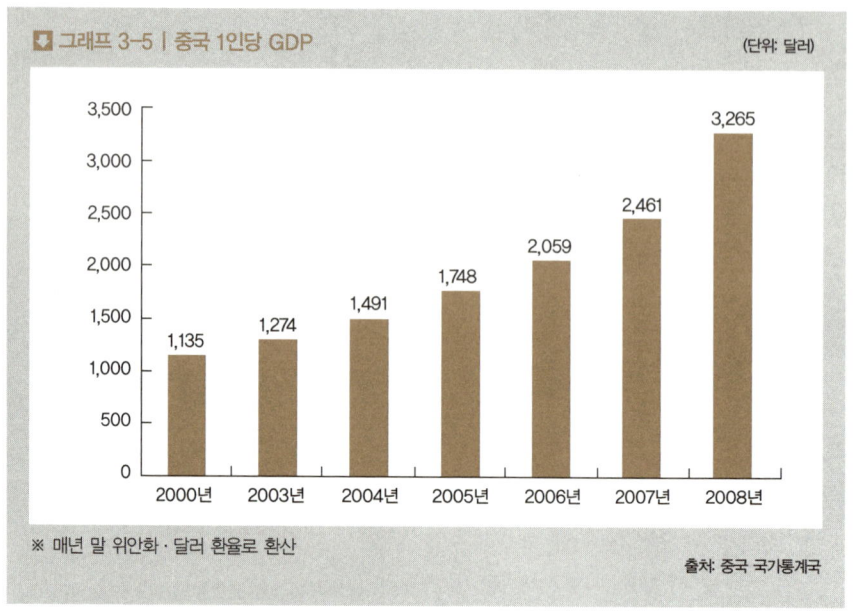

그래프 3-5 | 중국 1인당 GDP

(단위: 달러)

- 2000년: 1,135
- 2003년: 1,274
- 2004년: 1,491
- 2005년: 1,748
- 2006년: 2,059
- 2007년: 2,461
- 2008년: 3,265

※ 매년 말 위안화·달러 환율로 환산

출처: 중국 국가통계국

만 여전히 국민 개개인의 1인당 평균 연봉에서 우리나라보다 엄청 낮은 수준이다. 같은 연봉을 벌어들이는 가정일지라도 부양해야 할 식구가 많다 보면 생활 수준을 여유 있게 유지할 수 없는 것과 마찬가지다.

1인당 GDP도 어쩔 수 없는 한계가 있다

1인당 GDP의 한계? 달리 말하자면 현재 기축통화로 사용되는 달러로 표시하다 보니 달러 환율의 오르고 내림에 따라 그 부침이 심하다는 말이다. 아울러 또 하나의 한계를 굳이 말하자면, 1인당 GDP로 나타난 숫자는 어디까지나 이론적인 것이라는 데 있다.

이렇듯 1인당 GDP는 국민 개개인의 후생 수준을 가늠할 수 있는 요긴한 지표다. 그럼에도 불구하고 1인당 GDP의 숫자에는 몇 가지 한계가 있다. 그 중 하나가 세계 각국을 비교하기 위해서는 달러로 표시해야 한다는 것이다. 우리나라 국민의 소득은 원화로 표시되어야 하고 실질적인 구매력도 원화에서 나온다. 하지만 세계 각국과 비교하기 위해서는 이를 달러로 환산해야 가능하다. 그러다 보니 환율이 GDP의 숫자에 직접적인 영향을 미친다. 같은 원화금액이라도 환율이 상승하면 달러로 환산 시 그 금액이 줄어드니까 말이다. 솔직히 말해 2007년 원·달러 환율이 2009년 3월 초와 같았다면 아마 2007년 2만달러 달성은 불가능했을 것이다. 참고로 2009년 3월 초 장중 한때 1달러에 1,597원까지 상승했다. 반대로 현재의 환율이 2007년 929원 수준으로 하락한다면 1인당 GDP가 2만달러 수준을 회복할 수 있을 것이다. 2008년 우리나라 1인당 GDP가 하락한 것도 GDP 자체의 감소요

■ 그래프 3-6 | 원·달러 환율 추이

1600

1570.30
(3월 2일)

1500

1400

1300

1228.50
(7월 31일)

1200

2009년 3월   4월   5월   6월   7월

인도 있지만, 환율상승이 하락폭을 더 크게 만든 것도 사실이다. 물론 환율이 오른다는 것은 그만큼 우리 돈의 가치가 떨어진 것을 의미하며 이는 우리 경제체질이 약해졌다는 뜻이니 환율의 영향을 받는다고 해서 전혀 불합리한 것은 아니지만 말이다.

또 하나의 한계가 있다. 1인당 GDP는 어디까지나 이론적인 숫자라는 것이다. 만약 우리나라 1인당 GDP가 2만달러라고 하면 우리 돈으로 2,400만원(1달러=1200원 기준)이 된다. 그럼 4인 가족 기준의 우리나라 보통 가정의 1년 총소득이 9,600만원(→2,400만원×4인)이 된다는 소리인데 실제로 그러한가? 당연히 그렇지 않다. 1인당 GDP는 한 나라의 총 GDP를 가지고 그냥 그 나라의 인구수로 나눈 것뿐이다. 따라서 4인 가족 기준으로 1년 총소득이 9,600만원보다 훨씬 많이 버는 가정도 있을 테고 이보다 훨씬 적게 버는 가정도 있을 것이다. 이는 자본주의 경제체제 하에서는 너무나 당연한 것이다. 능력이 있는 사람은 더 많이 생산하고 더 많이 가져갈 수 있는 구조 말이다. 공산주의 경제가 아니기 때문에 이른바 'N분의 1'을 강요해서는 안 된다. 그럼에도 불구하고 9,600만원(4인 가족)을 기준으로 해서 그보다 많은 소득을 버는 가정이 얼마나 되고 그 보다 못한 소득의 가정이 얼마나 되는가는 아주 중요한 문제다. 정말 이상적인 국가라면 1인당 국민소득이 2만달러(2,400

만원)일 때 국민의 60% 정도가 2만달러 수준의 연봉을 벌고, 나머지 20% 정도가 그 수준 이상, 그리고 나머지 20% 정도가 그 수준 이하의 연봉을 버는 게 좋을 것이다. 평균치를 중심으로 국민 개개인의 소득이 몰려 있는, 다시 말해 표준편차가 적은 사회가 이상적인 사회다. 하지만 현실은 그렇지 않다. 1인당 GDP보다 훨씬 높은 소득을 올리는 극소수의 사람과 훨씬 낮은 소득을 올리는 대다

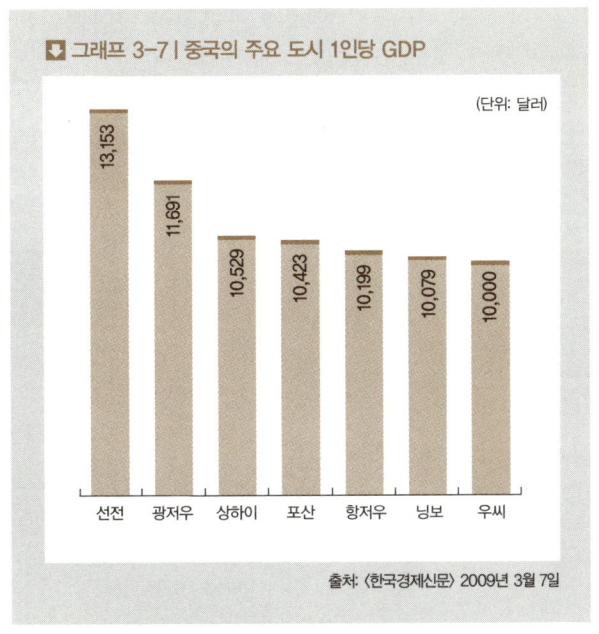

그래프 3-7 | 중국의 주요 도시 1인당 GDP

(단위: 달러)

선전	광저우	상하이	포산	항저우	닝보	우씨
13,153	11,691	10,529	10,423	10,199	10,079	10,000

출처: 〈한국경제신문〉 2009년 3월 7일

수의 사람들로 구성되어 있는, 다시 말해 표준편차가 큰 경우가 적지 않다. 특히 중국이 그러하다. 1인당 GDP는 3,265달러이지만 경제발전의 중심지인 동부해안의 주요 도시 몇 군데는 1만달러가 넘는다. 이는 낙후된 중서부내륙 지역의 경우 평균치 3,265달러보다 훨씬 낮다는 것을 반증하는 자료다. 게다가 2008년 말 기준, 중국 도시민의 1인당 연평균 소득은 2,309달러였다. 반면 농촌의 평균 소득은 고작 697달러에 불과했다. 참고로 중국 13억 인구 중 농민인구가 약 7억으로 중국 인구의 절반이 넘는 숫자다. 중국처럼 지역별 표준편차가 크거나 국민 대다수가 저소득층에 몰려 있다면 전체 GDP의 성장이나 1인당 GDP의 증가가 과연 국민 대다수에게 무슨 큰 의미가 있겠는가? 중국이 최근 들어 분배문제를 그토록 신경 쓰는 이유가 여기에 있다.

물론 우리도 중국처럼 극단적이지는 않지만 표준편차가 적은 이상적 사회는 아니라고 본다. 특히 시간이 점점 지날수록 중산층이 붕괴되고 양극화로 치닫는 경향이 강하다. 이렇듯 1인당 GDP는 전체 GDP로 말해주지 못하는 국민 개개인의 평균 소득 수준을 나타내주지만 여전히 얼마나 균등하게 배분되어 있느냐를 말해주지는 못한다는 한계가 있다.

실질 GDP와 명목 GDP

LESSON **10**

이번에는 마찬가지로 뉴스와 신문지상을 통해 우리가 심심찮게 들을 수 있는 실질 GDP와 명목 GDP에 대하여 알아본다. 그리고 경제성장률을 구할 때 왜 명목 GDP가 아닌 실질 GDP를 사용하는지도 간단히 살펴보도록 하겠다.

GDP란 최종재의 시장가치(가격)의 총합이라 했다. 눈치 빠른 여러분이라면 여기서 이런 의문을 가질 것이다.

"만약 10년 전이나 지금이나 여전히 쌀 10가마만 생산하는 나라가 있다고 하자. 그런데 10년 전에는 쌀 1가마가 2만원 정도 했는데 지금은 10만원 정도 한다. 그렇다면 계산상으로는 10년 전 GDP는 20만원(→10가마×2만원)이고 지금의 GDP는 100만원(→10가마×10만원)이다. 그렇다고 10년 전에 비해 그 나라 경제가 5배 성장한 것인가?"

물론 숫자상으로 볼 때는 GDP가 20만원에서 100만원으로 증가한 것이 맞다. 그러나 여전히 쌀은 10가마만 생산하는 수준이다. 애꿎게 쌀값만 올라서 GDP가 커진 것뿐이지 않은가! 그렇다. GDP를 계산하다 보니 이런 모순을 접하게 된다. 물가의 변화가 생산액에 영향을 주어 GDP의 본질을 왜곡시킨 것이다. 그래서 사람들은 물가변동을 제외시킨 GDP를 계산하기

시작했다. 생산량에 곱해주는 가격을 GDP 측정시점의 변화하는 가격이 아니라 기준시점의 고정된 가격으로 통일시킨 것이다. 쉽게 말해 10년 전 쌀값인 2만원을 지금 GDP 계산에도 그대로 적용하는 것이다. 그리하여 기존의 GDP를 '명목 GDP'라 하고 물가를 제외시킨 GDP를 '실질 GDP'라 부른다. 〈표 3-4〉를 보면 쉽게 이해할 수 있다.

앞서 예를 든 뿌레땅뿌르국이다. 명목 GDP의 계산은 앞서 언급한 것과 같다.

사실 2009년은 뿌레땅뿌르국에서 생산한 생산량도 증가했지만 물가(단가)도 올랐다. 따라서 2009년 명목 GDP는 물가요인이 반영되어 2008년(11,000원)에 비해 85%나 성장한 20,400원으로 계산된 것이다. 하지만 2008년을 기준으로 하여 물가요인이 반영되지 않은 실질 GDP를 구해보면 달리

⬇ 표 3-4 | 뿌레땅뿌르국의 명목 GDP 계산

항목	2008년			2009년		
	생산량	단가 (2008년)	시장가치 (2008년)	생산량	단가 (2009년)	시장가치 (2009년)
빵	10개	100원	1,000원	20개	120원	2,400원
치즈	10개	1,000원	10,000원	12개	1,500원	18,000원
명목 GDP			11,000원			20,400원

⬇ 표 3-5 | 뿌레땅뿌르국의 실질 GDP 계산

항목	2008년			2009년		
	생산량	단가 (2008년)	시장가치 (2008년)	생산량	단가 (2008년)	시장가치 (2008년)
빵	10개	100원	1,000원	20개	100원	2,000원
치즈	10개	1,000원	10,000원	12개	1,000원	12,000원
실질 GDP			11,000원			14,000원

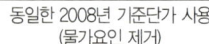

동일한 2008년 기준단가 사용
(물가요인 제거)

나온다. 위의 표에서도 알 수 있듯이 2009년의 생산량에다 물가상승으로 인해 변경된 2009년의 단가가 아니라 2008년의 단가를 곱해준다. 그럼 2009년 실질 GDP는 2008년에 비해 겨우 27% 성장한 14,000원이 되는 것이다. 이렇게 물가요인을 제거시킨 실질 GDP는 생산량의 증가분만을 우리에게 보여주므로 실질적인 경제성장과 국민소득 수준의 향상 정도를 나타내는 데 더 합리적이라할 수 있다. 따라서 우리가 일반적으로 경제성장률에 대해 말할 때에는 '실질 GDP'의 성장률을 지칭하는 것이다.

물가요인을 제거시킨 실질 GDP는 생산량의 증가분만을 우리에게 보여주므로 실질적인 경제성장과 국민소득 수준의 향상 정도를 나타내는 데 더 합리적이라 할 수 있다.

:: 경제성장률

실질 GDP가 얼마나 증가했는지를 계산한 것이 경제성장률이다. 따라서 경제성장률의 공식은 다음과 같다.

$$\text{경제성장률(\%)} = \frac{\text{금년도 실질 GDP} - \text{전년도 실질 GDP}}{\text{전년도 실질 GDP}} \times 100$$

무슨 공식만 나오면 경기驚氣를 일으키는 분들도 있다는 것을 잘 안다. 하지만 지레 놀랄 필요는 없다. 우리가 100원을 예금하고 1년 후 120원을 받았을 때 수익률 20%라고 말하지 않는가! 그것과 같은 공식일 뿐이다. GDP 개념만 알고 있다면 경제성장률 공식은 이렇게 쉬운 것이다. 경제성장률을 구할 때 사용하는 GDP는 명목 GDP가 아니라 실질 GDP라는 것은 두말 하면 잔소리! 그래서 앞의 사례에서 뿌레땅뿌르국의 2009년 경제성장률이 27%라고 말할 수 있다면 여러분도 이제는 경제에 대해 뭔가 좀 아는 사람으로 인정받을 것이다.

경제성장률을 구할 때 사용하는 GDP는 명목 GDP가 아니라 실질 GDP라는 것은 두말 하면 잔소리!

(단위: 억원, 전년동기비 %)

지수별	2007년	2008년	2008년 2/4	2008년 3/4	2008년 4/4	2009년 1/4
국내총생산(명목 GDP)	9,750,130	10,239,377	2,607,450	2,615,399	2,609,026	2,368,862
경제성장률(실질 GDP 성장률)	5.1	2.2	4.3	3.1	−3.4	−4.2

※ 2008년 4/4분기와 2009년 1/4분기는 글로벌 금융위기의 여파로 경제성장률이 마이너스(−)로 하락했음을 알 수 있다.

출처: 한국은행

▼ 그래프 3-8 | 국내총생산 및 경제성장률

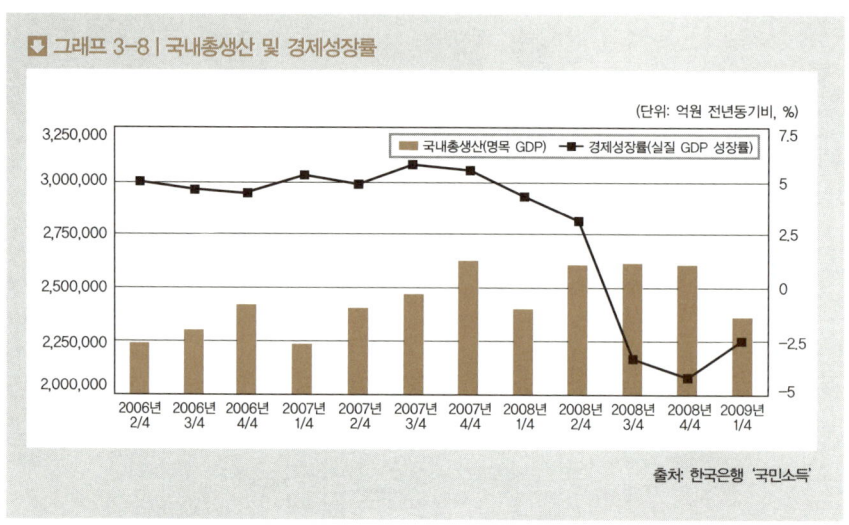

(단위: 억원 전년동기비, %)

출처: 한국은행 '국민소득'

◉ 2분기 실질GNI 증가율 21년 만에 최고라는데…
  소득 크게 안 늘고 수입물가 내려 손실 감소 탓

우리나라 국민이 지난 2/4분기(4~6월)에 나라 안팎에서 벌어들인 총소득(GNI)은 239조원이다. 외국인이 우리나라에서 벌어간 돈을 뺀 실질소득 기준이다. 1분기(226조 3000억원)보다 5.6% 늘었다. 21년여 만에 가장 높은 증가세다. 같은 기간 성장률도 2.6%로 한 달 전 속보치(2.3%)를 훌쩍 뛰어넘으며 5년여 만에 최

고치를 기록했다. 그런데도 국민 개개인이 느끼는 체감 호주머니 사정은 별로다. 괴리의 원인도, 해결책도 고용이라고 전문가들은 입을 모은다. 한국은행은 3일 이 같은 내용의 '2분기 국민소득'(잠정)을 발표했다. 전기(前期) 대비 실질 GNI 5.6% 증가율은 1988년 1분기(6.2%) 이후 21년 3개월 만에 가장 높은 수준이다. 경제협력개발기구(OECD) 회원국 가운데서도 가장 높다. 국내총생산(GDP) 증가율도 2003년 4분기(2.6%) 이후 5년 6개월 만에 최고치다. 국민들의 호주머니 사정이 크게 나아져 구매력이 커졌다는 의미다. 국민들이 이 같은 해석에 쉽게 공감하지 못하는 까닭은 수치를 끌어올린 힘이 내공(펀더멘털)이 아닌 외생 변수에 있기 때문이다. GNI만 하더라도 소득 자체가 크게 늘었다기보다는 손실이 크게 줄었다. 교역조건 개선 덕분이다. 국제유가는 1분기에 비해 올랐지만 국내 수입 비중이 높은 액화천연가스(LNG) 등 원자재 가격이 크게 떨어졌다. 이는 수입물가 하락을 가져와 무역손실 규모는 4조 9000억원으로 1분기(−10조 7000억원)의 절반에 그쳤다. 물론 해외에서 벌어들인 이자 · 배당 · 근로 소득(국외 순수취요소소득, 1조 8000억원)이 1분기에 비해 6000억원 늘어난 것도 실질 GNI를 끌어올렸다.

출처: 〈서울신문〉 2009년 9월 4일

GDP는 한 나라의 경제 체격을 말해준다

지금까지 GDP에 대하여 총괄적으로 살펴보았다. GDP는 한 국가의 경제 체력을 의미한다. 같은 액수일지라도 국가의 경제력이 큰지 작은지에 따라 그 체감 액수가 다르다. 참고로 미국의 경우 재정적자로 골치를 앓고 있는데 10년 후엔 무려 GDP의 69%가 재정적자일 것으로 예견되기도 한다.

30대 중반의 경수와 상진은 둘 다 한 달 만에 10킬로그램을 감량했다. 한 달 만에 그 정도의 체중을 감량했다면 둘 다 대단하다고 볼 수 있다. 그러나 경수는 몸무게가 120킬로그램이었고 상진이는 55킬로그램이었다면 이야기가 달라진다. 경수와 같은 거구의 사람에게 10킬로그램은 큰 것이 아니다. 적당한 운동을 꾸준히 해서 땀만 빼주어도 그 정도는 빠진다. 물론 그 이상 빠지는 것이 쉽지 않겠지만 말이다. 하지만 비쩍 마른 체격인 상진이의 경우는 다르다. 30대 중반의 성인 남성이 55킬로그램에서 45킬로그램으로 뺀다는 건 결코 쉬운 일이 아니다. 또한 자칫 잘못하다가는 건강에 문제를 일으킬 수도 있다.

- 상진의 몸무게 120킬로그램－10킬로그램＝현재 몸무게 110킬로그램
  상진의 10킬로그램은 전체 무게의 8.3%
- 경수의 몸무게 55킬로그램－10킬로그램＝현재 몸무게 45킬로그램
  경수의 10킬로그램은 전체 무게의 18.18%

경제에서도 이러한 논리가 적용된다. 예를 들어 A국과 B국 모두 올해 100억달러의 무역적자가 났다고 해보자. 적자 수준으로 보면 둘 다 같은 금액이다. 하지만 A국은 엄청나게 심각하게 받아들이는 반면, B국은 별로 대수롭지 않게 생각하고 있다. 그 이유를 살펴보니 A국의 국내총생산GDP은 겨우 500억달러이고, B국의 GDP는 무려 1조달러였기 때문이다. 다시 말해 같은 100억달러의 적자 규모가 A국의 경우는 GDP의 20%에 달하는 데 반해 B국은 겨우 GDP의 1%밖에 되지 않는다. 따라서 둘 다 무역적자가 발생한 것은 틀림없지만 B국 입장에서는 자신들의 경제 규모에 비해 그 비중이 크지 않으나 A국은 치명적인 규모다.

이렇듯 같은 적자라고 해도 그 나라 경제 규모에서 차지하는 비중이 얼마인지가 중요하다. 이때 한 국가의 경제 규모로 주로 사용되는 것이 GDP다. 다시 말해 GDP 규모란 한 국가의 체중이나 체격과 같다.

> 같은 적자라고 해도 그 나라 경제 규모에서 차지하는 비중이 얼마인지가 중요하다.

얼마 전 미국 백악관 예산관리국에서는 10년 후 미국의 재정적자가 9조달러에 달할 것이라는 걱정스런 전망을 발표했다. 여기서 9조달러라는 금액의 크기도 엄청나지만 무엇보다 예산관리국이 걱정스러워한 것은 9조달러가 미국 GDP의 69%를 차지할 것이라는

점이었다. 미국의 GDP가 미국의 경제 체격을 의미하는데 이를 기준으로 69%에 달하는 규모의 재정적자라는 사실이 더욱 걱정스러운 것이다.

참고로 2009년 미국의 재정적자(예상치)는 1조 6,000억달러로 GDP의 12%를 상회한다. 지금도 체격에 비해 만만치 않은 비중이다. 따라서 미국

경기종합지수와 GDP와의 관계

통계청에서 발표하는 대표 경제지표인 경기종합지수와 한국은행에서 발표하는 대표 경제지표인 GDP. 이 둘 모두 경기상황을 나타내준다는 점에서 본질적으로 같은 것이다.

생각해보라. A회사에서 만든 내비게이션과 B회사에서 만든 내비게이션이 서로 같은 장소에서 다른 지도와 경로를 보여준다면 둘 중 하나는, 아니 어쩌면 둘 다 불량품일 가능성이 높지 않은가! 이래서는 믿을 만한 네비게이션이라 할 수 없다.

여러 구성지표를 합성해서 만든 경기종합지수나 최종생산물의 시장가치 총합인 GDP나 모두 경기상황을 나타내주는 지표다. 설령 제조회사(발표기관)가 다르고 내장 부속품이 다소 다를지라도 이 두 경제지표는 결국 같은 '살림살이 내비게이션'이다. 따라서 이 둘이 보여주는 모습은 거의 같다.

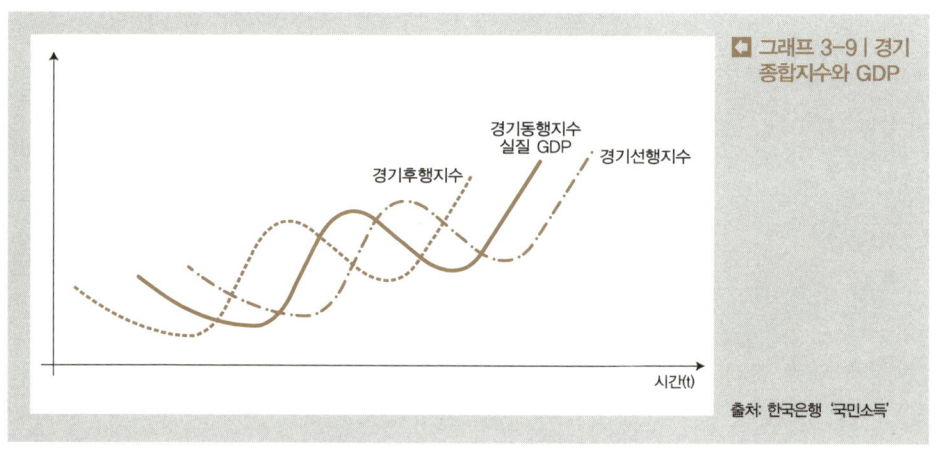

◀ 그래프 3-9 | 경기 종합지수와 GDP

출처: 한국은행 '국민소득'

은 오늘도 골머리를 앓고 있다.

마지막으로 경기종합지수와 GDP의 관계를 정리해 보자. 〈그래프 3-9〉에서 보듯이 경기동행지수와 실질 GDP는 거의 동시에 움직인다. 물론 경기선행지수는 GDP보다 앞서서 움직이며 경기후행지수는 GDP보다 뒤쳐져 따라오는 모습을 보인다. 경기종합지수가 우상향하는 추세를 보이는 것과 마찬가지로 GDP도 장기적으로 우상향하는 모습을 보인다.

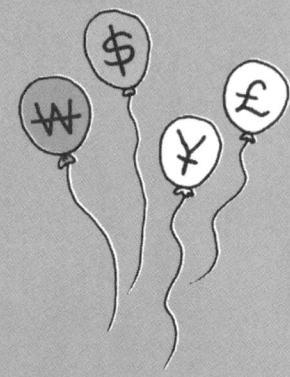

Section 4

알 듯 모를 듯
물가지수
들여다보기

살림살이에 가장 큰 영향을 미치는 것 가운데 하나가 물가다. 윤택한 살림살이를 유지하기 위해 소득이 늘어나는 것도 중요하다. 그러나 물가가 계속 올라가기만 한다면 아무리 많이 벌어도 밑 빠진 독일 수밖에 없다. 따라서 제대로 된 경제정책을 펴기 위해서는 물가변동을 제대로 측정하고 이를 안정화시키는 방안을 고안하는 게 무엇보다 중요하다. 이렇듯 물가변동을 측정하기 위해 만들어진 것이 바로 물가지수다. 이제부터 물가지수에는 어떤 것들이 있는지 함께 살펴보도록 하자.

GDP에서 파생된 물가지수 —GDP 디플레이터

조금 전 대문글에서도 밝혔듯이 서민들의 살림살이에서 가장 많은 영향을 미치는 것 중 하나가 바로 물가다. 물가가 오르고 내림에 따라 우리 서민들의 얼굴은 울고 웃는다. 그렇다면 이번 장에서는 사람들이 관심 있게 생각하는 물가지수가 어떻게 구해지는지 알아보도록 하자.

물가변동이란 물건가격이 바뀌는 것을 말한다. 어디선가 들어본 낯설지 않은 이야기가 아닌가! 그렇다. 앞서 명목 GDP와 실질 GDP를 설명했는데 이를 다시 상기해보자. 올해의 GDP가 지난 해보다 증가한 이유가 단순히 가격이 올랐기 때문이라면 이는 실제 그 나라의 소득 수준 향상이라고 볼 수 없다. 그래서 명목 GDP에서 가격변동 요인을 없애고 생산량 증가분만을 보기 위해 고정된 기준연도의 가격을 곱해서 실질 GDP를 다시 계산했음을 기억하는가!

그럼 이제 물병을 뒤집어보자. 이번에는 명목 GDP에서 반대로 생산량의 변동을 제거한다. 그럼 생산가격의 변동만 남는다. 이것이 물가변동을 나타내는 물가지수가 되는 것이다. 이 역시 방법은 간단하다. 명목 GDP를 실질 GDP로 나누어주면 끝난다. 아직도 이해가 쉽지 않은 분들이라면 다음을 보자.

> 명목 GDP에서 반대로 생산량의 변동을 제거한다. 그럼 생산가격의 변동만 남는다. 이것이 물가변동을 나타내는 물가지수가 되는 것이다.

2008년을 기준연도라고 할 때 2009년 명목 GDP는 그냥 '2009년 생산량
×2009년 생산가격' 이다. 하지만 2009년 실질 GDP는 생산가격으로 기준
연도인 2008년 것을 쓴다. 따라서 '2009년 생산량×2008년 생산가격' 으로
계산한다. 여기서 이 둘을 나누어준다면?

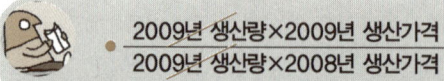

$$\frac{2009년\ 생산량 \times 2009년\ 생산가격}{2009년\ 생산량 \times 2008년\ 생산가격}$$

결국 2008년의 생산가격에 대한 2009년의 생산가격 변동분만 남는다.
이것이 물가변동분을 나타내는 물가지수다. 이렇게 구해지는 물가지수는
GDP를 이용하여 구했다고 해서 'GDP 디플레이터$^{GDP\ deflator}$' 라고 한다. 그
공식은 다음과 같다.

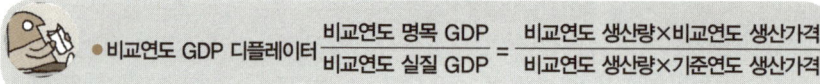

$$비교연도\ GDP\ 디플레이터\ \frac{비교연도\ 명목\ GDP}{비교연도\ 실질\ GDP} = \frac{비교연도\ 생산량 \times 비교연도\ 생산가격}{비교연도\ 생산량 \times 기준연도\ 생산가격}$$

만약 비교연도인 2009년 명목 GDP가 300만원이고 실질 GDP가 250만
원이라 할 경우 GDP디플레이터는 1.2가 나온다. 다시 말해 기준연도(2008
년)에 비해 물가가 1.2배 또는 120% 올랐다는 이야기다.

⬇ 표 4-1 | GDP 디플레이터 계산과정

2009년 생산량		2009년 생산가격		2009년 명목 GDP	GDP 디플레이터
50개	×	6만원	=	300만원	300만원÷250만원
2009년 생산량		기준연도(2008년) 생산가격		2009년 실질 GDP	= 1.2(물가상승)
50개	×	5만원	=	250만원	

※ 기준연도(2008년)의 가격 5만원에 비해 비교연도(2009년)의 가격이 6만원으로 올랐다는 것은 물가가 1.2배 상승
한 것을 의미함.
※ 참고로 GDP 디플레이터에 100을 곱하여 퍼센트(%)로 표기하는 경우도 있음.

서민의 살림살이 물가 파악
—소비자물가지수(CPI)

서민들의 살림살이 물가를 파악하는 데에는 통계청에서 발표하는 소비자물가지수가 가장 많이 활용된다. 현재 일반 소비자들의 모습을 제대로 나타내주는 지표로 이만한 것이 없다. 노사가 임금협상을 벌이거나 정부에서 물가의 기준을 잡을 때에도 이 지수를 반드시 참고한다.

좀 전에 살펴본 GDP 디플레이터는 GDP를 구하다가 어부지리(?)로 발명되었지만, 그래도 어엿한 물가지수로서 자리매김하고 있다. 우리나라는 GDP를 발표하는 한국은행에서 GDP 디플레이터를 발표한다. 하지만 이 지표에는 약간의 문제가 있다. 이른바 물가라고 하면 서민의 살림살이에 큰 영향을 미치는 요소다. 그런데 이 GDP란 녀석 속에는 한 국가에서 생산한 모든 생산물의 최종재가 포함되어 있다. 다시 말해 우리의 첫 우주발사체인 '나로호 KSLV-I'의 생산가격도 여기에 포함되고, 국산 전투기 가격도 여기에 포함된다는 점이다. 물론 이 역시 우리의 경제 규모를 나타내는 것이니 당연히 포함되어야겠지만 그래도 물가란 서민들의 경제에 직접적인 영향을 미치는 것인데 이건 뭔가 어색한 면이 있다. 게다가 이들의 가격은 어마어마하다. 만약 이들 가격이 이듬해 대폭 떨어진다면 아무

> 우리나라는 GDP를 발표하는 한국은행에서 GDP 디플레이터를 발표한다.

리 장바구니 물가가 올라도 전체 GDP 디플레이터상의 물가는 하락하고 만다. 다시 말해 GDP 디플레이터 물가지수는 서민 경제에 직접적인 영향이 없음에도 불구하고 그 비중 때문에 물가 변화에 상당한 영향을 미칠 수 있는 생산품들이 너무나 많이 포함되어 있다. 그 결과 통계의 왜곡이 일어나는 것이다. 이런 문제를 해결하기 위해 통계청이 나섰다. 평균적인 소비자들의 생활과 관련 있는 품목들의 가격 변화만을 조사해서 물가지수를 만든 것이다. 여기서 평균적인 소비자의 생활과 관련 있는 품목이란 식료품, 냉장고, 자동차 등을 말한다. 최고급 요트나 물방울 다이아몬드는 소비재일 수는 있지만 평균적인 소비자와 상관이 없으므로 품목에서 제외된다. 다시 말해 평균적인 소비자들의 생계비를 측정하는 지수인 것이다. 통계청이 발표하는 이 물가지수를 '소비자물가지수$^{\text{CPI:consumer price index}}$'라고 한다. 소비자물가지수^{CPI}는 우선 도시 가계의 평균적인 소비자 대상을 정한 후 이들이 소비하는 상품(서비스도 포함)들의 묶음을 정해 이들 상품묶음이 기준시점에서는 얼마였는데 지금 사려면 얼마인가를 계산하여 그 비율을 측정한다. 구체적인 상품묶음은 2005년을 기준(=100)으로 가계소비지출에서 차지하는 비중이 1/10,000인 489개의 품목을 대상으로 하며 계산공식은 아래와 같다. 물론 여기다 100을 곱하여 퍼센트(%)로 표시하기도 한다.

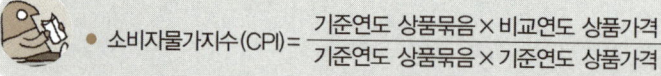

● 소비자물가지수 (CPI) = $\dfrac{\text{기준연도 상품묶음} \times \text{비교연도 상품가격}}{\text{기준연도 상품묶음} \times \text{기준연도 상품가격}}$

물론 이는 말처럼 쉬운 일이 아니다. 수많은 품목을 일일이 조사해야 하는 고된 작업이다. 게다가 여기서도 통계의 왜곡현상이 발견된다. 우선 가격 변화를 일관되게 보기 위해 소비자가 주로 사용하는 물품묶음을 매번 바

꿀 수가 없다. 하지만 요즘처럼 기술발전이 빠른 시대에 어제의 애용품이 오늘의 천덕꾸러기가 될 수도 있다. 삐삐가 순식간에 핸드폰으로 바뀌지 않았는가! 그러나 소비자물가지수에서는 이를 제 때 반영하는 데 한계가 있다. 또한 소비자들은 소비재의 가격이 올라가면 비슷하지만 보다 저렴한 제품으로 손쉽게 바꿔버리는 경향이 있다. 이 역시 상품묶음에 제 때 반영하기가 힘들다. 각종 연구자료에 따르면 이러한 이유 때문에 소비자물가지수가 실제 물가 수준보다 조금 과대 계산되는 경향이 있다고 한다. 따라서 소비자물가지수가 절대적으로 완벽한 지수가 아니란 걸 알 수 있다. 그럼에도 불구하고 현재로서는 일반 소비자들의 살림살이를 제대로 나타내주는 지표로 소비자물가지수만한 것이 없다. 더군다나 GDP 디플레이터처럼 나로호나 전투기 가격이 들어가지 않는다는 점에서, 그리고 대신에 일반 서민들이 애용하는 중국산 콩나물이나 꽃게 가격이 포함된다는 점에서 감히 소비자물가지수에 도전장을 낼 만한 지표는 아직까지는 없다. 이 같은 이유로 이 지수는 우리 생활에서 밀접하게 사용된다. 노사가 임금인상을 협상할 때 물가인상 여부의 근거자료로 소비자물가지수를 이용한다. 정부에서 물가가 올랐다며 국민연금을 올려줄 때도 이 지수를 기준으로 한다. 최선의 기준은 아니지만 차선의 기준으로 이용가치가 충분하기 때문이다.

: : 물가상승률

물가상승률, 그러니까 인플레이션의 정도를 비율로 나타낼 때 우리는 물가지수를 이용한다.

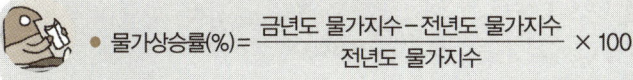

$$물가상승률(\%) = \frac{금년도\ 물가지수 - 전년도\ 물가지수}{전년도\ 물가지수} \times 100$$

여기서 물가지수는 소비자물가지수[CPI]나 GDP 디플레이터 중 하나를 선택하면 된다. 참! 일관성 있게 하나를 선택해야 한다. 두 종류의 지수를 섞어서 사용하면 당근 안 될 것이다. 이로써 경제관련 뉴스에서 물가상승률(인플레이션율)이 2.5%이니 3%이니 하는 게 어떻게 계산되어 나오는지 이해되었을 것이다. 참 간단한 공식으로 나온다는 것을 말이다.

표 4-2 | 소비자물가상승률　　　　　　　　　　　　　　　　　(단위: 전년동월비, %)

지수별	2003년	2004년	2005년	2006년	2007년	2008년	2009년					
							2월	3월	4월	5월	6월	7월
소비자물가	3.5	3.6	2.8	2.2	2.5	4.7	4.1	3.9	3.6	2.7	2.0	1.6
─농축수산품	5.9	8.9	1.9	−0.1	1.9	0.5	5.4	10.1	12.2	10.8	6.6	5.7
─공업제품	2.4	2.6	3.7	2.0	2.0	7.8	5.0	4.7	3.4	1.4	0.3	−0.3
─집세	3.6	1.6	−0.2	0.4	1.8	2.3	2.1	1.9	1.7	1.7	1.4	1.3
─공공요금	2.5	2.5	3.2	3.5	3.1	2.4	1.8	1.8	1.6	1.6	1.7	2.3
─개인서비스	4.5	4.1	3.2	3.0	3.1	4.7	4.4	3.2	3.2	2.9	2.6	2.3
근원물가	3.1	2.9	2.3	1.8	2.4	4.2	5.2	4.5	4.2	3.9	3.5	3.2
생활물가	4.0	4.9	4.1	3.1	3.1	5.4	3.3	3.1	3.0	1.8	0.5	04.

출처: 통계청

그래프 4-1 | 월별 소비자물가·근원물가·생활물가 상승률

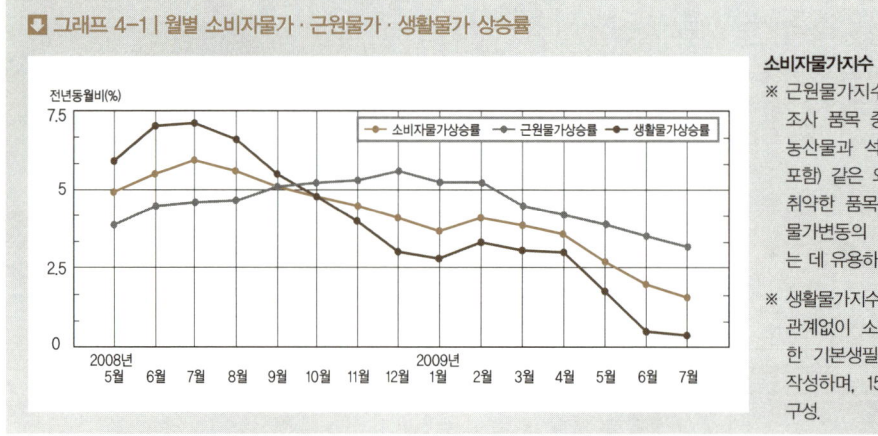

소비자물가지수 시리즈

※ 근원물가지수: 소비자물가 조사 품목 중 곡물 이외의 농산물과 석유류(도시가스 포함) 같은 외부 충격 등에 취약한 품목들을 제외시켜 물가변동의 기조를 분석하는 데 유용하게 만든 지표.

※ 생활물가지수: 소득 증감에 관계없이 소비지출이 필요한 기본생필품을 대상으로 작성하며, 152개 품목으로 구성.

인플레이션은 박멸해야 할 대상일까?

인플레이션은 서민들의 살림살이를 힘들게 만들 뿐만 아니라 근로자들의 임금인상 요구로 이어져 기업들의 생산비용에도 부담이 된다. 따라서 한국은행은 물가안정 목표를 정하고 다양한 방법으로 물가를 잡기 위해 힘쓴다. 그런데 〈그래프 4-2〉에서도 알 수 있듯이 한국은행의 물가안정 목표를 보면 2.5~3.5% 수준을 유지하는 선에서 그친다. 어딘가 좀 이상하다. 경제에 좋지 않은 영향을 끼치는 인플레이션이라면 무조건 박멸해야 하는 것 아닐까? 여기서 박멸이라고 하면 물가상승률을 0%나 아니면 아예 마이너스(-)로 만드는

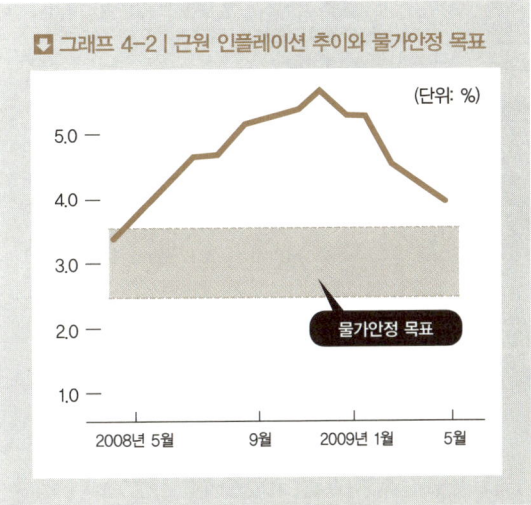

▼ 그래프 4-2 | 근원 인플레이션 추이와 물가안정 목표

(단위: %)

물가안정 목표

것을 말한다. 하지만 인플레이션을 박멸하는 것이 반드시 좋은 건 아니다. 왜냐하면 우선 인플레이션율이 마이너스라는 것은 물가하락과 이에 따른 경기침체를 유발하는 디플레이션을 의미한다. 일본의 경우가 그랬다. 1990년대 일본의 경제는 당시 세계에서 유래를 찾아보기 힘든 디플레이션 상황이었다. 오죽하면 이를 두고 '잃어버린 10년'이라고까지 했겠는가! 그럼 마이너스는 그렇다 치더라도 인플레이션율 0%면 좋은 게 아닐까? 하지만 이것도 문제는 있다. 앞서 말했듯이 소비자물가지수(CPI)는 실제 물가 수준보다 조금 과대 계산되는 경향이 있다. 따라서 한국은행이 이러한 물가지표를 보고 목표를 세울 때 목표치를 0%라고 하면 실제 물가 수준으로는 마이너스 목표가 되는 셈이다. 반면, 물가안정 목표를 2.5~3.5% 수준으로 약간 높게 잡으면 실제 물가상승률이 0%에 가까워진다. 따라서 한국은행의 물가안정 목표치는 우리가 생각하는 것보다 다소 높게 책정되는 것이다.

그 밖에 의미 있는 물가지수
— '생산자물가지수' / '수출입물가지수'

일반인들이 참고하는 일은 별로 없지만 기업의 경우 반드시 알고 있어야 하는 지수들이 더 있다. 기업 살림에 적용되는 물가인 '생산자물가지수'와 무역과 관련 있는 '수출입물가지수'에 대해 살펴보도록 하겠다.

: : 기업 살림에 적용되는 물가, '생산자물가지수(PPI)'

기업 간 물건을 거래할 때 형성되는 공장도 가격. 바로 이 가격의 상승과 하락 또한 물가를 파악하는 데 중요하다. 생산자물가지수 PPI : Producer Price Index 란 국내에서 생산하여 국내 시장에서 거래되는 모든 재화의 가격과 서비스 요금의 변동을 측정하여 지수로 만든 것이다. 이때의 가격은 부가가치세를 제외한 공장도 가격을 말하며 2005년의 수치를 기준(100)으로 한국은행에서 작성, 발표한다. 이 지수가 올라가면 생산자들의 물가 부담이 커지고 떨어지면 물가부담이 줄어든다는 의미다.

생산자물가지수를 작성할 때는 농림수산품(곡물, 채소, 과실, 축산물, 수산식품 등), 공산품(석유제품, 화학제품, 1차금속제품, 전자부품 등), 서비스(운수, 기타 서비스, 금융, 리스 및 임대 등) 같은 세부품목별 가격

> 생산자물가지수란 국내에서 생산하여 국내 시장에서 거래되는 모든 재화의 가격과 서비스 요금의 변동을 측정하여 지수로 만든 것.

■ 표 4-3 | 생산자물가지수 (단위: 전년동월비, %)

구분	2008년					2009년						
	8월	9월	1월	11월	12월	1월	2월	3월	4월	5월	6월	7월
전체 지수	12.3	11.3	10.7	7.8	5.6	4.7	4.4	3.5	1.5	−1.3	−3.1	−3.8
농림수산품	5.8	−5	−1.5	6.3	7.9	14.2	9	14.7	16.1	18.7	10	14.5
공산품	17.1	16.8	15.9	10.6	7	5.3	5.2	3.5	0.5	−3.6	−5.8	−7.2
전력·수도 및 도시가스	4.6	1.2	2.1	3.6	5.4	5.2	5.1	5.1	4.7	4.3	4.9	10.1
서비스	3.4	3	2.5	2	1.7	1.4	1.4	1.2	1.1	0.6	0.7	−0.3

출처: 한국은행

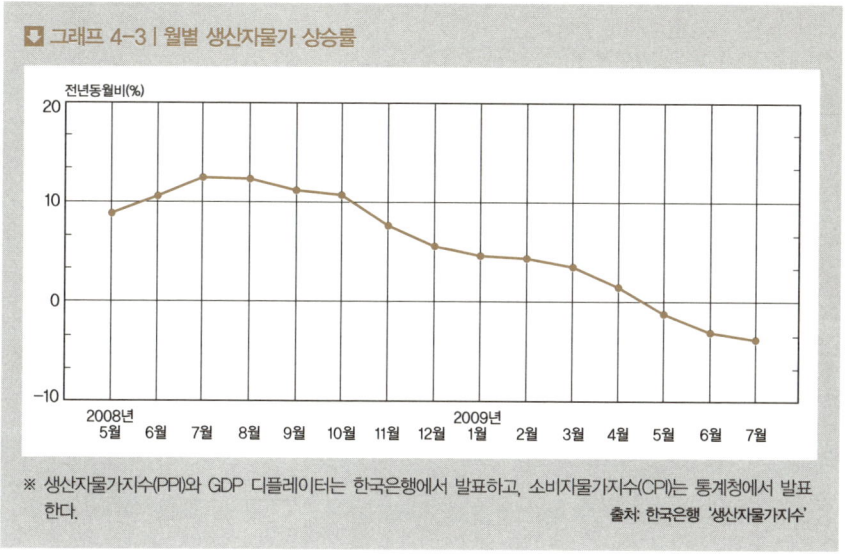

■ 그래프 4-3 | 월별 생산자물가 상승률

※ 생산자물가지수(PPI)와 GDP 디플레이터는 한국은행에서 발표하고, 소비자물가지수(CPI)는 통계청에서 발표한다.

출처: 한국은행 '생산자물가지수'

을 지수화하여 전체 지수를 구한다. 쉽게 말해 생산자물가지수는 '공장도 가격'이고 소비자물가지수는 '소매가격'을 대상으로 해서 만든 지수라고 생각하면 이해하기 쉽다.

	2003년	2004년	2005년	2006년	2007년	2009년					
						2월	3월	4월	5월	6월	7월
수출물가	-2.2	6.2	-6.7	-8.2	-2.1	22.9	17.4	7.7	-4.1	-3.3	-2.7
─농림수산품	0.6	16.9	-14.5	-8.4	5.4	19.8	10.1	4.6	-1.4	6.9	12.5
─공업제품	-2.2	6.1	-6.6	-8.2	-2.2	22.9	17.5	7.7	-4.1	-3.4	-2.8
수입물가	1.8	10.2	2.9	0.9	4.5	18	10.6	-1.8	-13.9	-11.9	-12.9
─원자재	2.5	12.2	5.3	15.7	7	-5.5	-10.7	-21.8	-32.4	-29	-32.2
─중간재	-1.8	-0.6	-11	-4	4.5	27.5	18.8	5.8	-6.4	-4.6	-3.9
─최종재	-0.6	5.1	-4.2	-7.5	-1	47.1	39.6	29.2	18.1	19.9	21.6

출처: 한국은행

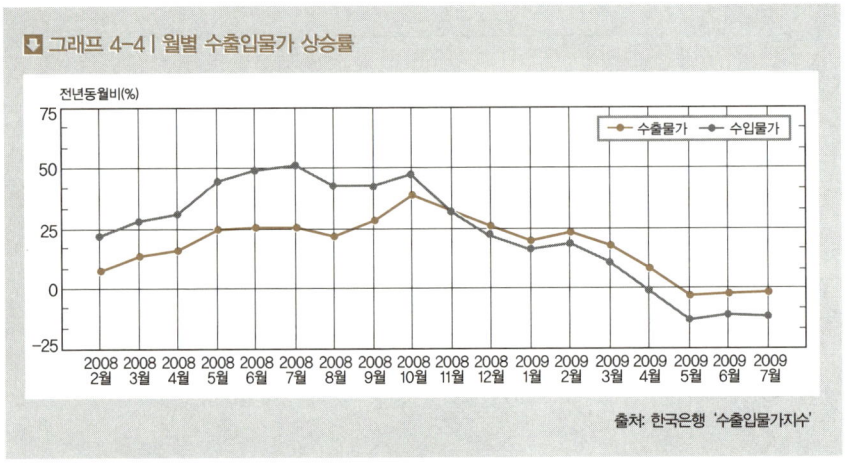

■ 그래프 4-4 | 월별 수출입물가 상승률

출처: 한국은행 '수출입물가지수'

: : 무역과 관련된 '수출입물가지수'

당연히 수출품목과 수입품목의 가격 변동도 국내 물가에 영향을 미친다. 우리나라의 경우 수출이 경제에 미치는 비중이 크다. 또한 우리나라는 석유 한 방울 나지 않는 자원빈국 중 하나다. 그러다 보니 석유나 철강, 비철 금속과 광산품 등의 상당 부분을 수입에 의존한다. 이 같은 수입품목의 가격 변동이 제품생산의 원가에 영향을 미치는 비중은 자원부국인 나라들에

비해 상당히 크다. 따라서 수출물가지수와 수입물가지수를 작성하여 국내 물가에 미치는 영향을 파악하는 것 역시 필요한 일이다.

　수출물가지수의 경우 대표적인 수출품목 211개를 수입물가지수는 대표적인 수입품목 234개를 대상으로 2005년의 수치를 기준으로 작성하여 한국은행 등에서 발표한다. 참고로 수출입물가지수는 환율에 직접적인 영향을 받는 지수 가운데 하나다.

세 가지 물가지수의
상관관계

결론적으로 말해 소비자물가지수, 생산자물가지수, 수출입물가지수는 서로 영향을 주고받으며
같은 방향으로 움직이는 경우가 많다. 이렇듯 하나의 경제지표만 가지고 경제 흐름을 이해하기
보다는 서로 연결되어 영향을 주고받는 다른 지표들도 두루 살펴야 한다.

앞에서 소개한 세 가지 물가지수 그래프를 보면 모두가 2008년 상반기에는
상승 모드를 타다가 2009년 들어오면서 모두 우하향하고 있음을 알 수 있다.
이렇듯 소비자물가지수와 생산자물가지수, 그리고 수출입물가지수는 서로
영향을 주고 받으며 같은 방향으로 움직이는 경우가 많다. 예를 들어 수입물
가지수의 구성요소 중 원자재나 중간재 부문이 올라서 수입물가지수 전체가
올랐다고 해보자. 이는 국내 기업이 생산하는 제품 원가상승에 영향을 미치
게 된다. 그럼 기업은 마진을 확보하기 위해 공장도 가격을 올릴 수밖에 없
다. 그럼 자연스레 생산자물가지수가 오른다. 공장도 가격이 상승했다면 당
연히 중간 유통업체가 이를 기준으로 마진을 붙일 것이니 소매가격도 오를
것이다. 따라서 소비자물가지수 역시 오르게 된다. 다시 말해 '수입물가지수
↑ ⇒ 생산자물가지수↑ ⇒ 소비자물가지수↑' 라는 관계가 성립한다.

물론 언제나 그랬듯이 경제변수는 실로 다양한 요소들에 의해 영향을 주

고받기 때문에 100% 이런 관계가 성립한다고 볼 수는 없다. 경우에 따라서는 수입물가지수나 생산자물가지수는 큰 변화가 없는데도 불구하고 소비자물가지수만 큰 폭으로 오르는 일도 있다. 어떤 경우가 그럴까?

물가는 전반적인 물건의 가격이고 수요가 증가하면 오르게 마련이다. 이 경우를 '좋은 물가상승'이라고 하겠다. 수요 증가로 물가가 상승하는 것에 대해 필자는 왜 '좋은'이란 단어를 붙였을까? 소비자의 수요가 증가한다는 것은 그만큼 소비자의 주머니가 두둑하다는 것을 의미한다. 주머니가 두둑해지려면 당연히 고용이 잘 되고 임금이 올라가야 가능하다. 다시 말해 경기가 활황이 되어 기업이 많은 수익을 올리고 문전성시를 이루면 고용도 늘리고 임금도 올리게 마련이다. 이로 인해 소득이 증가한 소비자들이 소비를 늘리면 자연스레 수요 증대로 물가가 올라가니 어찌 '좋은 물가상승'이라고 하지 않겠는가! 따라서 이 경우는 수입물가지수나 생산자물가지수가 크게 오르지 않더라도 소비자물가지수는 상당 부분 올라갈 수 있다. 만약 소비자물가지수가 상승했는데 다른 경제지표 중에서 실업률이나 GNI(또는

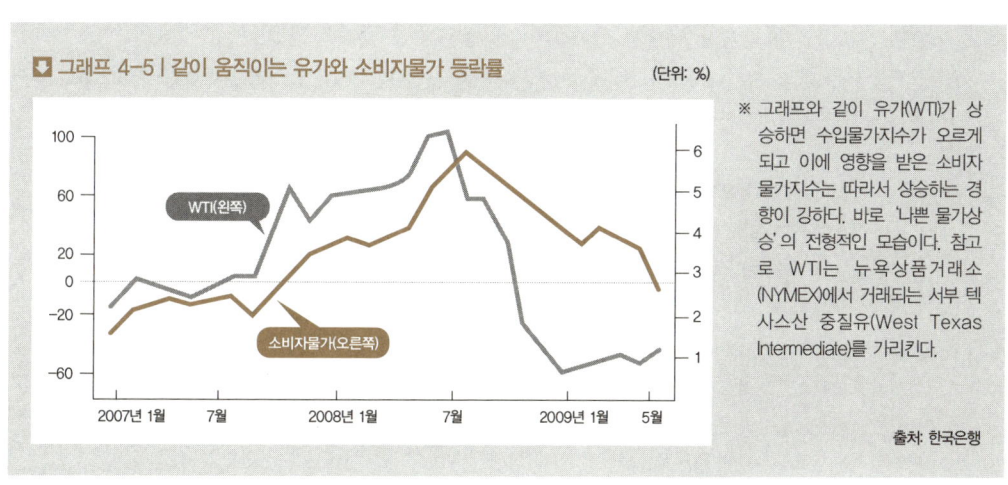

■ 그래프 4-5 | 같이 움직이는 유가와 소비자물가 등락률

(단위: %)

※ 그래프와 같이 유가(WTI)가 상승하면 수입물가지수가 오르게 되고 이에 영향을 받은 소비자물가지수는 따라서 상승하는 경향이 강하다. 바로 '나쁜 물가상승'의 전형적인 모습이다. 참고로 WTI는 뉴욕상품거래소(NYMEX)에서 거래되는 서부 텍사스산 중질유(West Texas Intermediate)를 가리킨다.

출처: 한국은행

GDP) 등을 찾아봐서 이런 지표도 함께 움직였다면(실업률은 하락, GNI는 상승) '좋은 물가상승'이라 생각하고 '아 경기가 좋아지고 있구나'라면서 기뻐해도 좋다. 하지만 앞서 말했듯이 수입물가가 급상승하고 이에 따라 생산자와 소비자 물가지수가 상승했다면(게다가 실업률이 올라가고 GNI는 하락했다면) '나쁜 물가상승'으로 경기불황이라고 판단할 수 있다. 소득은 줄어드는데 물건 값은 비싸지니 그야말로 스태그플레이션(물가상승과 경기침체가 동반하는 현상)이 아니고 뭐겠는가?

이렇듯 경제지표는 서로 연결되어 있다. 우리들의 살림살이, 즉 경제가 다 연결되어 있으니 이는 너무나 당연한 이야기지만 말이다. 따라서 경제지표 하나만으로 경기상황을 속단하기 보다는 연결된 다른 경제지표들을 두루 살펴야 더욱 정확한 경기를 판단할 수 있다.

경제지표 하나만으로 경기상황을 속단하기 보다는 연결된 다른 경제지표들을 두루 살펴야 더욱 정확한 경기를 판단할 수 있다.

경제신문에 자주 등장하는 원유 세 가지

경제신문에 자주 등장하는 세계 3대 원유로는 '서부 텍사스산 중질유(WTI)'와 '북해산 브랜트유', 그리고 '두바이유'가 있다.

❶ **서부 텍사스산 중질유(WTI) :** 일반적으로 국제유가를 말할 때는 WTI의 가격을 기준으로 한다. 사실 WTI는 다른 원유에 비해 산유량이 많지도 않고 미국 밖으로 많이 수출되지도 않는다. 하지만 세계 최대 규모의 선물거래소인 뉴욕상품거래소(NYMEX)에서 주요하게 거래되는 상품이기 때문에 그만큼 세계경제에 미치는 영향이 크다. 따라서 국제유가의 기준 원유로서의 지위를 누리고 있는 것이다.

❷ **북해산 브랜트유와 두바이유 :** 북해산 브랜트유는 영국 북부의 북해에서 생산되는 원유다. 주로 유럽에서 소비하고 있다. 그리고 두바이유는 중동산 원유의 통칭으로 우리에게 무엇보다 친숙한 원유다. 우리나라 원유 수입 물량의 80% 정도를 차지하니까 말이다. 따라서 우리 경제에는 두바이유 가격 변동이 더 직접적인 영향을 미친다고 하겠다.

지금 집을 사야 할까?
GDP갭의 관점에서

한 국가의 경제가 인플레이션인지 디플레이션인지 알아볼 수 있는 유용한 도구가 있다. 바로 GDP갭이란 녀석이다. 여기서는 GDP갭의 관점에서 우리가 집을 사야 하는 시점인지 아닌지의 여부를 한번 알아보도록 하겠다.

"지금 집을 사야 할까? 말아야 할까?"

일찍이 제르미 레프킨는 그의 저서 《소유의 종말》에서 '이제 집을 소유하는 시대는 끝났다!'고 밝힌 바 있다. 앞으로는 주택 역시 렌터카rent-a-car 와 비슷한 개념으로 바뀐다는 것이다. 부자일수록 더욱더 그럴 것이라는 게 제르미 레프킨의 주장이다. 이른바 '렌터하우스rent-a-house' 라는 회사에 매달 돈을 내면 1년은 주상복합 최첨단 아파트로, 1년은 유럽풍의 전원주택으로 자신이 원하는 스타일을 바꿔가며 살 수 있다는 소리다. 그의 책을 읽었을 때가 2002년경이었던 것 같다. 책을 읽으며 정말 지당하신 말씀이라 생각했다.

'정말 그럴 수도 있겠구나.'

하지만 우리의 현실은 여전히 변함이 없다. 솔직히 필자 주위에서는 아직까지 집을 못 살뿐이지 결코 필요가 없어서 안 사는 사람은 많이 보지 못

했다. 그렇다. 21세기 초반 대한민국에서는 여전히 '우리가족의 보금자리'를 소유하고 싶어하는 욕망이 식지 않았다. 제르미 레프킨의 말이 아직은 통하지 않는다는 것이다.

따라서 언제가 주택 구입의 적기인지에 대해서는 가정을 이루고 있는 대부분의 서민들에게는 주요 관심사다. 특히 최근 들어 적지 않은 사람들이 이 문제로 고민하는 것 같다. 앞으로 '초超인플레이션hyper-inflation의 시대'가 도래할지도 모른다는 이야기가 전문가들의 입을 통해 심심찮게 나오고 있기 때문이다. 인플레이션, 즉 물가가 상승하는 게 사실이라면 부동산 가격도 따라 오를 게 뻔하니 '더 늦기 전에 내집마련을 해야 하는 것 아닐까?' 하고 말이다.

여기서 한 술 더 뜬다. 아예 일각에서는 이미 심각한 인플레이션 상황에 접어들었다고 이야기한다. 하지만 또 다른 쪽에서는 여전히 인플레이션을 걱정할 단계가 아니라는 이야기도 있다. 이처럼 지금은 전문가들도 각각 의견이 분분한 혼돈의 시기다. 그러니 우리 일반 서민들은 도무지 어느 장단에 춤을 춰야 할지 모를 지경이다. 차라리 전혀 모르는 게 편한데 TV나 인터넷을 켜면 '인플레이션이 어쩌구' 해대니 여간 불안한 게 아니다. 원래 세상에서 가장 두려운 것은 '제대로 모르는 것'이다. 모름지기 아는 것은 힘이요. 모르는 것은 약이라 했다. 하지만 제대로 모르는 것, 어정쩡하게 아는 것은 그야말로 독약이다. 그럼 향후 인플레이션일지 디플레이션일지 제대로 알기 위해 필요한 것은 무얼까? 사실 한 나라의 경제가 인플

레이션일지 디플레이션일지를 알아보는 방법 중의 하나로 'GDP 갭'이란 것이 있다. 또 새로운 용어가 나왔다. 그래도 그나마 다행이다. 앞서 그렇게 열심히 읽었던 GDP란 용어가 포함되어 있으니 말이다. GDP갭으로 인플레이션 여부를 가늠할 수 있다면 전문가들의 상반된 주장에 무조건 불안에 떨기보다는 여러분 스스로 어느 쪽 주장이 더 일리가 있는지 생각해볼 수 있을 것이다. 그런 과정이 되풀이되면 불안에서 벗어나 자신의 견해가 설 것이고 그런 후 행동해야 '남의 탓' 하지 않은 주체적인 경제 의사결정자가 될 수 있다. 물론 단기간에 그렇게 되지는 않을 것이다. 언제나 꾸준한 연습 속에 내공이란 녀석이 쌓이는 것 아니겠는가! 서론이 길었다. 본론으로 들어가자.

'GDP갭'이란 '산출갭Output Gap'이라고도 한다.
공식은 다음과 같다.

$$GDP갭(률) = \frac{실질\ GDP - 잠재\ GDP}{잠재 GDP} \times 100$$

여기서 '실질 GDP'란 실제로 한 나라 경제에서 생산한 GDP를 말한다. 실질 GDP에 대해서는 이미 배웠다. 우리가 알고 있던 바로 '그 GDP'다. 그럼 '잠재 GDP Potential GDP'란 또 무엇일까? 이것은 물가변동이 발생하지 않는 범위 내에서, 한 나라에 존재하는 노동과 자본 등의 모든 생산요소를 정상적으로 고용했

다고 가정할 경우 달성할 수 있는 이론적 GDP다. 다시 말해 노는 사람이나 갈 곳 없는 돈들이 제대로 생산에 투여되었다는 이상적인 가정 아래 얼마를 생산할 수 있는지를 가상적으로 구한 GDP다. 자! 그럼, 위의 공식으로 보자면 GDP갭이란 실질 GDP와 잠재 GDP의 차이를 비율로 나타낸 것임을 알 수 있다. 여기서 GDP갭이 플러스(+)라면 그 경제에 인플레이션 압력이 존재한다는 뜻이며 마이너스(−)이면 반대로 디플레이션 압력이 존재한다는 의미다.

- GDP갭 플러스(+)일 경우,
  실질 GDP > 잠재 GDP → 인플레이션 압력 존재
- GDP갭 마이너스(−)일 경우,
  실질 GDP < 잠재 GDP → 디플레이션 압력 존재

그 이유는 아주 당연하다. GDP갭이 플러스(+)값이 나온다는 건 모든 생산요소를 들이부어 생산할 수 있는 이론적 GDP(잠재 GDP)보다 실제로 실현한 GDP(실질 GDP)가 더 크다는 의미다. GDP는 소득이라고 했다. 따라서 실제 소득이 이론적인 소득보다 높다면 그만큼 경제가 과열되어 있다는 말이고 자연스레 인플레이션(물가 상승)을 초래할 가능성이 높을 수밖에 없다. 반대로 GDP갭이 마이너스(−)라면 실제로 실현한 GDP가 잠재 GDP보다 더 작다는 것이고 이는 물가하락을 동반한 경기침체 상황인 디플레이션이 일어날 가능성이 높다는 걸 의미한다.

2009년 말 현재 상황을 보자! 글로벌 금융위기로 전세계적으로

금리를 인하하고 돈을 뿌려댔으니 인플레이션을 우려하는 것은 어쩌면 당연한 일이다. 하지만 그 동안 워낙 경기가 침체되어 있었고 범세계적으로도 자산가격이 폭락에 가까운 수준으로 하락했기 때문에 아직은 인플레이션을 걱정할 단계가 아닌 것 같다는 견해도 일리가 있다. 이런 생각을 뒷받침해주는 것이 바로 'GDP갭'이다. 국제통화기금IMF이 예상하는 2009년과 2010년 실질 GDP와 잠재 GDP 사이의 차인 'GDP갭'의 경우 각각 −3.3%와 −4.5%에 달해 마이너스(−) 상태다. 그나마 우리나라의 경우 2008년 글로벌 금융위기의 주변국일 뿐이다. 그럼 정말 직격탄을 맞은 미국은 어떨까? 〈그래프 4−6〉을 보자. 미국 의회예산국CBO의 자료에 따르면 2009년, 2010년 'GDP갭'이 평균 −7% 수준이며 이러한 상황은 2013년에 가서야 플러스(+)로 전환될 것으로 예측한다. 다시 말해 GDP갭이 아직은 마이너스 상황이므로 당분간은 자원이 충분히 활용되지 않을 것이며, 따라서 인플레이션을 우려할 상황은 아니라는 것이다.

물론 경제상황을 GDP갭과 같은 하나의 변수로만 예측할 수는 없다. 향후 유가와 환율의 변동이 인플레이션 진행 여부에 큰 영향을 미칠 것으로 보인다. 하지만 종합적으로 경제를 보는 시야를 기르는 데에는 GDP갭도 주요 지표로 활용할 수 있다.

여기서 사족을 하나 붙여보자. 〈그래프 4−6〉의 동그란 원 이후의 곡선은 어떻게 그려질까? 아마 상당한 우상향을 그리며 치고 올라갈 가능성이 크다. 'GDP갭'으로 볼 때 당분간은 인플레이션

국제통화기금이 예상하는 2009년과 2010년 실질 GDP와 잠재 GDP 사이의 차인 'GDP갭'의 경우 각각 −3.3%와 −4.5%에 달해 마이너스(−) 상태다.

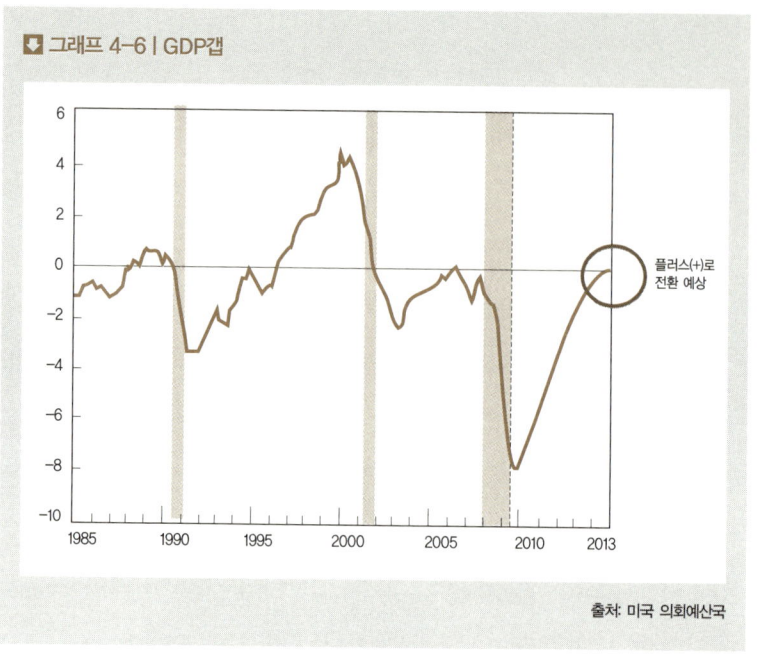

↓ 그래프 4-6 | GDP갭

플러스(+)로
전환 예상

출처: 미국 의회예산국

을 우려할 단계가 아니다. 그 때문에 정부(우리나라뿐 아니라 전세계적으로)는 '일정 수준의 인플레이션이 경제 회복에 도움이 된다'는 입장을 계속 견지하고 있음을 주목해야 한다. 다시 말해 지금이 인플레이션 상태든 그렇지 않든 간에 정부는 금리인상이나 긴축재정을 통한 인플레이션 억제정책을 당분간은 펴지 않을 가능성이 크다. 정부는 오히려 섣부른 출구전략이 겨우 살아나고 있는 경기에 찬물을 끼얹는 게 아닐지 우려한다. 이러한 정책 방향은 몇 년 후 실로 정말 엄청난 인플레이션을 일으킬 가능성이 상당히 크다고 하겠다. 지금은 비록 인플레이션이 아니라고 하더라도 말이다.

내집마련을 고려할 때 대출원리금 상환을 자신의 수입으로 커버할 수 있느냐를 따져보는 게 제일 중요하다. 하지만 거시적인 입장에서 앞으로 인플레이션의 영향이 우리 경제와 여러분 개개인에게 어떤 영향을 미칠지도 따져봐야 한다. 왜냐하면 집이란 한두 푼 하는 게 아니라 개인의 자산 중 가장 큰 비중을 차지하는 품목이기 때문이다.

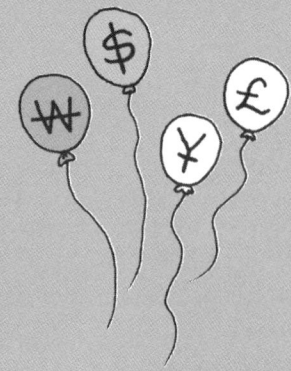

돈 불리는 데 유용한 금융지표 꿰뚫기

참으로 신기한 것은 2008년 하반기에 전세계를 상대로 터졌던 참담했던 위기가 '금융위기'였다는 점이다. 실물경제의 펀드멘탈이 나빠져서 터진 게 아니라는 말이다. 그러나 결국은 금융위기가 실물경제까지 위기로 치닫도록 만들었다. 이렇듯 자본주의 경제가 커지면 커질수록 금융산업이 경제에 미치는 영향도 함께 커지고 있다. 따라서 금융의 움직임을 가늠해볼 수 있는 지표를 아는 것이 과거 어느 때보다 더욱 중요해졌다. 5장에서는 대표적인 몇 가지 금융지표에 대하여 알아보겠다.

코스피지수

드디어 주식 관련 이야기다. 코스피지수에 대한 기초 및 이를 이해하는 데 유용한 내용을 소개한다. 아울러 미국 주식시장의 흐름을 나타내는 다우지수, S&P500지수에 대해서도 간단히 알아보는 시간을 갖도록 하겠다.

'코스피지수가 1600을 돌파했다!' 라고 할 때 1600이란 게 과연 어떤 의미인가?

이는 그 동안 주가가 지속적으로 올라 우리나라 주식시장 규모가 커졌다는 뜻이다. 좀더 구체적으로 말하자면 1980년 1월 4일 유가증권시장 규모에 비해 시장 규모가 무려 16배 커졌다는 뜻이다. 우리나라에는 주식을 거래할 수 있는 공인된 시장이 두 군데 있다. 유가증권시장과 코스닥시장이 바로 그것이다. 여기서 유가증권시장이 우리가 흔히 말하는 거래소시장이다. 그리고 이 시장의 전반적인 주가의 흐름을 알 수 있도록 만든 지수가 '코스피지수^{KOSPI: Korea Composite Stock Price Index}' 다('한국종합주가지수' 또는 '종합주가지수' 라 불렸던 것을 2005년 11월 1일부터 그 정식 명칭이 '코스피지수' 로 바뀌었다. 이는 거래소의 각종 주가지수의 명칭이 실제 증권시장에서 사용되는 것과 달라 혼선이 생긴다는 지적에 따라 그 정식 명칭을 현실에 맞게 바꾼 것이다. 참고로 '코스닥종합지

수'는 '코스닥지수'로 '한국주가지수200'은 '코스피200지수'로 정식 명칭이 바뀌었다—저자 주).

코스피지수는 1980년 1월 4일을 기준일로 잡고 기준지수를 '100'으로 하여 비교시점의 주가변동을 시가총액방식으로 계산하여 만든 것이다. 따라서 현재 코스피지수가 1600이라는 것은 기준시점의 지수(100)보다 16배 증가했다는 뜻이다. 코스피지수의 계산방식은 간단하다. 예컨대 2009년 9월 1일(비교시점)의 코스피지수를 계산하려면 해당 시점인 2009년 9월 1일 유가증권시장에서 거래되는 주식의 시가총액을 기준시점의 시가총액으로 나눠주고 여기에 100을 곱하여 지수화하면 된다. 따라서 코스피지수의 계산식은 다음과 같다.

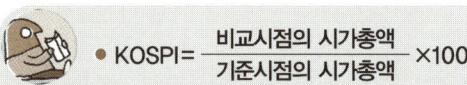

$$\bullet\ \text{KOSPI} = \frac{\text{비교시점의 시가총액}}{\text{기준시점의 시가총액}} \times 100$$

여기서 시가총액이란 해당 종목의 당시 주가에다 해당 종목의 총 발행주식수를 곱한 것이다. 예를 들어 A회사 주식의 가격이 1만원이고 A회사가 발행한 주식수가 총 50만주라면 A회사 주식의 시가총액은 50억원이다. 물론 코스피지수의 경우 지수의 연속성을 유지하기 위해 유가증권시장의 상장종목 중 유·무상증자, 주식배당, 합병 등에 의해서 주가에 락^落이 발생하거나 상장주식수에 변동이 생기는 경우는 기준시점과 비교시점의 시가총액을 각각 수정하여 산출한다. 이러한 '시가총액방식'은 시장에 상장된

코스피지수는 1980년 1월 4일을 기준일로 잡고 기준지수를 '100'으로 하여 비교시점의 주가변동을 시가총액방식으로 계산하여 만든 것이다.

유가증권시장
증권거래소는 통상 '거래소시장'으로 불렸다. 그러나 코스닥시장과 선물거래소가 증권거래소에 흡수·통합되면서 '거래소시장'이란 기존 증권거래소뿐 아니라 코스닥시장, 선물시장까지 모두 포괄하게 되었다. 재정경제부는 거래소법을 제정하면서 옛 증권거래소의 이름을 '유가증권시장'으로 바꾸었습니다. 그러나 이는 거래소시장보다도 훨씬 포괄적인 개념이라 혼란하다는 지적도 있다.

모든 회사의 주식이 포함되므로 시장의 전반적인 흐름을 알 수 있다는 장점이 있다. 반면 시장에 영향력이 있는 몇 개의 종목만 뽑아서 주가지수를 계산하는 방식도 있다. 똘똘한 대표선수 몇 녀석의 주가만 봐도 시장의 흐름을 가늠하는 데 별 문제가 없다는 생각에서 나온 방식이다. 이를 흔히 '다우존스 방식'이라고 한다. 미국의 '다우지수(다우존스공업평균지수)'가 뉴욕증권거래소^{NYSE}에 상장된 우량기업 주식 30개 종목을 표본으로 하여 지수를 산출했기 때문에 그렇게 부른다. 하지만 다우지수처럼 겨우 30개 종목으로 미국 주식시장의 전반적인 흐름을 나타낼 수 있느냐는 반론도 많다. 참고로 뉴욕증권거래소를 대표하는 또 하나의 주가지수는 S&P500지수다. 다우지수처럼 30개 종목이 아니라 그나마 뉴욕증권거래소의 주요 주식 500개를 선정해 지수화한 것이다. 솔직히 미국 주식시장의 전반적인 흐름을 나타내는 점에서는 다우지수보다 S&P500지수가 더 적합하다고 하겠다. 하지만 전세계 사람들은 여전히 미국의 주가 상황을 가늠할 때 다우지수를 참고한다. 좋고 나쁘고를 떠나 많이 사용하는 것이 표준이 되는 게 세상의 이치다.

여하튼 우리나라 역시 과거에는 다우존스 방식으로 주가지수를 산출한 적이 있다. 1972년에는 당해 연도 1월 4일을 기준(100)으로 하여 시장 제1부 종목 중 35종목을 뽑아 KCSPI라는 주가종합지수를 만들어 사용하기도 했다. 하지만 우리나라 증권시장의 규모나 질적인 면에서 비약적인 성장을 거듭해나가자 이런 방식으로는 시장 전반의 주가흐름을 반영할 수 없다는 인식이 커져 급기야

다우지수
1898년 〈월스트리트저널〉의 창간자 찰스 다우와 출판인 에드워드 존스가 처음 도입했다. 다우존스 사에서 매일 발표하는 주가의 평균을 산출해 발표한다.

미국 주식시장의 전반적인 흐름을 나타내는 점에서는 다우지수보다 S&P500지수가 더 적합하다.

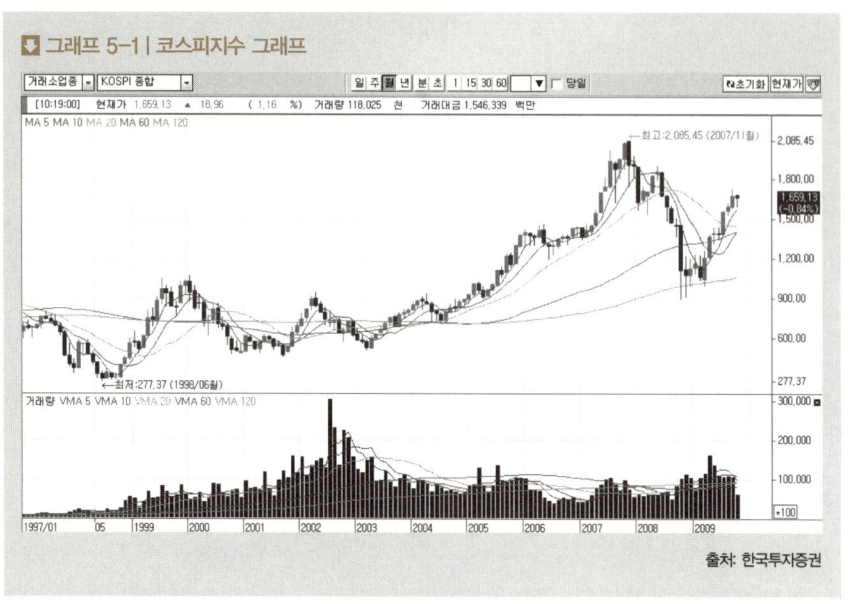

출처: 한국투자증권

1983년에 모든 종목을 아우르는 시가총액방식의 지수인 코스피지수가 만들어졌다.

물론 시가총액방식인 코스피지수도 단점은 있다. 상장주식 전 종목을 반영하기는 했지만, 그래도 코스피지수의 계산방식 구조상 삼성전자나 현대자동차처럼 시가총액의 규모가 큰 일부 대형주의 주가 등락이 전체 코스피지수에 더 큰 영향을 미친다. 따라서 다른 종목의 주가는 별로 상승하지 않는데도 불구하고 이들 대형주 주가만 상승할 경우에도 전체 코스피지수가 상승하는 것이다.

만약 코스피지수는 계속 오르는데 자신이 투자한 주식은 재미 못 보는 현상이 발생한다면 아마 그런 이유 때문일 수도 있다.

2009년 7월에서 9월 사이 코스피지수가 1600선을 돌파하면서 기염을 토

할 때 주식시장에는 '지금의 장세는 SH장세'라는 말이 나돌았다. 왜냐하면 다른 종목의 주가는 크게 오르지 않았는데도 불구하고 삼성전자와 현대자동차의 주가만 엄청 올라 전체 지수를 끌어올렸으니 삼성과 현대의 이니셜을 따서 만든 말이다. 요즘엔 어느 분야나 양극화 현상이 판을 치는 게 대세인데 주식시장에서도 그런 상황이 연출되고 있다. 이렇듯 코스피지수와 같은 시가총액방식이 주식시장의 전반적인 흐름을 말해줌에도 불구하고 여기서도 대형주의 주가에 좌지우지되어 시장 전반의 흐름을 정확하게 나타내주지 못하는 한계가 있다.

LESSON 02

코스닥지수

이왕 코스피지수 이야기가 나왔으니 코스닥지수도 빼놓을 수 없을 것 같다. 이 녀석을 빼놓으면 매우 섭섭하게 생각하지 않겠는가? 아무튼 코스피와 마찬가지로 코스닥 역시 간단한 정리를 통해 짚고 넘어가보자.

코스닥지수는 중소기업이나 벤처기업이 주로 상장되는 코스닥시장의 주가 변동 사항을 파악하기 위해 산출하는 종합지수다. 지수 계산방식은 시가총액방식으로 코스피지수와 같다.

다만, 코스닥시장이 개설된 날인 1996년 7월 1일을 기준시점으로 하며 기준지수도 코스피지수처럼 100이 아니라 1000으로 한다는 것이 차이점이다. 따라서 2009년 9월 4일 코스닥지수가 518.82인데 이는 기준시점인 1996년 7월 1일의 1000에 비해 시장 규모가 거의 절반으로 줄었다는 걸 의미한다.

비록 굴곡은 있지만 경제는 장기적인 관점에서 우상향하며 성장하는 것임에도 불구하고 오히려 코스닥시장 규모는 줄었다. 원래 코스닥지수 역시 기준지수 100으로 시작했다.

벤처 붐이 불던 1999년 말에서 2000년 초까지 300선(기준시점에 비해 3배

올랐다는 의미)을 육박하는 화려한 시절도 있었다. 하지만 이후 벤처 붐이 꺼지면서 코스닥시장이 계속 죽을 쑤게 되어 급기야 40포인트까지 빠지고 만다. 지수의 수준이 이 정도가 되니 외관상으로 볼 때 구멍가게 같은 느낌도 들고 실제 0.1포인트씩 등락하는 것을 감지하는 것도 쉽지 않게 되었다. 이런 연유로 기준시점을 1000으로 소급 조정하고 모든 지수에 일괄적으로 10을 곱한 조정지수를 2004년 1월 26일부터 사용하기 시작하여 현재 우리가 사용하는 코스닥지수가 된 것이다.

한국거래소에서도 침체한 코스닥시장을 활성화하기 위해 지수조정뿐 아니라 스타지수를 만드는 등의 노력을 기울이고 있다. 하지만 NHN과 같은 대장주가 코스닥시장을 빠져 나가는 등 아직까지 코스닥시장은 유가증권시장KOSPI 의 위상의 절반 못 따라가는 것 같다. 여하튼 코스닥지수가 10

여 년 전 기준지수의 절반 정도 수준이라는 점이 우리나라 중소, 벤처기업의 암울한 현주소를 고스란히 보여주는 것 같아 씁쓸하다.

한국거래소(KRX: Korea Exchange)

흔히 말하는 증권거래소의 정식 명칭이다. 원래는 따로 나뉘어 있던 증권거래소, 코스닥증권시장(코스닥위원회), 선물거래소가 2005년 1월에 합병하여 주식회사 형태의 한국증권선물거래소가 발족했다. 그 후 명칭을 다시 '한국거래소'로 바꾼 것이다. 따라서 각각의 시장들은 한국거래소 내에 유가증권시장(구 증권거래소), 코스닥시장, 파생상품시장(구 선물거래소)이라는 사업본부로 나누어져 각각의 기능에 맞는 유가증권 매매거래를 운영하고 있다.

❶ **유가증권시장** : 우리가 습관적으로 말하는 '거래소시장'의 정식 명칭이다. 삼성전자, 현대자동차 등 총 757개 상장회사의 증권이 거래된다. 참고로 증권이란 주식뿐 아니라 채권 등을 모두 포함한 것이다. 유가증권시장의 대표적인 지수로 '코스피지수'가 있으며, 그 외에도 '코스피200지수' 등의 보조지수가 있다.

❷ **코스닥시장** : 중소, 벤처기업 중심의 유가증권이 매매거래 된다. 현재 총 1,012개의 회사가 상장되어 있다. 참고로 과거 유가증권시장의 회사는 상장회사, 코스닥시장에서 거래되는 회사는 등록회사라 하였으나 한국거래소로 합병된 이후로는 모두 상장회사라는 명칭을 쓴다.

시가총액과 상장종목수

간혹 '우리나라의 모든 상장회사를 사려면 돈이 얼마나 필요할까?' 라는 궁금함이 들지는 않는가. 2009년 초 기준 현재 유가증권시장에 상장된 코스피, 코스닥 기업을 모두 매입하려면 919조원 정도가 있어야 한다. 너무 많은 돈인가?

삼성전자를 당신의 회사로 만들려면 얼마가 필요할까? 이 글을 쓰고 있는 2009년 9월을 기준으로 하면 112조 9,786억원이 있으면 된다. 이유는 간단하다. 기준일의 삼성전자 주가(종가 기준)가 1주당 76만 7,000원이고 발행한 주식수가 147,299,337주이니까 이를 곱하면 된다. 물론 주식회사는 경영권을 가질 만큼의 주식만 소유하면 자기 회사라고 말할 수 있다. 하지만 정말 누구의 간섭도 안 받는 100% 자신의 회사로 만들려면 113조에 가까운 돈을 지급해야 한다는 말이다. 이렇듯 발행 주식수에다 주가를 곱해주는 '시가총액'이 바로 그 회사 주식의 총가치다.

그럼 우리나라의 모든 상장회사를 사려면 얼마의 돈이 들까? 2009년 9월 초 현재 유가증권시장에 757개사 코스닥시장에 1,012개사가 상장되어 있다. 또한 유가증권시장의 시가총액은 838조 8,589억원이 조금 넘으며 코스닥시장의 시가총액은 80억 2,536억원을 약간 상회한다. 다시 말해

우리나라 상장회사를 모두 매입하려면 두 시장의 시가총액의 합인 919조 1,126억만 있으면 된다. 물론 주가라는 게 시시각각 변하는 것이어서 시가총액도 시간마다 변한다. 주가 폭락기엔 하루에 수십 조의 시가총액이 날아가기도 한다. 〈표 5-1〉을 보자. 2008년 유가증권시장의 시가총액은 약 577조원이었다. 글로벌 금융위기 여파로 폭락한 주가 덕분에 시가총액도 상당히 줄었다. 2009년 9월 초에 비해 무려 262조원이나 적은 금액이다. 2009년 상반기 지속된 주가상승 덕분에 시가총액도 다시 회복한 것이다.

모름지기 주식회사는 자본주의의 꽃이자 핵심이다. 따라서 시가총액이란 현재 한 나라의 자본주의의 꽃이자 핵심이 모두 얼마나 하는지를 보여준

증권사는 주식을 거래하는 곳이 아니다?

주식투자를 하는 사람이라면 거의 대부분이 증권사 HTS(홈트레이딩시스템)를 이용한다. 증권사 HTS에는 실로 다양한 정보가 제공되는데 그 중 대표적인 것이 개별 종목의 주가와 주가지수다. 그러다 보니 주가지수가 증권사에서 산출하여 발표한다고 생각하기 쉽지만 그렇지 않다. 사실 유가증권(주식과 채권 등)은 한국거래소(KRX)를 통해서만 거래가 가능하다. 그럼 증권사는 무엇을 하는가? 한국거래소에 온 국민이 북적북적 모여 주식을 직접 주문하면 너무 혼잡해 원활한 업무가 진행되기 힘들 것이다. 그래서 한국거래소는 주식투자자들을 대신해 주문을 받아다가 전달해주는 곳이 필요하게 되었다. 이러한 대행 서비스를 해주는 곳이 바로 증권사다. 이들을 회원사에 가입시키고 이들을 통해 일반 주식투자자들의 주문 업무를 대행하도록 한 것이다. 다시 말해 주식을 사고 팔 수 있는 곳은 엄밀히 말해 증권사가 아니다. 그렇다면 주가지수가 어디서 산출되고 발표되는지 감을 잡았는가? 그렇다. 한국거래소에서 이 일을 한다. 다만 증권사는 이 정보를 받아다 투자자에게 전달해주는 것뿐이다.

(단위: 사, 백만원, 천주)

일자	회사수	종목수	시가총액	거래량	거래대금
2009년 9월	757	914	838,858,925	593,826	7,128,076
2008년	763	926	576,887,540	88,090,952	1,287,031,680

출처: 한국거래소

▼ 표 5-2 | 코스닥시장 상장주식 현황

(단위: 사, 백만원, 천주)

일자	회사수	종목수	시가총액	거래량	거래대금
2009년 9월	1,012	1,021	80,253,698	844,007	2,345,220
2008년	1,036	1,047	46,124,611	125,020,640	308,077,030

출처: 한국거래소

다. 2008년 우리나라 GDP(명목)가 1,023조 9,377억원이니까 같은 해 유가증권시장의 시가총액이 차지하는 비중은 56.3%가 된다. 이러한 'GDP 대비 시가총액의 비중'도 나름 의미를 가지고 있다. 앞서 필자는 GDP가 한 나라 경제의 체격이라고 했다. 따라서 이 비중은 그 나라 경제의 핵심인 주식회사(상장회사)가 경제 체격에 걸맞게 시장에서 제대로 평가받고 있느냐의 여부를 나타내는 수치다. 예를 들어 A국과 B국의 전체 상장주식의 시가총액이 모두 10조원이었다고 하자. 그런데 A국의 경우는 시가총액이 GDP 대비 50%인 반면에 B국은 GDP 대비 10%에 불과하다면 B국의 상장주식이 자신의 경제 체격에 비해 저평가되었다고 볼 수 있다.

참고로 〈표 5-3〉은 통계청에서 발표한 주요 국가의 GDP 대비 시가총액 비중이다. 시가총액의 절대적인 금액을 볼 때는 미국이 10조달러를 넘어서고 있어 금액으로는 최고이지만 GDP 대비 시가총액의 비중을 볼 때는 홍콩이 599.4%로 가장 높다. 자그마한 경제 규모임에도 상장회사의 가격만큼은 고평가받고 있음을 보여준다. 한국의 경우는 48.4%(대상자료의 기준이나

(단위: 십억달러)

2008년 말 기준	한국	미국	영국	독일	홍콩
GDP(A)	999.4	14,195.0	2,833.2	3,653.3	221.7
시가총액(B)	484.0	10,606.3	1,995.7	1,077.1	1,328.9
시가총액 비중(B/A)	48.4%	74.7%	70.4%	29.4%	599.4%

출처: 통계청 자료 재인용[2008년 추정 GDP(IMF, 10월 기준)], 주식 시가총액(Bloomberg)

환율 등의 차이로 위에서 필자가 직접 계산한 비중과 차이가 있음)다. 주요 국가의 비중으로 볼 때 높은 수준은 아니다. 한국의 경제 규모에 비해 상장주식의 가격이 제대로 된 평가를 받지 못한다고 볼 수 있다. 그 이유는 기업의 불투명한 재무정보나 북핵리스크, 정치나 노사문제 등 실로 다양한 이유를 들 수 있겠다. 그러나 이런 문제점을 차차 해결해나가면 우리나라 주식시장은 더 오를 가능성이 있음을 암시하고 있다.

코스피지수와 경기종합지수

사람들은 흔히 코스피가 대표적인 경기선행지수라고들 말한다. 이는 매우 일리가 있는 이야기이다. 투자자들이 향후 경기가 좋아질 거라고 생각하면 주식에 투자를 하고, 반대로 나빠질 거라고 생각하면 주식에서 빠져 나오기 때문에 그렇다.

앞에서도 이야기한 바 있지만 코스피지수는 경기선행지수에 포함된다. 앞으로 경기가 좋아질 것이라 생각되면 사람들은 주식을 대거 매수하고, 따라서 주가는 실제 경기가 상승하기 전에 미리 상승하는 특성을 보인다. 그렇다면 〈그래프 5-3〉을 자세히 살펴보자.

실제로도 코스피지수가 경기선행종합지수와 비슷한 형태로 움직이고 있음을 알 수 있다. 그런데 여기서 재미있는 사실을 하나 발견했다. 그래프의 왼쪽에서는 코스피지수 그래프가 경기선행지수 그래프의 위쪽에 있었는데, 오른쪽으로 갈수록(시간이 지날수록) 그 간격이 점점 좁아지다가 결국은 경기선행지수 그래프가 코스피지수 그래프보다 더 위쪽으로 올라갔다. 〈표 5-4〉를 보면 자세한 숫자를 알 수 있다. 2008년 5월 현재 경기선행지수가 115일 때 코스

> 코스피지수가 저평가 받는지를 가늠하기 위해 선행지수를 그려서 비교해보는 것도 도움이 된다.

피지수 종가가 1852.02였는 데 반해 2009년 7월 현재 경기선행지수가 122.3로 올랐음에도 불구하고 아직도 코스피지수는 1557.29밖에 안 된다는 점이다. 물론 두 지수가 정확하게 일치해야 하는 것은 아니다. 하지만 가끔은 코스피지수가 저평가받는지를 가늠하기 위해 선행지수를 그려서 비교해보는 것도 도움이 된다.

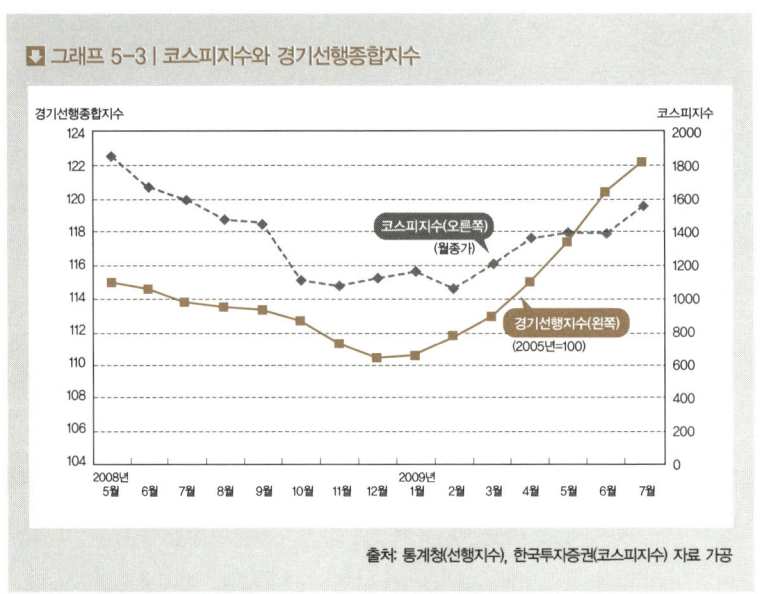

▶ 그래프 5-3 | 코스피지수와 경기선행종합지수

출처: 통계청(선행지수), 한국투자증권(코스피지수) 자료 가공

▼ 표 5-4 | 2009년 5월, 선행지수 전년동월비(2.6%)=[(117.4/114.45)−1]×100

항목	2008년 5월	7월	8월	9월	10월	2009년 5월	6월	7월
선행종합지수 (2005=100)	115.0	113.8	113.5	113.4	112.7	117.4	120.5	122.3
코스피지수 (월종가)	1852.02	1594.67	1474.24	1448.06	1113.06	1395.89	1390.07	1557.29

출처: 통계청(선행지수), 한국투자증권(주가지수) 자료 가공

같은 실적을 냈다면 주가도 같아야 된다! PER

우리나라의 주식시장 전체 평균 PER는 11.35배로 나타난다. 반면 중국의 경우에는 14.02배, 인도가 16.24, 대만은 무려 20.95배나 된다. 이를 통해 알 수 있는 사실은 우리 주식시장이 다른 나라보다 저평가받고 있다는 점이다.

모름지기 돈 못 버는 기업은 사냥을 못하는 사자와 같다. 다시 말해 아무짝에도 쓸모가 없다는 말이다. 따라서 주식 1주당 얼마의 수익을 올리느냐에 따라서 주가도 결정된다는 발상에서 만들어진 지표가 있는데 그게 바로 '주가수익비율PER: price earnings ratio' 이다.

따라서 그 계산식은 주식가격(1주당)을 순이익(1주당)으로 나누어 주면 된다. 다시 말해 PER는 주식시장에서 형성된 주가가 1주당 순이익의 몇 배가 되는가를 알아보는 지표다. 참고로 '1주당 순이익EPS: earnings per share' 이란 기업이 1년 동안 벌어들인 순이익을 기업이 발행한 전체 주식수로 나눈 것이다.

> 1주당 얼마의 수익을 올리느냐에 따라서 주가도 결정된다는 발상에서 만들어진 지표가 있는데 그게 바로 '주가수익비율' 이다.

• PER = 1주당 주식가격 ÷ 1주당 순이익

일반적으로 같은 업종을 영위하는 기업들의 평균 PER는 같다. 왜냐하면 해당 업종에서 같은 수익을 내는 기업들이라면 그 주가도 같을 것이라 보기 때문이다. 예컨대 자동차 업종에서 1주당 1,000원의 수익을 내는 회사의 평균 주가가 1만원이라면 1주당 2,000원의 수익을 내는 회사의 주가는 2만원이 되어야 타당하다. 이 경우 자동차 업종의 평균 PER는 10배인 것이다. 이러한 PER는 같은 업종을 영위하는 회사들의 주가 수준을 비교하여 고평가되었는지 저평가되었는지 가늠해볼 때 자주 사용된다.

예를 하나 들겠다. 같은 업종의 A사와 B사는 1주당 1,000원을 벌고 C사는 1주당 2,000원을 번다고 해보자. 그런데 A사와 B사의 주가를 보니 5,000원이다. 같은 업종에서 같은 수익을 내니 주가도 같다. 따라서 이 업종의 평균 PER는 5배(→ 5,000원÷1,000원)다. 그런데 C사의 주가를 보니 2만원이다. 물론 C사가 돈을 더 많이 벌어들이니 주가가 A사나 B사보다 높은 건 당연하다. 하지만 여기서 C사의 주가가 얼마 정도 높아야 정상인가? 다시 말해 '아무리 높더라도 2만원은 좀 지나치게 높은 게 아닐까?'라는 의문을 가져볼 수 있다. 이때 PER를 사용하는 것이다. 앞서 말했듯이 업종 평균 PER가 5배인 데 반해, C사의 경우 PER는 10배(→ 2만원÷2,000원=10)다. 즉, 현재의 주가로는 업종 평균 PER보다 높다. C사의 1주당 순이익인 2,000원에 걸맞은 주가는 1만원이 적당하다. 그래야 C사의 PER도 업종 평균 PER와 같이 5배가 되는 것이다. 이로써 C사의 주가 2만원이 고평가되어 있음을 알 수 있다. 올라도 너무 올랐다는 거다. 따라서 이런 주식은 수익이 높더라도 투자를 해서는 안 된다. 모름지기 주식은 꼭지에서 사면 안 되기 때문이다. 오히려 업종 평균 PER보다 낮은 PER를 가진 주식을 사는 게 낫다. 같은 수익을 냈음에도 불구하고 주가가 낮게 형

성되었다는 증거이기 때문이다. 이게 바로 '저PER주'에 투자하는 투자기법이다.

하지만 '저PER주'의 주가가 반드시 상승하는 것은 아니다. 주가가 낮은 데는 실적 외에도 여러 다른 이유가 있을 수 있기 때문이다. 예를 들어 현재 해당 회사에는 노사분규가 한창이라 투자자들이 그 회사의 주식 매수를 꺼린다든지, 해당 주식이 몇몇 대주주에게만 집중되어 시장에 유통되는 물량이 적다든지 등등 실로 주가에 영향을 미치는 변수는 여러 가지다. 따라서 PER는 유용한 도구는 될지언정 절대적인 것은 아니란 걸 알아둘 필요가 있다.

자! 이번에는 나라 전체의 관점에서 PER를 한번 보자. A국의 주식시장의 PER가 다른 나라의 그것에 비해 낮게 형성되어 있다면 A국의 주식시장이 전반적으로 저평가되었다고 볼 수 있을 것이다.

〈그래프 5-4〉는 하나대투증권에서 2009년 8월에 발표한 세계 주요 증권시장의 PER를 비교한 것이다. 여기서 우리나라의 주식시장 전체 평균 PER는 11.35배다. 반면 중국의 경우 14.02배, 인도가 16.24배, 대만은 무려 20.95배나 된다. 이 말은 주식시장에 상장된 회사의 전체 순이익이

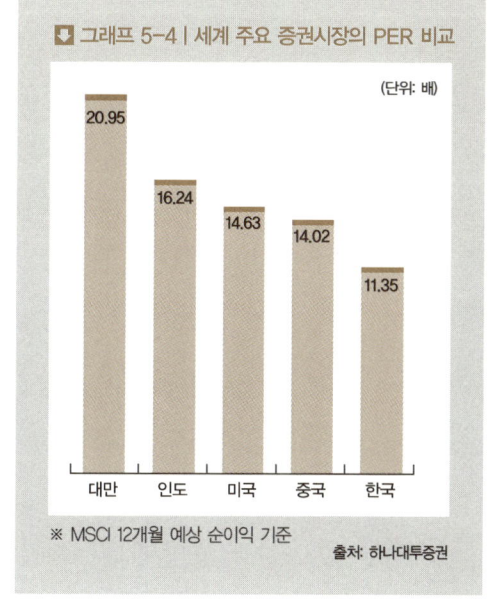

▼ 그래프 5-4 | 세계 주요 증권시장의 PER 비교

(단위: 배)

	20.95	16.24	14.63	14.02	11.35
	대만	인도	미국	중국	한국

※ MSCI 12개월 예상 순이익 기준

출처: 하나대투증권

같다고 했을 때 우리나라 증시의 주가가 다른 나라에 비해 낮게 평가되어 있다는 말이다. 여기서 우리나라 기업들의 실적 호전에 비해 주가가 아직까지 못 따라오고 있다고 볼 때 우리 주식시장의 상승 여력이 아직 더 있다고 해석할 수 있다.

GDP 대비 시가총액의 비중이나 경기종합지수와 코스피지수의 비교와 마찬가지로 PER를 비교하는 방법 역시 주식시장이 저평가되었는지 어떤지를 가늠하는 데 참고자료가 된다(그렇다. 이들은 절대적인 정답이 아니라 의미 있는 참고자료라는 것을 명심하자).

뱀의 대가리보다 용의 꼬리가 더 좋다! MSCI선진국시장지수

우리가 이머징마켓에 머물러 있다는 것이 어쩌면 우리 증시나 경제 전반에 심각한 문제를 미칠 수도 있음을 기억해야 한다. 하루빨리 선진국시장에 편입해야, 즉 뱀의 대가리보다는 용의 꼬리라도 되는 게 훨씬 안전하다고 보여진다.

2009년 6월 중순, MSCI선진국시장지수 편입결과 발표에서 우리나라의 편입이 무산되었다. 반면 우리와 함께 선진국시장지수 편입검토 대상이던 이스라엘은 2010년 5월 편입하는 것으로 결정되었다. MSCI지수란 Morgan Stanley Capital International에서 발표하는 지수로서 전세계를 대상으로 투자하는 대형 펀드, 특히 미국계 펀드의 운용에 주요 기준으로 사용되는 지수다. 이는 다시 '선진국시장지수'와 '이머징마켓지수'로 크게 나뉜다. 우리나라는 현재 MSCI이머징마켓지수에 편입되어 있다. 참고로 MSCI지수와 경쟁관계에 있는 지수로는 FTSE Financial Times Stock Exchange 지수가 있다. 참고로 FTSE지수의 경우, 2009년 9월부터 선진국시장지수에 우리나라가 포함되었다.

우리나라는 원화거래자유화, 외국인투자자 등록시스템의 경직

우리나라는 현재 MSCI이머징마켓지수에 편입되어 있다.

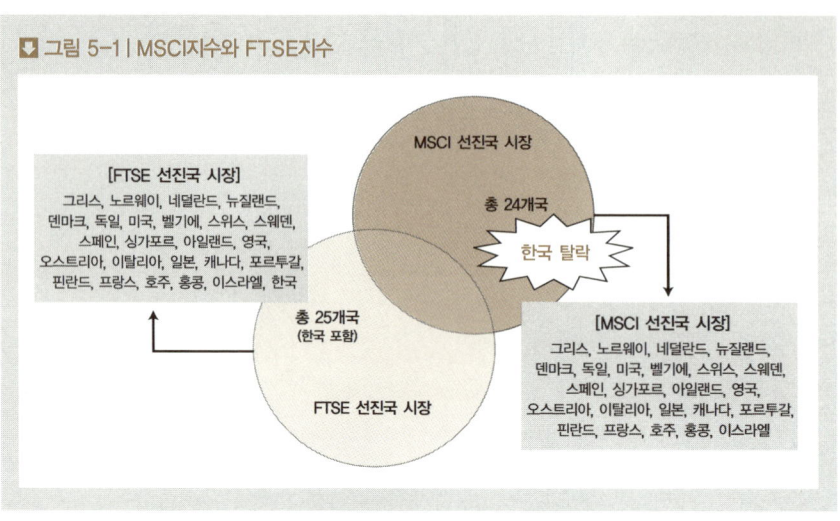

그림 5-1 | MSCI지수와 FTSE지수

MSCI 선진국 시장

총 24개국

한국 탈락

[FTSE 선진국 시장]
그리스, 노르웨이, 네덜란드, 뉴질랜드,
덴마크, 독일, 미국, 벨기에, 스위스, 스웨덴,
스페인, 싱가포르, 아일랜드, 영국,
오스트리아, 이탈리아, 일본, 캐나다, 포르투갈,
핀란드, 프랑스, 호주, 홍콩, 이스라엘, 한국

총 25개국
(한국 포함)

FTSE 선진국 시장

[MSCI 선진국 시장]
그리스, 노르웨이, 네덜란드, 뉴질랜드,
덴마크, 독일, 미국, 벨기에, 스위스, 스웨덴,
스페인, 싱가포르, 아일랜드, 영국,
오스트리아, 이탈리아, 일본, 캐나다, 포르투갈,
핀란드, 프랑스, 호주, 홍콩, 이스라엘

성, 반경쟁적 조치 등 세 가지 이슈가 해결되기까지 MSCI의 선진국시장지수 편입을 보류하겠다는 입장이었다. 기대했던 일이 무산되면서 우리 정부나 증시 관계자들의 실망의 기색이 없지 않았다. 하지만 무산 발표에도 불구하고 당시 우리 주식시장은 별 다른 영향을 받지 않았다. 그 이유는 우리나라가 선진국시장으로 편입하게 될 때 해당 시장에서 차지하는 비중이 2%가 채 되지 않을 전망이라는 것. 아울러 이머징마켓에서 편출되면서 빠져나갈 자금이 오히려 선진국시장 편입으로 들어올 자금 유입보다 클 가능성이 있기 때문이라는 것이다. 여기다 미국경제의 조기 회복 기대감보다는 오히려 중국을 중심으로 한 이머징마켓에 대한 상승 기대감이 확대되고 있다는 사실도 작용한 것 같다. 실제 MSCI선진국시장지수의 PER 대비 이머징마켓지수의 PER가 2008년 11월을 저점으로 꾸준히 상승하고 있는 것이 이를 증명한다고 할 수 있다. 다시 말해 이번 MSCI선진국시장지수 편입의 무산에도 불구하고 우리나라 증시가 큰 타격이 없었던 것은 용의 꼬리가 되느

니, 약진하는 뱀의 대가리로 남아 있는 게 현재로서는 더 유리하다는 심리가 작용했다고 볼 수 있다. 그렇다고 계속해서 이머징마켓에 남아 있는 게 좋은 걸까? 용의 꼬리보다 뱀의 대가리가 훨씬 유리한 것일까? 개인적 사견이지만 그렇지 않다고 본다.

〈표 5-5〉에서 소개한 것처럼 우리와 같이 이머징마켓에 속한 나라들을

■ 표 5-5 | MSCI 이머징마켓

지역 구분	국가명	구성 종목수 (개)	지수 시가총액 (십억달러)	국가비중		
				이스라엘 제외 전 (%)	이스라엘 제외 후 (%)	증감 (%p)
EM Asia	중국	103	478.5	19.1	19.7	0.57
EM Asia	한국	98	307.4	12.3	12.7	0.36
EM Asia	대만	121	282.5	11.3	11.6	0.33
EM Asia	인도	59	192.2	7.7	7.9	0.23
EM Asia	말레이시아	41	70.9	2.8	2.9	0.08
EM Asia	태국	22	35.1	1.4	1.4	0.04
EM Asia	인도네시아	19	41.6	1.7	1.7	0.05
EM Asia	필리핀	12	11.6	0.5	0.5	0.01
EM EMEA	남아공	44	176.8	7.1	7.3	0.21
EM EMEA	러시아	27	170.2	6.8	7.0	0.20
EM EMEA	이스라엘	17	71.7	2.9	제외	-2.87
EM EMEA	터키	22	31.2	1.2	1.3	0.04
EM EMEA	폴란드	18	27.6	1.1	1.1	0.03
EM EMEA	이집트	12	14.7	0.6	0.6	0.02
EM EMEA	체코	3	13.2	0.5	0.5	0.02
EM EMEA	헝가리	4	12.7	0.5	0.5	0.02
EM EMEA	모로코	6	9.3	0.4	0.4	0.01
EM Latin America	브라질	65	376.7	15.1	15.5	0.45
EM Latin America	멕시코	23	108.0	4.3	4.4	0.13
EM Latin America	칠레	16	37.0	1.5	1.5	0.04
EM Latin America	콜롬비아	7	15.8	0.6	0.7	0.02
EM Latin America	페루	3	14.6	0.6	0.6	0.02
EM(이스라엘 제외 전)		742	2,499.3	100.0		
EM(이스라엘 제외 후)		725	2,427.6		100	

※ 2009년 6월 12일 마감기준

출처: 현대증권, MSCI

자세히 살펴보자. 중국을 비롯하여 대만, 태국, 인도네시아, 필리핀, 말레이시아, 브라질, 멕시코, 칠레, 폴란드, 체코 등이다. 언뜻 보더라도 기분이 조금 나빠지는 걸(?) 느낄 수 있다. 적어도 세계인의 눈에는 우리가 태국이나, 필리핀, 칠레 등과 같은 수준으로 보인다는 것이다. 우리가 라이벌로 생각하는(물론, 세계의 모든 나라가 이 점을 인정하지는 않겠지만) 일본은 고사하고라도 이탈리아, 그리스, 호주도 여기엔 없다. 그렇다. 평소 우리보다 못하다고 생각하는(이것 역시 국수주의적 발상일 수도 있겠지만) 필리핀이나 태국과 우리가 동급이라니…

물론 필자는 단지 우리보다 경제적으로 뒤지는 국가들과 함께 이머징마켓에 포함되어 있기에 기분학상 언짢다는 이야기를 하려는 건 아니다. 우리가 이머징마켓에 머물러 있는 것이 어쩌면 우리 증시나 경제 전반에 심각한 영향을 끼칠 수도 있다는 것이다. 그 이유를 설명하기 위해서는 1997년 후반 불어닥친 아시아의 금융위기를 상기해야 한다. 1997년 당시 심각한 문제를 안고 있던 태국에서부터 터진 금융붕괴(태국 바트화의 폭락)가 경제를 그럭저럭 잘 운용하던 인도네시아를 거쳐 그들보다 몇 배의 경제 규모를 가지고 있던 우리나라까지 치명적인 타격을 주었다. 물론 여기에는 실로 다양한 원인이 있었을 것이다. 하지만 폴 크루그먼은 자신의 저서 《불황의 경제학》에서 아주 단호하게 한 가지 이유를 강조한다. 그는 무엇보다도 세계인의 눈(특히 글로벌 IB나 헷지펀드를 운용하는 투자자들의 눈)에는 태국이나 우리나라나, 별반 차이 없는 나라로 보였을 뿐이라고 한다. 당시 태국이 휘청거리니 자연스럽게 아시아 쪽 신흥시장에 투자한 펀드는 투자자산을 투매하고 빠져 나갈 수밖에 없었다. 여기에는 한국도 예외가 아니었다. 같은 아시아인 일본은 선진국시장이다. 하지만 한국은 불행히도 이머징마켓에 속해 있다.

외국인의 눈에는 한국이나 태국이나 '고수익-고위험'의 나라인 것이다. 따라서 태국이 불안하니 인도네시아와 한국 역시 도매급으로 불안했던 것뿐이다. 그래서 그들은 우리나라에서도 엑소더스^{exodus}를 한 것이다. 그러니 뒤에 남는 건 주식시장의 폭락과 금융시장의 붕괴였다. 그래도 한국은 태국과 다르지 않느냐? 그건 우리의 생각일 뿐이다. 세계는 우리를 그렇게 보지 않았다. 1994년 불어닥친 멕시코의 금융위기에서도 비슷한 상황을 볼 수 있다. 당시 멕시코와 아무 상관없는 아르헨티나도 멕시코의 금융위기에 휘말렸다. 멕시코에 비해서 비교적 건전한 경제구조였음에도 불구하고 말이다. 하지만 그것 역시도 아르헨티나 사람들의 생각일 뿐이다. 한번 입장을 바꿔놓고 생각해보자. 남미에서 엄청 떨어진 우리들의 눈에는 멕시코나 아르헨티나 모두 같은 남미권 국가이며 같이 '고수익-고위험'의 이머징마켓의 나라일 뿐이다. 그러니 남미의 한 국가가 불안하면 좀더 안전한 남미국가라고 해도 예외가 아니다. 필요 이상의 불안심리는 이러한 차이점을 이해하려고 하지 않는다. 짐을 싸서 서둘러 빠져 나갈 뿐이다. 반면, 1997년 아시아 금융위기 때 호주의 경우는 커다란 타격을 받지 않았다. 호주의 경제가 미국이나 독일만큼 큰 규모도 아니었으며, 외국 자본의 의존도도 상당히 높은 나라다. 게다가 금융위기의 진원지인 아시아 경제에 상당한 영향을 받는 밀접한 관계다. 그럼에도 불구하고 아시아 금융위기가 큰 기회로 작용하여 호주는 오히려 호황을 누렸다. 그 이유는 당시에도 호주는 MSCI나 FTSE나 모두 선진국시장지수에 속해 있었기 때문이다. 나는 폴 크루그먼의 주장에 일리가 있다고 생각한다. 이머징마켓에 속해 있다는 것, 이게 바로 1997년 말에 터진 우리나라의 외환위기의 핵심이다. 이머징마켓에 투자하는 펀드는 여전히 선진국시장에 투자하는 펀드보다 훨씬 더 위험에 민감할 수밖

에 없고 어느 한쪽에 문제가 생기면 당장이라도 투매로 이어져 다른 이머징마켓에 속한 국가에도 치명타를 남길 수 있는 가능성이 더 높다. 세계 금융시장이 점점 더 개방화되고 연결되면서 이러한 파급효과는 더욱더 심해질 것이다.

이렇듯 중요한 것은 사람들의 불안심리의 정도와 그리고 그 불안심리의 대상들이 어떤 그룹에 속하느냐에 따라 그 국가의 명운이 달라진다는 점이다. 우리는 합리적이고 분별력이 있다고 믿지만 실제로는 아주 멍청하고 합리적이지 못한 세상에서 살고 있으니까 말이다. 그런 의미에서 MSCI와 경쟁관계에 있는 FTSE가 우리나라를 선진국시장에 편입한 것은 그나마 다행한 일이다. 그런 의미에서 MSCI선진국시장지수까지도 2010년에는 꼭 편입 결정되기를 바란다. 우리나라가 이머징마켓에 남아 있는 한 우리는 앞으로도 계속 태국이나 필리핀의 선진적이지 못한 경제정책과 금융시스템에 휘둘릴 위험을 배제할 수 없다. 적어도 금융에 관해서는 뱀의 대가리가 되는 것보다 용의 꼬리라도 되는 게 훨씬 안전하다.

주식공매도 금지해도
주가하락 시 돈 버는 방법?

여기서는 주식공매도에 대하여 정리해보았다. 주식공매도의 의의, 구체적인 방법들을 말이다. 그러나 개미투자자들이 접근하기에는 한계가 있다. 그 이유는 이런 거래의 경우 컴퓨테에 정교하게 프로그래밍된 이른바 '프로그램 매매'로 가능하기 때문이다.

금융위원회에서는 그 동안 금지되었던 국내 주식공매도를 2009년 6월부터 금융주를 제외한 종목에 대해 다시 허용했다. 사실 리먼브러더스 파산을 전후로 증시안정화 차원에서 미국, 유럽, 아시아 등 주요국에서 일제히 한시적인 공매도 제한 조치를 취했었다. 우리나라도 2008년 10월부터 공매도 금지조치를 취했었다. 하지만 그 이후 대부분의 국가가 이를 다시 해제한 상태다. 공매도란 잘 알다시피 주가가 하락할 것이라는 예상 하에 주식을 빌려다가 시장에 파는 것을 말한다. 나중에 실제로 주가가 떨어지면 시장에서 싼 가격으로 주식을 매입해서 이를 갚으면 된다. 그럼 주가 하락분만큼 차액을 먹는 투자방법이다. 구체적인 방법은 이렇다. 예를 들어 주가가 110원일 때 주식을 빌려다 곧바로 시장에 팔아 돈으로 챙겨둔다. 그 후 시장에서 주가가 50원으로 떨어지면 다시 해당 주식을 50원에 매수

> 공매도란 주가가 하락할 것이라는 예상 하에 주식을 빌려다가 시장에 파는 것을 말한다.

하여 애초 주식을 빌렸던 곳에 갚으면 된다. 그럼 주식 빌렸던 것은 해결되고 돈은 110원이 들어와서 50원을 지출했으니 60원만큼 버는 것이다.

글로벌 금융위기로 주가가 더욱더 빠질 것이라는 예상이 지배적이던 2008년 당시에는 공매도를 그대로 놔두면 상당수 투자자들이 주식을 빌려다 팔려고만 할 것이고 그럼 주가는 더욱더 떨어질 게 뻔하니 이를 미연에 방지하겠다며 금지시켰던 것이다. 그건 그렇다 치고, 그 동안 정부가 공매도를 금지했다고 해서 이런 방식의 차익거래가 전혀 없었을까? 주가하락을 이용해서 돈을 버는 투자방식 말이다. 필요는 방법을 만든다고 했다. 당연히 변형된 투자방식이 나타났다. 모름지기 주식시장에 뛰어든 외국인과 기관들은 이른바 '선수' 들이다. 공매도를 막는다고 해도 주가가 빠질 것이 명약관화한 상황이라면 주가하락을 이용해서 돈을 벌 수 있는 방법을 기어이 찾아내고야 마는 머리 좋은(?) 이들이 분명 있다. 방법은 다름 아닌 선물매도를 이용하는 것!

우선 '코스피200 주가지수선물' 을 매도한다. 그런 다음 주가가 떨어질 것으로 예상되는 종목 10개를 남겨놓고 나머지 190개 종목을 현물시장(주식시장)에서 매수한다. 그럼 주식 10개에 대해 공매도를 해놓은 거나 마찬가지 효과가 나타난다. 왜 그럴까? '코스피200 주가지수선물' 에서 말하는 '코스피200지수' 는 유가증권시장(현물시장=주식시장)의 200개 종목의 주가지수를 가중 평균한 것이다. 따라서 이를 기초자산(근거)으로 한 선물을 매도했다는 것은 특정 시점이 되면 200개 종목을 매입해서 정해진 가격으로 정해진 사람에게 매도해야 하는 계약을 한 것과 같다. 만약 코스피200지수에 포함된 200개 종목의 현재 주가가 모두 110원이라고 해보자(이해하시라. 설명의 편의를 위해 모든 주가가 같다는 상당히 무리한 가정을 했으니 말이다). 그렇다면 이를

가중평균한 코스피200지수도 110원이 될 것이다. 그런데 말이다. 투자자의 예측으로는 코스피200지수에 포함되는 200개 종목 중 190개의 주가는 향후에도 110원으로 변동이 없을 것 같은데 나머지 10개의 주가만은 50원으로 떨어질 것으로 보인다면 바로 이때 작업(?)에 들어가는 것이다.

우선 선물시장에서 코스피200 주가지수선물을 단가 110원에 매도해둔다. 이와 동시에 현물시장(주식시장)에서 가격변동이 없을 것 같은 190개 종목을 단가 110원에 매수한다. 자! 선물만기시점(계약이행 시점)이 되었다. 선물계약대로 코스피200지수를 선물계약 상대방에게 정해진 가격(단가 110원)에 매도하면 된다. 그런데 이는 코스피200지수에 해당하는 200개 종목을 구해다가 단가 110원에 상대방에게 매도하는 것과 같은 의미다. 여기서 투자자는 200개 종목 중 190개는 이미 매수해놓은 상태다. 나머지 10개 종목만 현물시장(주식시장)에서 구하면 된다. 그런데 투자자의 예상대로 나머지 10개 종목의 주가가 50원으로 떨어졌다면 이를 싸게 매수할 수 있다. 다시 말해 190개 종목의 가격은 이미 고정시켜 놓았고 10개 종목만 현재 시장에서 50원에 매수해서 선물계약 상대방에게 110원에 팔면 거래가 성사되는 셈이다. 물론 투자자는 그 차액인 60원을 수익으로 챙긴다. 주가하락을 이용하여 돈을 번다는 관점에서는 이 방식이 10개 주식을 공매도한 것이나 다를 바 없다. 참으로 쉬운 일이 아닌가!

실제로 2008년 10월 이후 공매도가 금지되면서 증시하락에 따른 선물매도 거래가 많이 일어났다는 사실만 봐도 이를 잘 알 수 있다. 그럼 일반 서민들도 이런 투자가 가능할까? 이론적으로는 가능하

실제로 2008년 10월 이후 공매도가 금지되면서 증시하락에 따른 선물매도 거래가 많이 일어났다.

다. 하지만 알고도 못한다. 코스피200지수에 속하는 종목 200개를 가중평균에 맞게 사고 파는 일은 한 개인이 할 수 있는 게 아니다. 이는 컴퓨터에 정교하게 프로그래밍된 이른바 '프로그램 매매'로 가능하기 때문이다. 이렇듯 오늘날의 주식투자는 극단적으로 말하자면 '최첨단 병기 對 칼 한 자루'로 싸우는 싸움이라 할 수 있다. 게다가 이처럼 이윤이 생길 틈만 있으면 이를 놓치지 않고 파고 드는 '선수'들을 상대해야 하는 것이 개미투자자들의 숙명이다. 마치 대학교수와 초등학생의 싸움과 같다. 섣불리 주식시장에 뛰어들지 말라고 많은 전문가들이 소리 높여 외치는(?) 이유가 여기에 있다.

사실 공매도는 불법이다?

앞에서 언급한 공매도는 실제로는 공매도가 아니다. 정확한 의미에서의 공매도란 보유하지 않은 주식을 미리 매도하고 결제일(주식의 경우 3거래일)이 되면 이를 매수해서 건네주는 것을 말한다. 물론 주가가 떨어질 것을 예상하고 그 차익을 먹기 위해 하는 매매행태다. 우리나라에서는 원칙적으로 공매도제도가 불법이다. 다만 유상증자시 증자대금을 이미 납입하고 신주를 받을 것이 확정되었을 경우에 한하여 예외적으로 허용하는 정도다. 그렇다면 금융위에서 다시 허용했다는 공매도란 무엇인가? 이는 대차?대주거래를 통해 주식을 매도하는 것을 편의상 '공매도'라고 부르기 때문에 그렇게 된 것이다. 대차·대주거래는 담보물을 제공하고 주식을 빌리는 거래를 말한다. 물론 빌린 주식을 곧바로 매도하고 해당 주식의 가격이 떨어지면 이를 재매수하여 갚고 그 차액을 먹기 위해 대차·대주거래를 한다. 이 중에서 대차거래는 외국인을 포함한 기관투자가에게만 허용된다. 주식을 빌리려는 자가 현금이나 유가증권(채권, 주식 등)을 담보로 제공하고 주식대여자에게 특정 주식을 빌리는 것이다. 대차를 하는 거래조건이나 수수료 등은 쌍방이 계약을 통해 정하게 된다. 반면, 대주거래의 경우는 개인투자자도 할 수 있다. 주식을 빌릴 수 있는 곳은 증권사다. 투자자가 대주를 해서 이를 시장에 매도한 후 받은 돈은 곧바로 증권사에서 담보로 잡는다. 투자자는 향후 주가가 떨어지면 해당 주식을 다시 매수해서 대주를 갚고 난 후에야 남은 돈을 빼서 사용할 수 있다. 다시 말해 대주거래를 하는 개인투자자 입장에서는 매도와 매수의 차액만 손에 쥐는 셈이다. 아! 그렇다. 물론 어디까지나 이는 주가가 떨어졌을 때의 상황이다. 재수없게(?) 주가가 크게 오르면 투자자는 큰 손해를 보고 만다. 참고로 투자자가 원하는 모든 주식을 빌릴 수 있는 건 아니다. 거래하는 증권사에서 대주거래용으로 정해놓은 주식에 한해서만 가능하다.

경제의 피를 측정하는
통화(유동성)지표

이번에는 통화(유동성)지표에 대하여 알아본다. 미리 소개하자면, 물가안정을 지상 최대 목표로 삼는 한국은행이 시중에 돈이 얼마나 풀렸고 또 얼마나 돌아다니는지를 지표로 나타내 관리하는 데 이것이 바로 통화(유동성)지표다.

돈, 화폐, 통화. 모두 같은 말이다. 굳이 엄밀히 말하자면 지불수단으로 사용되는 화폐(돈)의 기능적 측면을 강조한 것이 통화通貨다. 화폐란 지불수단으로 쉽게 사용할 수 있는 자산을 말한다. 따라서 부동산은 자산이기는 하나 화폐라고 볼 수 없다. 가지고 있는 빌딩의 한 조각을 떼어서 점심 식사값으로 지불할 수는 없기 때문이다. 하지만 은행의 현금카드는 화폐라고 할 수 있다. 당장 현금인출기에서 돈을 찾아 지불하면 되니까 말이다.

모름지기 돈이 잘 돌아야 건강한 경제가 된다고 했다. 돈이 잘 돈다는 것을 사람들은 유동성liquidity이 풍부하다고 말한다. 유동성이란 어떤 자산을 화폐로 쉽게 바꿀 수 있는 정도다. 따라서 유동성이 높은 자산은 거의 손해보지 않고 빠른 기간 내에 돈으로 바꿀 수 있다. 현금cash은 그런 면에서 가장 유동성이 높은 자산이다. 그

> 지불수단으로 사용되는 화폐(돈)의 기능적 측면을 강조한 것이 통화다. 현금은 그런 면에서 가장 유동성이 높은 자산이다.

자체가 돈이니까 말이다. 반면 부동산은 유동성이 가장 낮은 자산 중 하나다. 가지고 있던 부동산을 돈으로 바꾸어본 경험이 있는 사람이라면 이 말에 충분히 공감할 것이다. 그러다 보니 유동성은 화폐 또는 통화와 동의어로 자주 쓰인다. 2008년 하반기 일어난 금융위기에서 우리는 유동성 부족 현상을 겪었다. 시중에 돈이 부족했다. 그리고 시중에 돈이 부족한 것이 얼마나 경제에 큰 타격을 미치는 지 우리는 몸소 체험했다. 돈이 부족하면 물가도 오르고 살림살이도 어려워진다. 그래서 물가안정을 지상 최대의 목표로 삼는 한국은행이 시중에 돈이 얼마나 풀려 있고 돌아다니는지를 지표로 만들어서 관리하는데, 이것이 곧 '통화(유동성)지표'다. 통화지표는 더욱 효율적인 통화량 관리를 위해 화폐의 범주에 드는 자산을 대상으로 유동성이 제일 높은 녀석부터 가장 낮은 녀석까지 순서를 정해 크게 네 종류로 나뉘어놓았다. 과거에는 M1(통화), M2(총통화), M3(총유동성) 등 크게 세 종류

신용카드는 돈이 아니다

보통예금을 개설하면 발급해주는 현금카드(직불카드)는 돈으로 볼 수 있지만 우리가 즐겨(?) 사용하는 신용카드는 돈이 아니다. 따라서 신용카드는 어떠한 통화지표에도 포함되지 않는다. 이것도 지불수단으로 사용할 수 있는데 왜 돈이 아닐까? 생각해보자. 백화점에서 물건을 구매하고 신용카드를 그었다. 원래 당신이 백화점에 지불했어야 할 돈을 신용카드회사에서 대신 지불해준 것이다. 물론 신용카드회사는 자선사업단체도 아니고 당신을 사랑하지도 않는다. 그러니 공짜로 그런 일을 해줄 리가 없다. 신용카드회사는 지불한 금액만큼 당신을 자신들의 채무자로 만드는 것이다. 그리고 카드결제일이 돌아오면 어김없이 당신의 통장에서 채무액만큼을 회수해간다. 앞서도 말했지만 돈이란 지불수단으로 사용할 수 있는 '자산'이다. 그러나 신용카드는 자산이 아니라 '부채'다. 따라서 신용카드는 통화량을 측정하는 통화지표의 대상이 아닌 것이다. 신용카드는 돈이 아니라 빚이다.

표 5-6 | 통화(유동성)지표 구분

유동성	유동성지표		통화지표		구성내용
높음 ⋮ ⋮ 낮음	L (광의 유동성)	Lf (금융기관 유동성)	M2 (광의통화)	M1 (협의통화)	현금통화 + 요구불예금 + 수시입출식 저축성예금
					정기예·적금 및 부금* + 시장형상품 + 실적배당상품 + 금융채* + 기타(투신증권저축, 종금사 발행어음) 단, 만기 2년 미만
					만기 2년 이상 정기예·적금 및 금융채 등 + 한국증권금융㈜의 예수금 + 생명보험회사(우체국보험 포함)의 보험계약준비금 + 농협 국민생명공제의 예수금 등
					정부 및 기업 등이 발행한 유동성시장 금융상품(증권회사 RP, 여신전문기관의 채권, 예금보험공사채, 자산관리공사채, 자산유동화전문회사의 자산유동화증권, 국채, 지방채, 기업어음, 회사채 등)

※ *예금취급기관 대상 : 중앙은행, 예금은행, 종합금융회사, 투자신탁, 신탁회사, 상호저축은행, 신용협동기구, 우체국예금 등 　　출처: 한국은행

로 나누어 사용했었다. 유동성을 좀더 중시하는 IMF의 권고에 의해 2002년 3월부터 우리나라의 통화지표도 개편되었다. 여기에는 유동성이 높은 순서부터 통화지표인 M1(협의통화)과 M2(광의통화), 그리고 유동성지표인 Lf(금융기관유동성)와 L(광의유동성)로 크게 나뉜다. M1은 민간이 보유한 현금(지폐와 동전)과 은행에 있는 요구불예금 등 언제라도 현금화할 수 있는 예금을 더한 것으로 정의된다. 요구불예금이란 우리가 흔히 말하는 은행의 보통예금 등으로 고객이 '요구'하면 언제든지 '지불'해야 하는 수시입출식 예금을 말한다. M2는 M1에다 유동성이 약간 떨어지는 만기 2년 미만의 정기예금과 정기적금 등 만기가 짧은 예금까지 포함한다. 물론 이 역시 약간의 이자만 포기하면 현금화할 수 있는 금융상품이다. Lf는 M2에 만기 2년 이상의 정기 예·적금과 금융기관 예수금 등이 추가된 것이고 마지막으로 L은 Lf에 국채, 지방채, 기업어음, 회사채 등까지 포함한 것으로 이는 화폐

의 범주 내에서는 가장 유동성이 낮은 자산들이다(즉, 우리가 흔히 알고 있는 국채, 회사채 등의 채권도 통화지표를 만드는 한국은행의 관점에서는 화폐로 보고 있음을 알 수 있다—저자 주). 참고로 통화량은 단기적으로 경기에 대해 선행하는 특성을 보인다. 돈이 많이 풀리면 돈의 가격인 금리가 낮아지고 따라서 대출 부담이 줄어 투자나 소비가 증가하기 때문이다. 그래서 통화지표 중 금융기관유동성^나이 경기선행종합지수를 작성할 때 구성지표에 포함되는 것이다.

돈이 또 돈을 만들어낸다

LESSON
09

은행이 대출을 함으로써 최초의 예금액의 몇 배 이상으로 예금통화를 만들어내는 현상이 생긴다. 따라서 적정한 통화량을 관리해야 하는 한국은행 입장에서는 신용창출로 인한 통화량 증가분을 감안하여 본원통화를 조절해야 하기 때문에 통화관리에 전문적인 기술이 필요한 것이다.

〈표 5-7〉을 보자. 2008년 금융기관유동성[Lf]의 평잔은 1,794조 8,000억원이다. 2002년까지 연 평균 통화량 평잔증가율이 꾸준히 증가하다가 2003년과 2004년에 감소하는 모습을 보인다. 이는 2003년 이후 진행되었던 경기둔화와 정부의 부동산 안정대책의 시행으로 통화량이 감소했기 때문으로 보인다. 반면, 2004년 이후 시장에 돌아다니는 돈이 다시금 증가하고 있음을 알 수 있다. 여기서 평잔이란 평균잔액이란 뜻이다. 만약 잔액이 10월에 200억, 11월에 250억원, 12월에 150억원일 경우 12월 말잔을 사용하면 150억원이 된다. 하지만 평잔을 사용할 경우는 3개월의 평균잔액인 200억원이 된다. 통화지표뿐 아니라 금융상품의 잔액을 표시할 때도 일반적으로 평잔 개념을 사용한다. 왜냐하면 통화량이나 금융상품이나 입출금이 빈번하기 때문에 말잔을 사용하면 숫자의 왜곡이 생길 가능성이 높기에 그렇다.

구분		2000년	2001년	2002년	2003년	2004년	2005년	2006년	2007년	2008년
Lf	평잔	882.8	967.3	1,092.20	1,187.80	1,260.50	1,348.8	1,454.90	1,603.50	1,794.80
	평잔증가율(%)	5.6	9.6	12.9	8.8	6.1	7	7.9	10.5	11.9
M2	평잔	691.4	739.3	824.2	889	929.6	994	1,076.70	1,197.10	1,367.70
	평잔증가율(%)	2.2	6.9	11.5	7.9	4.2	6.9	8.3	11.2	14.3
M1	평잔	183.3	216.4	265	283.4	306.8	332.9	330.1	312.8	307.3
	평잔증가율(%)	24.5	18.1	22.5	6.9	8.3	8.5	−0.8	−5.2	−1.8
본원통화	평잔	26.4	29.4	33.6	35.8	37.3	38.8	41.7	48.5	52.3
	평잔증가율(%)	20	11.5	14.3	6.5	4.2	4.1	7.4	16.5	7.7

출처: 한국은행 '경제통계 시스템'

　　그리고 〈표 5-7〉의 맨 아래 쪽에 본원통화라는 항목이 나온다. 본원통화란 한국은행권, 즉 한국은행에서 찍어낸 지폐와 동전을 말한다. 시중에 유통되는 지폐, 동전과 한국은행에 있는 지급준비예치금을 합한 액수다. 지급준비예치금이란 시중은행이 고객으로부터 예금을 받으면 의무적으로 한국은행에 일정 비율을 예금해 두어야 하는 금액을 말한다. 모름지기 은행은 고객의 예금을 한 푼이라도 더 대출해서 예대마진(대출이자와 예금이자의 차액)을 더 먹으려고 한다. 하지만 대출을 너무 많이 해주면 나중에 예금고객들이 은행에 우르르 몰려와 예금인출을 요청할 때 내줄 돈이 없어 낭패볼 수도 있다. 따라서 자타공인 은행의 은행인 한국은행이 시중은행으로부터 강제적으로 지급준비금을 예치시키는 것이다. 만약의 예금인출 사태에 대비하기 위해서 말이다. 이 역시 한국은행이 찍어낸 돈을 다시 한국은행 금고에 넣어둔 것뿐이므로 당연히 본원통화의 범주에 포함된다. 그런데 구체적인 숫자를 보니 본원통화에 비해 M1, M2, Lf의 평잔 액수가 훨씬 더 커지는 것을 알 수 있다. 2008년을 보아도 본원통화는 52조 3,000억원으로 Lf의

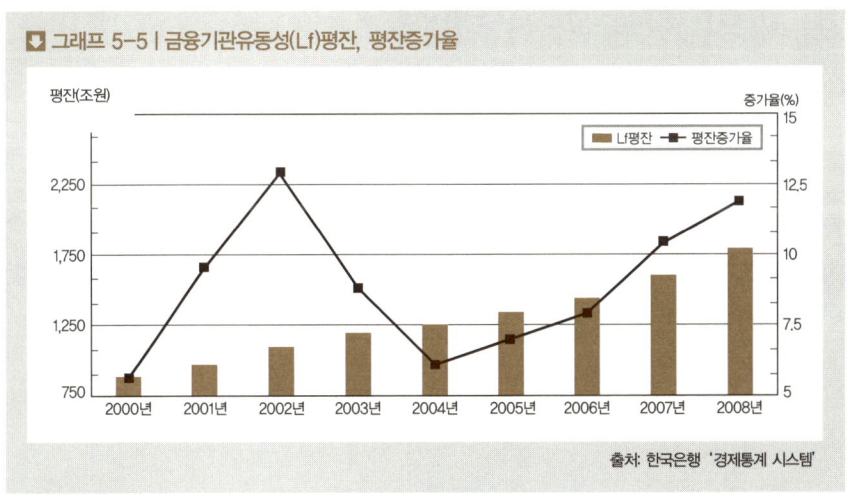

▼ 그래프 5-5 | 금융기관유동성(Lf)평잔, 평잔증가율

평잔(조원) / 증가율(%)

Lf평잔 / 평잔증가율

2,250 / 12.5

1,750 / 10

1,250 / 7.5

750 / 5

2000년 2001년 2002년 2003년 2004년 2005년 2006년 2007년 2008년

출처: 한국은행 '경제통계 시스템'

2.9% 수준에 불과하다. 왜 그럴까?

시중은행에 본원통화가 들어오면 지급준비금을 비롯하여 일정 부분만 남겨두고 모두 대출을 해준다. 그럼 이 돈은 다시 은행에 예금의 형태로 들어온다. 예를 들어 아파트 구입 자금을 은행으로부터 대출받아 지불했다면, 그 돈을 받은 아파트 매도자는 이를 다시 금융상품에 가입할 것이고 이러한 행위는 무한히 반복될 것이기 때문에 본원통화에 비해 금융상품까지 포함한 개념인 통화지표의 금액이 더 커지는 것이다. 이를 '신용창출'이라 한다. 다시 말해 은행이 대출을 함으로써 최초의 예금액의 몇 배 이상으로 예금통화를 만들어내는 현상이 생긴다. 따라서 적정한 통화량을 관리해야 하는 한국은행 입장에서는 신용창출로 인한 통화량 증가분을 감안하여 본원통화를 조절해야 하기 때문에 통화관리에 전문적인 기술이 필요한 것이다(통화량과 신용창출에 대한 자세한 내용은 《금리만 알아도 경제가 보인다》 김의경 저, 제4장 참조—저자 주).

화폐의 기능과 구매력

자본주의 경제체제에서 모든 대상물의 가치는 금액으로 표시한다. 무엇보다 파악이 용이하고 비교가 쉽기 때문이다. 하지만 쉽고 편해서 사용했던 금액에도 눈에 보이지 않는 오류가 있다. 즉 10년 동안 금액이 변하지 않더라도 가치는 계속 변할 수 있다는 말이다.

"너, 그 자동차 얼마 주고 샀니?"

"응, 소 두 마리 주고 샀어."

"그래? 나도 자동차 가지고 있는데, 나는 돼지 열 마리 주고 샀어."

자! 누가 더 비싼 자동차를 가지고 있을까? 아마도 감을 잡기가 쉽지 않을 것이다. 축산업 분야에서 일하고 있다면 모르는 일이지만 말이다. 우리는 어떤 자산의 가치를 비교할 때 화폐 단위를 사용한다. 다시 말해 자동차를 소 두 마리 또는 돼지 열 마리를 주고 샀다고 하지 않고 2,000만원 또는 1,500만원 주고 샀다는 식으로 말이다. 그래야 누가 더 비싼 자동차를 가지고 있는지 쉽게 알 수 있다. 이렇듯 자본주의 사회에서는 모든 대상물의 가치를 금액으로 표시한다. 이유는 간단하다 그렇게 하는 것이 헷갈리지 않고 편하

> 자본주의 사회에서는 모든 대상물의 가치를 금액으로 표시한다. 화폐의 기능은
> ❶ 교환수단의 기능
> ❷ 가치저장의 기능
> ❸ 가치척도의 기능
> 으로 정리할 수 있다.

기 때문이다. 앞서 이야기한 GDP를 금액으로 표시하는 것도 같은 이유에서 그렇다. 따라서 가치척도의 기능을 화폐의 대표적인 기능으로 꼽는다. 참고로 화폐의 기능은 ❶교환수단의 기능 ❷가치저장의 기능 ❸가치척도의 기능으로 정리할 수 있다.

화폐의 기능
❶ **교환수단의 기능:** 상품과 서비스를 구매할 때 사용되는 지불수단으로서의 기능
❷ **가치저장의 기능:** 구매력을 현재에서 미래로 저장할 수 있는 기능
❸ **가치척도의 기능:** 자산의 가치를 측정하고 기록하는 표준 도량형으로서의 기능

그런데 금액으로 표시한 대상물의 가치는 해당 금액이 변하지 않는 한 영원히 고정된 것일까? 조금만 더 생각해보면 그렇지 않다는 걸 알 수 있다. 만약 당신이 후배와의 점심약속을 위해 집을 나서면서 지갑에 2만원을 넣어왔다고 해보자. 당신이 그렇게 한 이유는 두 명이 점심식사를 하고 커피 한 잔씩을 마시기 위해서는 그 정도의 돈이 필요하다고 생각했기 때문일 것이다. 이때 당신이 한 의사결정은 단순히 만원짜리 두 장이라는 지폐가 필요했다기보다는 점심식사 2인분과 커피 두 잔을 구매할 수 있는 능력이 필요했기 때문이다. 만약 당신이 집을 나섰을 때 갑자기 물가가 올라버려 점심 한끼에 100만원, 커피 한잔에 50만원이 되었다면 당신의 2만원은 후배와 점심식사를 하는 데 아무 도움도 안 된다. 이렇듯 우리가 돈의 액수를 말할 때에는 지폐가 2만원이냐 3만원이냐는 것보다 그것으로 무엇을 얼마나 살 수 있느냐, 즉 얼마만큼의 구매력이 있느냐에 더 초점이 맞춰져 있다. 이를 '화폐의 구매력'이라고 한다. 구매력 관점에서 화폐를 보면 10년 전 500원과 지금의 3,000원은 같은 액수일 수 있다. 만약 10년 전에 자장

면 한 그릇을 500원에 사먹을 수 있었는 데 반해, 지금은 3,000원을 줘야 사먹을 수 있다면 말이다. 이렇듯 지불기능을 갖춘 화폐는 단순한 금액의 크기가 중요한 것이 아니라 그것으로 얼마의 구매력을 갖는가가 더 중요하다. 여기서 '단순한 금액의 크기'를 '명목'이라 하고 '얼마의 구매력을 갖는가'를 '실질'이라고 한다. 위의 자장면 예에서 명목화폐는 3,000원이 500원보다 크지만 실질화폐로 보면 둘 다 자장면 한 그릇 가격이라는 점에서는 같다. 물론 명목과 실질의 차이는 누가 만드는가? 바로 인플레이션이라는 녀석이 만든다. 즉 명목에서 인플레이션 부분(물가상승분)만큼을 빼주면 실질이 된다.

- 명목＝실질＋인플레이션
- (1＋명목이자율)＝(1＋실질이자율)＋(1＋인플레이션율)

다시 자장면의 예를 보면, 10년 동안 2,500원만큼의 인플레이션(물가상승)이 있었기에 10년 전 500원과 현재 3,000원이 같아진 것이다.

자! 그럼 앞서 했던 질문에 답해보자. 자본주의 경제체제에서 모든 대상물의 가치는 금액으로 표시한다. 무엇보다 파악이 용이하고 비교가 쉽기 때문이다. 하지만 쉽고 편해서 사용했던 금액에도 눈에 보이지 않는 오류가 있다. 즉 10년 동안 금액이 변하지 않더라도 가치는 계속 변할 수 있다는 말이다. 그 이유는 물가상승(물가가 하락하는 경우도 있을 테니 물가상승보다는 물가변동이라고 표현하는 게 더 맞을 것이다)으로 인해 화폐의 구매력이 떨어지기 때문이다. 20년 전의 월급 100만원은 아주 큰 돈이었지만 지금 월급 100만원은 그리 큰 금액이 아닌 것처럼 말이다. 20년 전 100원짜리 과자는 상당히 고급과자였지만 지금 100원짜리 과자는 불량과자일 가능성이 높은 것처럼 말이다. 따라서 자본주의에서 살아가는 우리는 '명목'과 '실질'에 대해 누가 알려주지 않아도 스스로 인지할 수 있는 개념을 갖고 있어야 한다. 100만원을 투자하여 1년 후 110만원을 받는다고 무조건 좋아할 일이 아니라, 물가상승이 얼마나 되어 화폐의 구매력이 얼마나 떨어질 것인가를 가늠해야 한다. 왜냐하면 1년 후의 110만원이라는 가치가 오히려 지금의 100만원보다 더 떨어질 가능성도 있기 때문이다. 물가라는 녀석 때문에 말이다.

자본주의에서 살아가는 우리는 '명목'과 '실질'에 대해 누가 알려주지 않아도 스스로 인지할 수 있는 개념을 갖고 있어야 한다.

스타벅스나 맥도날드에도
구매력이 숨어 있다

대표적인 구매력평가환율로는 영국의 경제전문지 〈이코노미스트(The Economist)〉에서 정기적으로 발표하는 '빅맥지수(Big Mac Index)'가 있다. 맥도날드 햄버거에서 가장 잘 팔린다는 빅맥의 가격을 근거로 각국의 환율을 산출해내는 지수다.

2006년 2월에 일본 도쿄에 간 적이 있다. 도쿄 야마노테센山手線을 타고 시부야澁谷 역에서 내려 하치코ハチ公 입구로 나오면 길 건너 크게 보이는 간판이 있으니 바로 '스타벅스'다. 나는 호기심이 발동해 그곳에 들어갔다. 당시 '카페 아메리카노' 톨tall 사이즈가 320엔 정도 했다. 참고로 당시 우리나라 스타벅스에서 파는 같은 크기의 카페 아메리카노 가격은 3,300원이었다. 여기서 한 가지 재미난 계산을 해볼 수가 있다. 두 나라의 스타벅스 커피의 품질이 같으니까 그 가격도 같아야 한다고 가정해보자. 그렇다면 '일본 카페 아메리카노 320엔=한국 카페 아메리카노 3,300원'이어야 한다. 따라서 '100엔=1,031원'이라는 계산이 나오고 이게 바로 원·엔 환율이 된다. 이렇듯 환율이라는 게 거창하게 외환시장에서 F/X 딜링Dealing을 통해서만 정해지는 게 아니라 이런 방식으로도 계산해볼 수 있다. 이렇듯 한 나라의 화폐는 어느 나라에서나 동일한 구매력(가격)을 가진다는 가정 아래,

각국 통화의 구매력을 비교해 환율을 결정하는 방식을 '구매력평가PPP: Purchasing Power Parities 환율'이라고 한다.

대표적인 구매력평가환율로는 영국의 경제전문지 〈이코노미스트The Economist〉에서 정기적으로 발표하는 '빅맥지수Big Mac Index'가 있다. 맥도날드 햄버거에서 가장 잘 팔린다는 빅맥의 가격을 근거로 각국의 환율을 산출해내는 지수다. 예컨대 미국에서의 빅맥이 2.5달러인데 우리나라에서는 2,500원이라면 '1달러=1,000원'이라는 환율이 성립한다는 식이다. 맥도날드에서 만드는 빅맥이라면 세계 어느 나라를 가도 같은 품질일 테니까 이를 구매하려는 사람들이 지불하는 가격은 같아야 한다는 논리다. 이러한 구매력평가환율은 외환시장에서 형성되는 실제 환율과는 당연히 차이가 있다. 왜냐하면 외환시장에서는 시장 참여자들의 화폐 수요와 공급에 따라 그 가격이 시시각각 변하기 때문이다. 따라서 이론적인 환율인 구매력평가환율과 외환시장의 실제 환율의 차이로 그 화폐가 과대평가 또는 과소평가되었는지를 가늠해볼 수 있다. 참고로 지난 자료이지만, 2005년 6월에 발표된 빅맥지수에서 원·달러 환율은 817원이었으나 실제 시장에서 형성된 환율은 1달러에 1,010원이었으니 이는 원화가 상당히 저평가(환율이 지나치게 높다)되어 있다고 볼 수 있다. 그렇다고 빅맥지수에 의한 환율만이 무조건 옳다는 소리는 아니다. 각 나라마다의 유통비용이나 세금 등의 차이가 빅맥 가격에 영향을 주기 때문이다. 다만 '구매력이 동일해야 한다'는 이론상의 환율로 실제 환율의 과대·과소를 평가해본다는 '참고용 지표'로서 의미가 있다. 따라서 빅맥지수뿐 아니라 다양한 지수들을 만들

> 각국 통화의 구매력을 비교해 환율을 결정하는 방식을 '구매력평가 환율'이라고 한다.

어 사용해볼 필요가 있다.

　그런 의미에서 스타벅스에서 판매하는 '카페 아메리카노'도 그 대상이 될 수 있다고 본다. 아니 솔직히 요즘은 맥도날드 햄버거 보다는 스타벅스의 커피가 더 영향력 있지 않을까 싶다. 햄버거의 인기가 점점 떨어지고 있으니 말이다. 여러분도 외국에 나가게 되면 구매력평가환율을 한번 계산해보라. 출국할 때 바꾼 외화의 환율(실제 환율)과 빅맥이나 카페 아메리카노의 가격으로 계산한 환율(이론상 환율)을 비교하면서 우리 돈의 과대·과소 평가 정도를 가늠해보는 것도 나름 재미있는 일이다. 개인적으로는 '빅맥지수'보다 '스타벅스지수'를 계산해보는 게 더 좋을 것 같다. 왜냐하면 외국까지 가서 햄버거로 끼니를 때우고 싶진 않지만 커피 한 잔 정도의 여유는 누리고 싶으니까 말이다.

빨리 빨리 돌아라, 화폐의 유통속도

결론적으로 유통속도(V)가 고정되어 있기 때문에 분수식의 등식을 맞추기 위해 통화량을 증가시키면 그 증가율만큼 물가가 상승한다. 재미있지 않은가! 위의 공식은 단순한 분수식일 뿐이다. 그런데 이게 현실에서도 그렇게 적용되니 말이다.

건강한 몸 상태를 유지하기 위해서 깨끗한 피가 충분히 공급되는 것도 중요하지만 우리 몸 안의 피가 최적의 속도로 몸 구석구석을 돌아다니는 일도 중요하다. 혈액순환이 제대로 안 되면 각종 질병이 생기게 마련이다. 이를 경제에 빗대어보면 이렇다. 즉 혈액의 양이 통화량이라면 혈액순환이 바로 화폐의 유통속도다. 따라서 한 나라 경제의 통화량을 측정한 통화지표뿐 아니라 화폐의 유통속도가 얼마나 되는지도 중요한 경제변수다.

> 혈액의 양이 통화량이라면 혈액순환이 바로 화폐의 유통속도다. 한 나라 경제의 통화량을 측정한 통화지표뿐 아니라 화폐의 유통속도가 얼마나 되는지도 중요한 경제변수다.

그럼 유통속도는 어떻게 구할까? 화폐의 유통속도란 일정 기간 동안 화폐가 한 국가 내에서 최종생산량(산출량)을 거래하는 데 사용된 횟수를 말한다. 예를 들어 A국에서 1년 동안 최종적으로 생산한 물건을 거래하는 데 전부 100억원이 들었다고 해보자. 그런데 A국의 1년 동안 시장에 풀린 통화량이 총 20억원이었다면 어찌 되었

든 20억원을 가지고 100억원어치를 사고 팔았다는 이야기다. 그럼 1년 동안 A국의 모든 구성원이 사용한 전체 화폐의 사용횟수는 5회(→100억원÷20억원)라는 결과가 나온다. 그래서 이 횟수가 10회라면 화폐가 두 배 빠르게 돌았고 50회라면 열 배 빠르게 돌았다는 걸 의미하므로 이를 화폐의 유통속도라고 하고 그 계산식을 아래와 같이 표시한다.

화폐의 유통속도(V)＝PY/M
(P＝물가, Y＝산출량, M＝통화량)

여기서 통화량^{M}은 앞에서 언급한 통화(유동성)지표의 숫자를 넣으면 된다. 그런데 PY(물가×산출량)를 보니 어디서 많이 본 듯싶다. 그렇다. 바로 국내총생산^{GDP}이다. 여기서 또 GDP가 어김없이 등장한다. A국의 경우라면 100억원이 1년간 GDP다. 다시 말해 화폐의 유통속도란 GDP를 같은 기간의 통화량으로 나눈 값이다. 대부분의 경제학자들은 화폐의 유통속도가 한 경제 내의 지불습관 등 사회적 관행에 의해 잘 바뀌지 않는다고 본다(화폐의 유통속도^{V}가 고정되어 통화량^{M}의 증가가 명목소득^{PY}을 증가시킨다는 것을 '명목소득 결정이론'이라 하며, 장기적으로 산출량^{Y}은 통화량^{M}과 무관하므로 통화량의 증가가 동일한 비율의 물가^{P}상승을 일으킨다는 것을 '물가결정이론'이라 한다―저자 주). 즉 우리나라의 경우 3,000원짜리 커피 한 잔을 마실 때도 신용카드를 꺼내지만 동남아에서는 웬만하면 신용카드를 받지 않는 것처럼 말이다. 따라서 동남아에서 화폐의 회전속도가 더 빠를 것이다. 여기서 우리는 재미있는 사실을 유추해볼 수 있다. 물론 사람에 따라서는 재미있다기보다는 심각한 사항일 수도 있겠지만….

글로벌 금융위기 때 유동성 부족 현상으로 각국 정부는 돈을 풀었다. 경제의 절대적인 혈액량 부족을 보고만 있을 수는 없었기 때문이다. 그런데 화폐의 유통속도^V 계산식을 보면 통화량^{M}은 분모의 위치에 있다. 분모가 커지면 숫자는 줄어든다는 사실은 초등학교 수학실력만 있어도 알 수 있다. 즉 통화량이 급속도로 증가하면 유통속도^{V}가 줄어야 한다. 하지만 앞서 말했듯 한 국가의 화폐 유통속도는 웬만해선 변하지 않는다. 그럼 천상 PY가 통화량의 증가분만큼 증가해줘야 한다. 그런데 산출량^{Y}의 경우 급격히 증가할 리가 없다. 경기불황에 기업들이 문을 닫고 구조조정을 하는 판에 무슨 산출량(=생산량 또는 GDP)이 증가하겠는가! 그러니 자연스레 물가^{P}가 증가할 수밖에 없는 것이다.

결론적으로 유통속도^{V}가 고정되어 있기 때문에 분수식의 등식을 맞추기 위해 통화량을 증가시키면 그 증가율만큼 물가가 상승한다. 재미있지 않은가! 위의 공식은 단순한 분수식일 뿐이다. 그런데 이게 현실에서도 그렇게 적용되니 말이다. 시중에 통화량이 늘면 돈의 가치가 떨어지고 실제로 물가가 올라간다. 그래서 2008년 하반기부터 적지 않은 사람들이 각국 정부의 엄청난 유동성(=통화)공급정책에 대해 초인플레이션(급격한 물가상승) 우려를 표출했던 것이다. 물론 시중에 풀린 통화량을 생산에 쏟아 붓고 기술개발과 구조조정을 통해 산출량^{Y}을 더 많이 올리게 된다면 물가가 올라가는 폭을 상당히 줄일 수 있다. 그리고 정말 필자는 그렇게 되기를 바란다. 화폐의 유통속도 공식을 보면서 말이다.

외환보유액이 부자나라의
척도는 아니다

같은 금액의 원화라도 환율이 오르면 달러 표시 금액은 작아지게 마련인데 거기다 실제 실적까지 나빠졌으니 기업의 재무보고 자료는 엉망일 수밖에 없다. 실적이 나쁘면 외국 투자자는 떠난다. 그러니 정부가 좌시하고 있을 수는 없다. 오르는 환율을 잡기 위해서는 정부가 달러를 팔고 원화를 사들여야 한다.

외화, 즉 달러를 많이 가지고 있는 나라는 부자나라일까? 별로 그렇지 않다고 말하고 싶다. 국가가 보유한 외국 돈이 바로 '외환보유액foreign exchange reserves' 이다. 좀더 정확히 말하자면 정부나 한국은행(중앙은행)이 보유하고 있는 금이나 달러, 유로화, 엔화 등으로 표시된 자산을 말한다. 이를 주로 미국 국공채나 해외채권, 신용도가 높은 은행에 예금 형태로 운용한다. 엄청난 액수의 달러나 유로화를 한국은행 금고에 보관하는 것보다는 채권 등으로 바꿔 이자라도 한 푼 더 벌어야 국가적으로 이득이기 때문이다. 물론 필요한 때 언제든지 현금으로 바꿀 수 있다(이러한 채권들은 언제든지 현금으로 바꿀 수 있는 유동성이 높은 자산이므로 돈과 마찬가지다. 물론, '언제든지' 란 말은 상식적인 상황에서 그렇다는 것이다). 참고로 외환보유액에는 시중은행이나 기업, 그리고 개인이 보유한 외환은 제외된다. 따라서 독일이나 프랑스가 우리나라보다 외환보유액이 낮지만 민간 은행이나 기업이 가진 외환은 더 많을 수

있다. 이러한 외환보유액은 국가 신인도를 대변하는 척도로도 사용된다. 한 나라의 기업이나 은행이 해외에서 돈을 갚을 수 없는 치명적인 상황에 닥쳤을 때 해당 나라가 나서서 이를 변제해줄 수 있느냐를 외환보유액으로 평가하기 때문이다. 다시 말해 한 나라의 비상금인 셈이다. 따라서 외환보유액 역시 경제지표로서 의미를 가진다.

2005년 초에 우리나라 외환보유액이 처음으로 2,000억달러를 넘었다. 2,002억 4,900만달러로 일본, 중국, 대만에 이어 세계 4위에 등극했다. 이처럼 자랑스런(?) 사실이 TV 뉴스를 통해 대대적으로 방송된 것을 기억한다. 외환위기 당시 39억달러 수준의 초라한 외환보유액 때문에 서러움 당했던 터라 더더욱 기쁜 일이 아닐 수 없었나 보다. 그런데 말이다. 2008년 하반기 글로벌 금융위기 당시, 난데없이 우리나라 외환보유액이 바닥날 수도 있다는 괴소문이 돌아 국민을 불안하게 만든 적이 있다. 2007년만 하더라도 최고 2,622억달러가 넘던 외환보유액이 불과 1년 만에 고갈되고 있다니 도대체 어찌된 일이란 말인가! 우선 여기서 짚고 넘어가야 할 것은 우리나라 외환비상금 전체가 바닥났다는 것은 아니었다. 다만 2008년 말에서 2009년 초에는 '가용할 수 있는' 외환보유액이 위험 수위에 이르렀기 때문에 그런 괴소문이 돈 것이다. 그도 그럴 것이 환율이 천정부지로 올랐다. 따라서 정부는 환율을 잡아야만 했다. 가뜩이나 경기불황이라 기업실적도 나빠졌는데, 연말이다 보니 기업결산시기까지 겹쳤다. 같은 금액의 원화라도 환율이 오르면 달러 표시 금액은 작아지게 마련인데 거기다 실제 실적까지 나빠졌으니 기업의 재무보고 자료는 엉망일 수밖에 없다. 실적이 나쁘면 외국 투자자는 떠난다. 그러니 정부가 좌시하고 있을 수는 없다. 오르는 환율을 잡기 위해서는 정부(한국은행)가 달러를 팔고 원

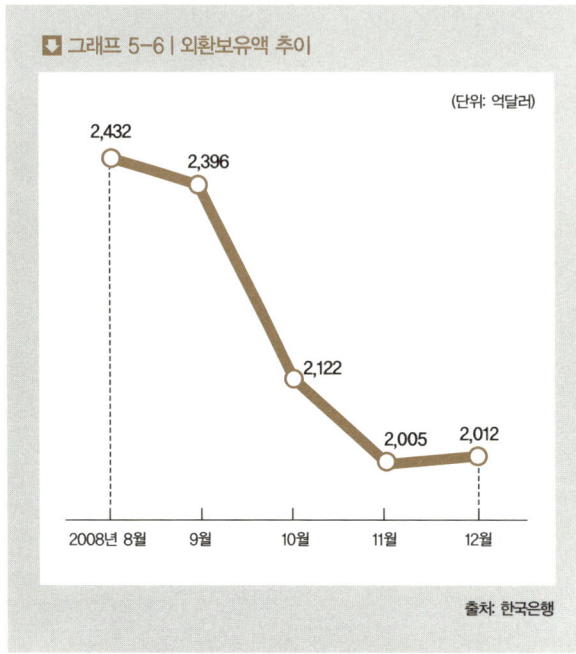

그래프 5-6 | 외환보유액 추이

(단위: 억달러)

2,432
2,396
2,122
2,005   2,012

2008년 8월   9월   10월   11월   12월

출처: 한국은행

화를 사들여야 한다. 그래야 원화의 가치가 올라 환율이 떨어지기 때문이다. 이를 위한 달러 자금은 어디서 충당할까? 결국 손댈 곳은 외환보유액밖에 없다. 당시 이렇게 빠져 나간 돈이 12월에만 50억달러 이상으로 총 400억달러가 넘었다. 더군다나 신용도가 나빠진 시중 은행들의 외화표시 차입금에 대해 정부는 1,000억달러의 외채 지급보증을 서주었다. 은행의 대외신용도가 흔들리면 국가 경제에 어떤 악영향을 미칠지 뻔한 것이기 때문이다. 따라서 1,000억달러만큼의 외환보유액은 사용하지 않고 놔둬야 한다. 만일의 사태로 은행이 두 손을 들었는데, 정작 정부의 금고에도 그 돈이 없다면 그야말로 디폴트^{default}이기 때문이다. 그러다 보니 급기야 정부는 미국과 마이너스 통장까지 개설하기에 이른다. 바로 300억달러의 원·달러 통화스와프가 그것이다. 이 중에서 2008년 말 104억달러를 사용했다. 그런데 이것은 은밀히 말하면 부채다. 만약 만기시 재연장이 안 된다면 이를 갚고 그만큼 외환보유액으로 메워야 하는 것이다. 여기다 불안심리까지 겹쳤다. 한국에 투자했던 외국인들이 한꺼번에 빠져 나가면 정말 큰일난다는 어처구니없는 루머까지 돌았다. 외국인이 우리나라에서 자산을 처분하고 빠져 나가려면 당연히 원화를 달러로

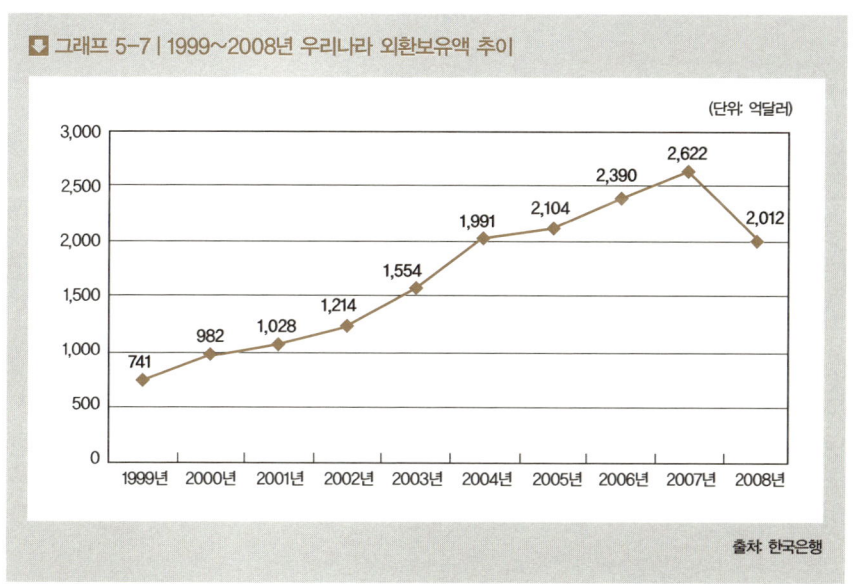

그래프 5-7 | 1999~2008년 우리나라 외환보유액 추이

(단위: 억달러)

출처: 한국은행

바꾸어갈 것이고 그럼 원화투매 현상으로 환율이 천정부지로 오를 것이다. 이를 잡기 위해서 정부는 다시금 달러를 팔고 시장에 나온 원화를 사들여야 한다. 정말 가용 외환보유액이 바닥났다는 우려가 생길 만했던 것이다.

　참고로 당시 심리적 외환보유액 한계선이 2,000억달러라고 했다. 그리고 2008년 11월에는 그 한계선에 거의 다 달았으며 실제로는 이미 한계선을 넘어 2,000억달러대가 무너졌다는 이야기까지 나왔었다. 시간이 지난 후 우리는 당시가 위험하기는 했지만 그리 호들갑을 떨 필요는 없었다는 것을 알게 되었다. 오히려 그런 호들갑이 경제주체들의 심리를 위축시켜 사태를 더욱 악화시켰다는 견해도 있다. 그런 점에서 당시 우리나라의 상황을 상당히 비관적으로 다루었던 세계적인 언론사들의 저의도 약간은 의심스럽다.

하지만 우리는 2008년 말의 사태로 외환보유액을 많이 가지고 있다는 게 어찌 보면 사상누각일 수도 있다는 생각을 하게 되었다. 기업이나 시중은행, 그리고 개인까지 포함하여 각 민간 경제주체가 제대로 된 신용관리를 하지 않고 외화부채에 너무 의존한다든지, 나라의 경제체질이 약해서 언제든지 환율이 들썩거린다면 외환보유액은 순식간에 고갈될 수 있음을 알았다. 그렇다. 외환보유액은 결코 부자나라의 척도가 아니다. 물론 비상금은 필요하다. 그것도 많다면 더 좋을 것이다. 하지만 비상금을 아무리 많이 쟁여두어도 소득이 시원찮고 빚이 많다면 결코 부자라고 볼 수 없다.

미국과 중국의
패러독스 밀월관계

2009년 현재 중국의 외환보유액은 2조달러를 넘어선 상태다. 중국정부도 이 달러를 그냥 금고에 썩혀둘 리가 만무하다. 어딘가에 운용해서 이자를 받아야 한다. 바로 달러 표시인 미국의 국채에 투자하는 것이다.

정말 대단한 중국! 몇 년 동안 사상 최대의 무역수지 흑자 달성을 무슨 연례행사처럼 해온 나라다. 여기서 수지收支란 수입과 지출을 말한다. 즉 무역수지 흑자란 수출이 수입보다 많아서 나간 돈보다 들어온 돈이 더 많다는 의미다. 〈니혼게이자이신문〉의 자료에 따르면 중국의 무역수지는 2007년에 2,626억 9,000만달러, 2008년에는 2,954억 7,000만달러의 흑자를 달성했다. 이처럼 엄청난 무역흑자를 달성하다 보니 국제사회로부터 중국정부에 대해 엄청난 비난이 쏟아지고 있다. 왜냐하면 중국은 계획경제국가다. 공산주의를 하고 있다는 소리다. 그러다 보니 수출입 물량이나 환율을 모두 정부가 통제한다. 이에 대해 국제사회는 중국정부가 조속한 시일 내에 무역량을 조정하고 중국 위안화를 절상해야 한다며 지속적인 압박을 가해왔다. 여기서 위안화를 절상하라는 이유는 수출은 달러로 하는 것이니 위안화 가치가 올라가면 중국 입장에서 환율이 떨어지고 그럼 중국 수출물품의 가격경

쟁력이 떨어져 무역흑자를 줄일 수 있기 때문이다. 특히 미국정부의 위안화 절상 요구가 가장 거셌다. 미국은 중국으로부터 엄청난 양을 수입하는 나라다. 따라서 중국 무역흑자는 미국 무역적자로 연결된다. 미국 입장에서 위안화 절상을 요구하는 것이 너무나 당연하다. 〈그래프 5-8〉을 보자. 중국의 월별 무역수지를 나타낸 것이다.

그런데 글로벌 금융위기 여파를 중국도 피해가지는 못했다. 2009년 2월에는 중국의 무역수지 흑자가 48.4억달러까지 떨어졌다. 비록 적자는 아니었지만 엄청난 폭의 하락이었다. 이러한 현상을 보고 과연 미국은 좋아했을까? 그 동안 그렇게 중국 무역흑자를 비난하던 미국이 아니던가! 여기에 대해 재미있는 이야기를 하나 해볼까 한다. 미국은 2009년 2월의 중국 무역흑자폭 급감에 대해 결코 기뻐하지 않았다. 아니 기뻐할 수 없었다. 그것은 바로 미국과 중국의 패러독스한 밀월관계에서 찾을 수 있다. 중국이 매년 수천

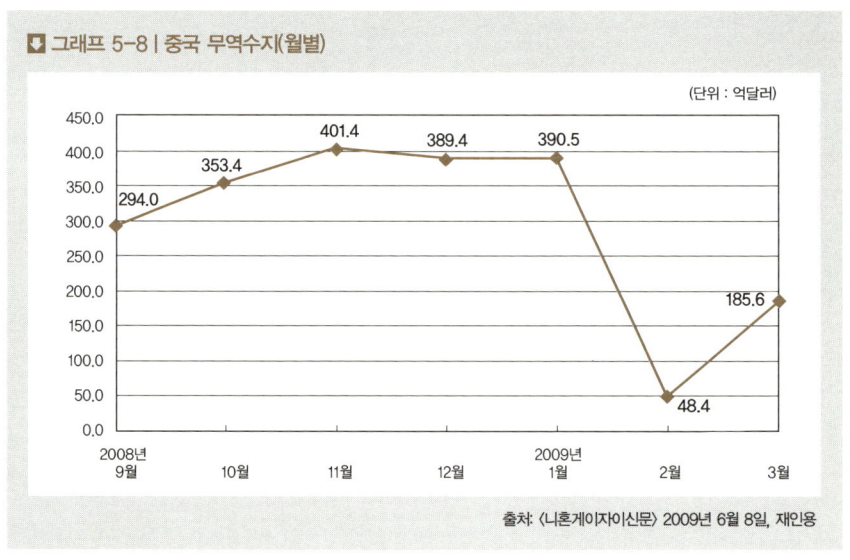

▣ 그래프 5-8 | 중국 무역수지(월별)

(단위 : 억달러)

출처: 〈니혼게이자이신문〉 2009년 6월 8일, 재인용

억달러의 무역흑자를 내면 중국기업으로 엄청난 액수의 달러가 들어온다. 그런데 중국기업은 이를 위안화로 바꾸어 사용하려 할 것이다. 즉 시장에는 엄청난 액수의 달러를 팔려는 기업들로 줄을 설 것이다. 모름지기 팔자가 많으면 가치는 떨어진다. 즉 달러 가치가 엄청 떨어지고 반대로 위안화 가치는 크게 올라갈 것이다. 환율안정을 꾀하려는 중국정부 입장에선 이를 용인할 수 없다. 따라서 정부는 위안화 절상압력을 막기 위해 시중에 나온 상당액의 달러를 사들인다. 그렇게 정부가 사들인 달러가 바로 앞서 설명한 외환보유액이다. 2009년 현재 중국의 외환보유액은 2조달러를 넘어선 상태다. 중국정부도 이 달러를 그냥 금고에 썩혀둘 리가 만무하다. 어딘가에 운용해서 이자를 받아야 한다. 바로 달러 표시인 미국의 국채에 투자하는 것이다.

2009년 현재 중국의 외환보유액 중 7,000억달러 이상이 미국국채에 투자되어 있다고 한다. 바꾸어 말하면 미국 입장에서 중국은 가장 큰 미국국채 고객이 되는 셈이다. 만약 이 고마운(?) 고객이 미국국채를 사주지 않으면 미국정부는 자금조달에 어려움을 겪게 되고 원활한 재정정책을 펼 수 없게 된다. 그러니까 미국은 중국에 대해 엄청난 무역적자를 감수하면서 중국이 달러를 벌어들이도록 해주고 이 달러가 다시 미국국채 매매를 통해 자신의 나라 미국으로 들어오는 역설적인 관계를 맺고 있는 것이다.

그러던 중국에서 2009년 2월처럼 무역흑자가 급감해버렸다. 그럼 중국정부가 사들일 달러의 양이 얼마 되지 않을 것이며, 이는 미국국채 매수가 급격히 줄어든다는 뜻이다. 미국국채시장의 큰 손인 중국의 매수세가 줄면 미국정부는 자금조달이 어려워질뿐만 아니라 국채의 가격도 떨어지고 이는 미국의 장기금리 상승으로 이어져 미국의 경제에 타격을 줄 것이 분명하다 (채권가격과 금리는 반대 방향으로 움직이기 때문이다). 실제로 금번 미국의 국채

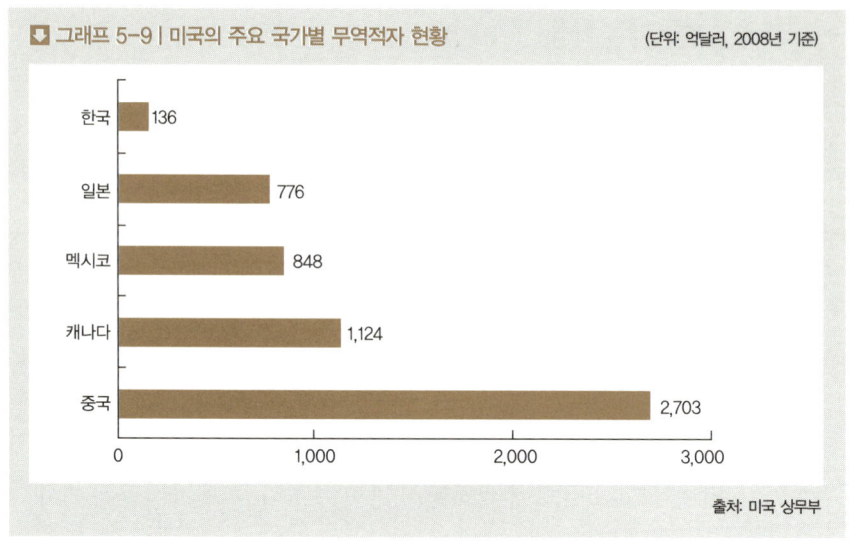

그래프 5-9 | 미국의 주요 국가별 무역적자 현황 (단위: 억달러, 2008년 기준)

- 한국: 136
- 일본: 776
- 멕시코: 848
- 캐나다: 1,124
- 중국: 2,703

출처: 미국 상무부

가격 하락과 미국 장기금리 상승의 원인을 중국의 무역흑자 급감에서 찾는 시각이 적지 않다. 사태의 심각성에 미국정부는 긴장했다. 그래서 즉시 가이트너 재무장관을 북경에 급파한 것이다. 그가 전달한 메시지는 명료하다. 미국국채를 계속해서 사달라는 것과 그렇게 한다면 위안화 절상에 대해 입 다물고 있겠다는 것이다. 물론 중국정부도 배나 두드리며 큰소리 치고 있을 수만은 없다. 자신들이 미국국채를 계속해서 사지 않아 만에 하나 미국국채 시장이 폭락이라도 하게 되는 날이면 2조달러라는 거액의 외환보유액이 얼마나 날아가버릴지 모르기 때문이다. 이는 중국정부에도 민감한 사안이다. 그래서 중국정부는 2008년 말 미 달러화가 폭락할지도 모른다는 위기감이 고조하던 당시에도 꾸역꾸역 미국국채에 투자할 수밖에 없었다. 이처럼 미국과 중국은 서로 패러독스한 밀월관계로 꼬여 있다. 참 요지경 같은 세상이 아닐 수 없다(위의 이야기는 《니케이신문의 숫자를 알 수 있는 책》, 코미야 카즈요시 저, 2009)에서 일부 차용했음을 밝힌다—저자 주).

돈의 가격표인 시장금리지표

이번 장에서는 돈의 가격표인 시장금리지표에 대하여 알아보겠다. 금리의 변동은 단순히 화폐의 수급뿐 아니라 경제 전체에 미치는 파급효과도 크다. 따라서 한국은행은 시장금리의 변동 추이를 계속 모니터링하고 이를 정리하여 발표한다.

물건의 가격이 '물가'라면 돈의 가격은 '금리'다. 정확히 말하자면 돈의 가격을 비율로 나타낸 것이다. 돈 역시 경제의 수요·공급 법칙에서 벗어나지 않는다. 다시 말해 가격이 높으면 수요가 줄고 공급이 늘어난다. 금리가 높으면 돈을 쓰기보다는 은행에 예금하려 들 것이고 은행은 가급적이면 많이 대출하려고 할 것이다. 따라서 돈의 가격인 금리는 통화량의 변화에 직접적인 영향을 미친다. 따라서 통화량을 조절하여 물가안정을 꾀하려는 한국은행으로서는 당연히 금리에 주목하지 않을 수 없다.

> 돈의 가격인 금리는 통화량의 변화에 직접적인 영향을 미친다.

한국은행은 자신의 권한으로 정책금리를 조절하여 물가를 안정시킨다. 한국은행이 정책금리를 올리면 콜금리와 CD금리 등의 단기금리가 올라가고 다시금 국공채와 회사채 등의 장기금리와 여·수신 금리 상승에까지 영향을 미쳐 전반적인 시장금리가 올라간다. 일반

적으로 단기금리는 시중의 화폐 수급상황이나 중앙은행(한국은행)의 금리정책에 좀더 직접적으로 영향을 받는다. 하지만 장기금리는 그 것보다는 장기적인 경기상황이나 기대인플레이션에 영향을 받는다고 알려져 있다. 다시 말해 한국은행이 정책금리를 낮추면 시중에 통화 공급이 늘고 이에 따라 단기금리가 하락하고 이로 말미암아 경기가 호전되어 자금수요주체(기업 및 정부기관)의 신용도나 유동성 이 높아짐에 따라 장기금리도 따라 내려가는 것이다. 이를 '통화정 책 운영체계의 파급경로'라 한다.

이러한 모든 시장금리의 변화는 관련된 각각의 경제주체에게 미 치는 영향이 크다. CD금리 상승으로 이와 연동되는 주택담보대출 금리가 올라가면 대출받은 서민들의 경제적 부담이 높아져 소비가 줄어든다. 회사채 금리가 올라가면 기업이 사업확장에 필요한 자금 을 조달할 때 이자비용이 높아지고 이는 기업실적을 악화시키는 요 인이 된다. 이렇듯 금리의 변동은 단순히 화폐의 수급뿐 아니라 경 제 전체에 미치는 파급효과도 크다. 따라서 한국은행은 시장금리의 변동 추이를 계속 모니터링하고 이를 정리하여 발표한다.

〈표 5-8〉은 한국은행에서 발표한 우리나라의 시장금리 추이다. 맨 아래쪽 '콜금리 목표'라는 항목이 바로 한국은행의 '정책금리' 를 말한다. 정책금리는 매월 두 번째 목요일 한국은행의 금융통화위 원회에서 결정한다. 2008년 9월을 보면 5.25%에서 매월 0.25%포인 트씩 인하하여 2009년 2월에는 급기야 2.0%까지 내렸다. 뿐만 아니 라 그 이후 정책금리를 계속해서 동결하고 있다. 이는 금융위기에 따른 유동성 위기와 경기불황을 타개하기 위해 이른바 저금리정책

▼ 표 5-8 | 시장금리 추이

(단위: 기간 중 평균금리, %)

구분	2008년				2009년					
	9월	10월	11월	12월	1월	2월	3월	4월	5월	6월
국고채 3년(평균)	5.81	5.09	4.97	3.97	3.44	3.78	3.69	3.76	3.83	4.09
국고채 5년(평균)	5.86	5.16	5.17	4.3	3.97	4.6	4.49	4.43	4.53	4.72
국고채 10년(평균)	5.99	5.53	5.73	4.87	4.42	5.24	4.97	4.90	5.05	5.26
회사채 3년(평균)	7.46	7.95	8.56	8.35	7.34	7.07	6.14	5.68	5.16	5.21
CD 91물(평균)	5.79	6.03	5.62	4.68	3.22	2.7	2.45	2.42	2.41	2.41
콜금리(1일물,평균)	5.21	4.88	4.00	3.27	2.43	2.06	1.77	1.80	1.91	1.93
콜금리 목표 (한은 정책금리)	5.25	4.25	4.00	3.00	2.50	2.00	2.00	2.00	2.00	2.00

※ 콜금리 목표는 월말 기준이며, 국고채 10년은 2000년 11월부터, 콜금리목표는 1999년 4월부터임.   출처: 한국은행 '금융시장 동향'

을 쓰고 있기 때문이다. 따라서 2009년 6월까지의 금리변동 추이를 보면 정책금리가 인하됨에 따라 콜금리나 CD금리 등 단기금리도 2008년 9월에 비해 상당 수준 내렸고 국고채나 회사채 등의 장기금리도 인하했다. 하지만 이러한 파급경로가 반드시 순조롭게만 일어나는 것일까? 2008년 11월과 12월의 회사채 금리를 보자. 정책금리를 인하하는 와중이었음에도 불구하고 당시 회사채금리는 7%대에서 8%대로 오히려 상승했다. 이를 눈으로 확연히 구분하기 위해 〈그래프 5-10〉을 한번 살펴보자.

2008년 1월부터 11월까지의 시장금리 동향이다. 맨 아래쪽 정책금리는 5%대에서 4.0%까지 하락했음에도 불구하고 회사채금리는 아주 내놓으란 듯이 상승 모드를 타고 있다. 왜 그럴까? 모름지기 금리에는 위험프리미엄 risk premium 이 붙어 있다. 대부분의 사람들이 신용도가 낮은 사람에게 돈을 빌려줄 때는 금리를 더 받으려 하기 때문이다. 2008년 말을 생각해보자. 당시 금융위기로 촉발된 유동성 부족으로 기업들의 자금 사정이 어려워졌고 그나마 여윳돈도 모두가 안전자산으로만 몰렸다. 그러니 정책금리를 아무

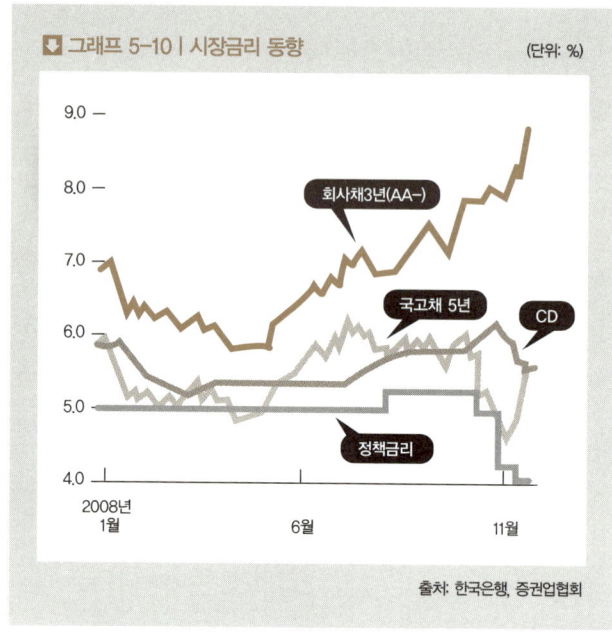

⬇ 그래프 5-10 | 시장금리 동향 (단위: %)

회사채3년(AA-)

국고채 5년

CD

정책금리

2008년
1월   6월   11월

9.0
8.0
7.0
6.0
5.0
4.0

출처: 한국은행, 증권업협회

리 낮추어도 불안한 회사채금리는 오를 수밖에 없었다. 정부의 금리인하정책 약발이 시장에서 제대로 받아들여지지 않을 정도로 절체절명의 시기였다. 그만큼 회사채금리에는 위험프리미엄이 잔뜩 붙어 있었다. 물론 그 시기를 겪고 난 2009년 6월의 회사채금리는 하락한 상태다. 각종 경제지표도 호전되었고 주식시장도 상승 분위기라 회사채금리의 위험프리미엄도 많이 줄었다(물론 금융위기에 대한 후유증은 여전히 남아 있지만 말이다).

참고로 정부가 아무리 정책금리를 인하해도 기업에 돈이 돌지 않고 위험프리미엄만 올라간다면 그 나라 경제는 '유동성 함정'에 빠졌다고 한다. 돈을 아무리 퍼부어도 돈은 부동자금으로만 떠돌아다니고 실물경제(기업)로 흘러 들어가지 않아 불황이 계속 이어지는 것이다. 이는 정부의 정책 실패다. 1980년대 말, 거품 붕괴 후 일본의 경제처럼 말이다.

정부가 아무리 정책금리를 인하해도 기업에 돈이 돌지 않고 위험프리미엄만 올라간다면 그 나라 경제는 '유동성 함정'에 빠졌다고 한다.

어둠의 자식들, 채권투자자

일반적으로 말하는 채권금리란 시시각각 변하는 채권의 시장금리다. 본문에 나오는 A채권의 예를 보자. 채권금리(시장금리)가 5%에서 2%로 떨어졌다고 해보자. 그럼에도 불구하고 홍길동은 5%(표면금리)의 채권이자를 받는다. 이 경우 모든 사람이 A채권을 탐낼 것이다.

2008년 하반기 불어닥친 글로벌 금융위기로 주식시장이 폭락하면서 많은 증권사와 주식투자자들이 치명적인 손실을 맛보았다. 그러나 이런 와중에 증권업계에서 표정 관리를 하던 자들이 있었으니 다름 아닌 채권투자자와 채권중개인들이었다. 흔히 증권가에서는 이들을 '어둠의 자식들'이라고 부른다. 주식시장 침체와 경기악화라는 어둠이 찾아와야 이들이 돈을 벌기 때문이다. 그 이유는 뭘까? 경기가 악화되면 한국은행은 금리를 낮추어 경기부양을 시키려 한다. 그런데 금리가 떨어지면 반대로 채권가격이 올라가기 때문에 채권투자자들이 돈을 버는 것이다. 2009년 초까지 한국은행은 5.25%였던 정책금리를 2%까지 내렸다. 그러다 보니 반대로 채권가격이 치솟아 이번에도 어둠의 자식들인 채권투자자들은 엄청난 수익을 실현했다. '채권금리와 채권가격이 반대 방향으로 움직인다'는 금융의 기본법칙이 어김없이 힘을 발휘했다. 그럼 왜 이 둘은 반대 방향으로

움직일까?

그 이유를 설명하기 전에 우선 채권금리에 대해 알아보자. 채권에는 두 가지 종류의 금리가 있다. 개별채권의 '표면금리(쿠폰금리)'와 전체채권의 '시장금리'가 그것이다. 예를 들어 홍길동은 액면금액이 100억원이고 만기가 3년인 A채권을 가지고 있다고 해보자. 그런데 이 채권은 3년 동안 매년 5억원의 이자를 준다. 이 경우 A채권의 표면금리는 5%(→이자 5억원÷원금100억원)이다. 반면 시시각각 변하는 전체 채권시장의 금리를 채권의 시장금리라고 한다. 채권은 일반적으로 고정금리이기 때문에 아무리 채권의 시장금리가 변해도 홍길동은 표면금리 5%의 이자만 받는다. 마치 대출(시장)금리는 올랐다 내렸다 하지만 고정금리 대출을 받은 사람은 계속해서 정해진 고정금리 이자만 납부하면 되듯이 말이다.

일반적으로 말하는 채권금리란 시시각각 변하는 채권의 시장금리다. 위의 A채권의 예를 다시 생각해보자. 채권금리(시장금리)가 5%에서 2%로 떨어졌다고 해보자. 그럼에도 불구하고 홍길동은 5%(표면금리)의 채권이자를 받는다. 이 경우 모든 사람이 A채권을 탐낼 것이다. 다른 곳에 100억원을 투자하면 이자를 2%밖에 못 받지만 홍길동의 100억원짜리 A채권을 매입하면 5%나 받을 수 있으니까 말이다. 그러다 보니 너도나도 홍길동을 찾아가 A채권을 팔라고 매달릴 것이다. 즉 채권수요의 증가다. 그러자 홍길동은 이렇게 말한다.

"그토록 내가 가진 A채권이 갖고 싶은가? 그럼 100억원이 아니라 110억원을 달라. 그럼 A채권을 팔겠다."

그래도 사람들은 3%의 추가수익을 먹을 수 있으니 채권을 살 것이다. 자! 정리해보자. 위의 사례에서 채권금리가 5%에서 2%로 떨어지니 채권가격이 100억원에서 110억원으로 오르게 되었다. 자연스럽게 채권금리와 채권가격이 반대로 움직이는 것이다. 실제로 D증권사의 경우 한국은행이 금리를 내렸던 2008년 10월부터 12월까지 채권가격이 오르자 그 동안 투자했던 채권을 팔아 457억원의 이익을 올렸다. 금융법칙을 이용해 돈을 번 것이다.

채권금리
↑

채권금리와 가격의
상관관계

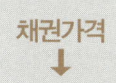

채권가격
↓

주식과 채권 사이,
일드갭(Yield Gap)

일드갭은 주가지수가 낮을 때 주식투자를 시작해야 한다는 너무나 당연한 상식도 우리에게 알려준다. 따라서 막연하게 알고 있던 이러한 내용을 수치로써 우리에게 보여주기 위해 일드갭이 탄생하게 되었다.

> 현재의 주가가 고평가 또는 저평가 되었는지를 알기 위해 사용하는 지수 가운데 하나가 바로 일드갭이다.

현재의 주가가 고평가 또는 저평가 되었는지를 알기 위해 사용하는 지수 가운데 하나가 바로 '일드갭Yield Gap'이다. 일드갭이란 위험자산의 대표격인 주식의 수익률과 안전자산의 대표선수인 채권수익률과의 차이Gap를 말한다. 그 계산식은 다음과 같다.

● 일드갭 = $\dfrac{1}{PER}$ − 3년 만기 국고채 시장금리
(단, PER는 현재 값이 아니라 전망치를 사용하므로 12개월 Forward PER임)

위의 계산식이 어떻게 주식의 수익률과 채권의 수익률과의 차이를 나타내는지 의아하게 생각할 수도 있으리라. 하지만 찬찬히 뜯어보면 '아하! 그렇구나' 하고 무릎을 칠 것이다.

: : 주식의 수익률

우선, '$\frac{1}{PER}$'를 보자. 여러분은 이미 PER에 대해 알고 있다. 만약 A주식의 주식가격이 1만원이고 주당순이익^{EPS}이 1,000원일 경우, PER=주식가격(10,000원)/EPS(1,000원)이다. 그런데 말이다. 여기서 주식가격 1만원이란 무슨 의미일까? 여러분이 A주식을 1주 매입한다면 1만원은 바로 투자원금이 된다. 그럼 EPS 1,000원이란 또 무슨 의미인가? 여러분이 매입해서 가지고 있는 A주식 1주에서 벌어들인 순이익이라는 의미다.

다시 말해 투자원금 1만원으로 벌어들인 투자순이익이 1,000원이란 소리다. 그렇다면 PER를 다시 정리해보자. PER=투자원금(1만원)/투자순이익(1,000원)이 된다. 자! 그럼 이번에는 그 역수인 '$\frac{1}{PER}$'는 어떻게 정리되는가? 당연히 '$\frac{1}{PER}$'=투자순이익(1,000원)/투자원금(1만원)이 될 것이다. PER를 거꾸로 뒤집으면 되니까 말이다. 어디서 많이 본 공식이다. 그래 바로 수익률 공식이 나온 것이다. 답은 0.1, 그러니까 10%다. 1만원 투자해서 1,000원 벌면 투자수익률은 10% 아닌가! 어디에 투자한 것인가? 바로 A주식에 투자했다. 그래서 '$\frac{1}{PER}$'가 주식의 수익률이 되는 것이다.

: : 채권의 수익률

다음은 '3년 만기 국고채 시장금리'를 보자. 여기서 3년 만기 국고채가 가장 무난한 채권이라서 그렇게 정한 것이다. 우리가 주목할 것은 시장금리가 채권수익률이 되느냐이다. 당연히 된다. 앞서도 설명했듯이 채권금리는 개별채권의 표면금리와 채권시장의 시

국고채권

공공자금관리기금의 부담으로 발행되는 채권이다. 세입보전 공채(歲入補塡公債)의 성격을 가지며, 부득이한 경우 국가의 세출(歲出)을 국회의 의결을 얻은 금액의 범위 안에서 국채로 충당할 수 있다(예산회계법의 규정 근거).

장금리가 있다고 했다.

채권의 시장금리는 어떻게 정해지는가? 채권이자수익률과 채권매매수익률의 합이다. 예를 들어 1년 만기(이해를 쉽게 하기 위해 1년으로 정했음)인 100억원짜리 채권이 있다고 해보자. 그런데 표면금리는 연10%다. B씨는 이 채권을 시장에서 90억원에 샀다고 해보자.

그리고 1년이 지났다. B씨의 총수익은 얼마일까? 우선 표면금리 연10%에 의한 이자 10억원을 받는다. 그것으로 끝일까? 아니다. 1년 만기가 되었으니 채권 원금인 100억원도 받게 된다. 그런데 B씨는 90억원에 이 채권을 샀다. 따라서 매매수익으로도 10억원이 생긴 것이다.

결론적으로 B씨는 이 채권투자에서 총 20억원의 수익을 얻었고 수익률은 22.2%(→[이자수익 10억원＋매매수익10억원]/투자원금 90억원)이 된다. 그리고 이 수익률이 바로 채권의 시장금리라고 한다. 따라서 일드갭 계산식에서 국고채 시장금리는 바로 채권수익률이 되는 것이다.

: : 주식 투자 시기의 참고자료

일반적으로 일드갭이 6%p 이상이면 주식투자 메리트가 있다고 봐도 무방하다. 왜냐하면 일드갭이 커진다는 것은 기업실적 전망치가 더 올라가든지 주가지수가 더 내려가든지, 아니면 금리가 더 내려간다는 것을 의미하기 때문이다. 이 역시 위의 식에서 금방 알 수 있을 것이다. 원래 PER가 '주가/EPS' 이므로 일드갭 계산식에서

'$\dfrac{1}{PER}$'는 'EPS/주가'가 될 것이다. 그렇다면 일드갭이 커지기 위해서는 다음 식에서 보듯이 EPS가 올라가거나 주가가 떨어지거나 채권금리가 떨어지면 되는 것이다.

$$\text{일드갭} \uparrow = \frac{1}{PER \downarrow} - \text{3년 만기 국고채 시장금리} \downarrow$$

$$\text{또는, 일드갭} \uparrow = \frac{EPS \uparrow}{\text{주가} \downarrow} - \text{3년 만기 국고채 시장금리} \downarrow$$

※ 일드갭이 상승할수록 주식투자 메리트도 커진다.

물론 일드갭은 특정 주식이 아닌 주식시장 전반에 대한 이야기를 하는 것이므로 EPS는 상장주식 전체의 기업실적(전망치)을 나타내는 것이고, 주가란 주식시장을 대표하는 코스피지수지수값으로 보면 된다. 여기서 우리는 일드갭이 우리가 이미 알고 있는 상식을 대변해주는 지표임을 알 수 있다. 금리가 낮아지면 돈들이 주식시장을 기웃거리기 시작한다. 또한 기업실적 전망치가 높아진다면 투자자들은 주식시장으로 몰린다. 이런 상황에서 주가상승이 예견되는 것은 너무나 당연하다. 그리고 마지막으로 일드갭은 주가지수가 낮을 때 주식투자를 시작해야 한다는 너무나 당연한 상식도 말해주고 있다. 따라서 막연하게 알고 있던 이러한 내용을 수치로 우리에게 보여주기 위해 일드갭이 탄생한 것이다.

〈표 5-9〉를 보자. 2000년 이후 계산한 일드갭과 이때 투자했을 때 코스피지수의 등락률을 비교한 것이다. 일드갭이 4%p보다 작았을 때 주식을 매수한 경우는 3개월 후, 6개월 후, 12개월 후 코스피

일드갭은 주가지수가 낮을 때 주식투자를 시작해야 한다는 너무나 당연한 상식!

일드갭	해당 개월수	코스피지수 등락률(주가상승 확률)		
		D+3개월	D+6개월	D+12개월
3%p 미만	26	-8.0 (5/26)	-13.3 (4/26)	-9.4 (8/26)
3~4%p	18	-5.8 (6/18)	-10.5 (4/18)	-9.2 (5/15)
4~5%p	20	3.4 (12/20)	10.2 (13/19)	23.4 (17/19)
5~6%p	9	9.5 (6/9)	12.0 (7/8)	2.8 (3/4)
6%p 이상	38	11.0 (32/38)	20.4 (33/38)	28.7 (38/38)

※ 한국투자증권 유니버스 12개월 예상 PER와 국고채 3년 만기 시장금리 사용, 매월말 기준
출처: 네이버 블로그(blog.naver.com/bebest79)/한국투자증권,증권업협회 재인용

지수 등락률이 모두 마이너스(-)를 기록하고 있다.

하지만 일드갭이 6%p 이상일 때 주식을 매수했을 경우 주가지수 등락률은 각각 11.0%, 20.4%, 28.7%로 상당히 높아졌음을 알 수 있다. 게다가 이때 12개월 후 주가상승 확률은 '38/38'로 한 번도 주가가 떨어지지 않았음을 알 수 있다(본 표에 대한 해석은 네이버 블로그 blog.naver.com/bebest79 의 내용을 인용한 것임을 밝혀둔다—저자 주).

이제 알았는가. 일드갭이란 위험자산과 안전자산의 투자수익률 차이다. 즉 일드갭이 제로(0)라는 것은 극단적으로 말해 주식에 투자해봤자 채권에 투자하는 것보다 시장수익률 측면에서 나을 게 없다는 것이다. 그렇다면 굳이 위험자산인 주식에 투자할 이유가 없다. 반면 일드갭이 높아질수록 위험을 감수하고서라도 주식투자에 나설 수 있는 메리트가 커진다는 것이다.

물론 일드갭이 정확한 주식의 매수와 매도시점을 알려주는 것은

> 일드갭이 높아질수록 위험을 감수하고서라도 주식투자에 나설 수 있는 메리트가 커진다.

아니다. 다만 현재 주가 수준으로 볼 때 안전자산인 채권에 돈을 넣어두는 것보다 위험을 감수하고서라도 주식투자를 해야 할 시기로 적절한지의 여부를 가늠하는 데 좋은 참고자료가 된다.

각종
부동산지표
길라잡이

2003년 서울 강남 지역을 중심으로 주택가격이 3.3㎡(평)당 1,000만원을 넘었을 때, 우리나라 주택가격은 거품이라는 주장과 여전히 상승 여력이 있다는 주장이 팽팽했던 것으로 기억한다. 그리고 2006년 말 주택가격이 정점을 달리던 시기에도 이와 같은 거품론과 추가상승론이 팽팽했다. 물론 2003년에는 추가상승론이 맞았고 2006년 말에는 거품론이 맞았다. 그러고 보면 주택가격이 계속 상승하든 하락하든 거품론과 추가상승론은 언제나 존재했던 것 같다. 이쯤 되면 전문가라고 말하는 사람의 말을 선뜻 받아들이기기 쉽지 않다. 향후 주택가격의 전망에 대한 레퍼토리란 것이 실제 가격이 어떻게 되든 상관없이 뻔할 것이기 때문이다. 거품론 아니면 추가상승론일 테니까. 따라서 전문가들의 전망에 대한 결론만 덜컥 믿지 말고 몸소 부동산 지표를 살펴보며 현재 우리나라 부동산시장의 현황을 파악해보는 노력이 필요하지 않을까 싶다. 그런 관점에서 부동산 지표 몇 가지를 소개하려 한다. 물론 부동산 중에서 주택과 관련된 지표들을 중심으로 말이다. 왜냐하면 일반 서민들의 관심사는 빌딩을 사거나 호텔용 부지를 사는 게 아니라 내집마련이기 때문이다.

몇 년 만에 집 한 채를 살 수 있을까?
주택가격비율(PIR)

LESSON 01

서울에 사는 평균 근로자가 수입을 한 푼도 쓰지 않는다면 대략 9년 8개월이 걸려야 평균 크기의 집을 살 수 있다고 한다. 그러나 소비를 전혀 하지 않는다는 건 말도 안 된다. 일반적으로 소득대비 70% 정도를 소비하고 30%를 저축한다고 가정해보자. 그럼 계산상으로 30년이 넘는다.

2009년 9월 현재, 대한민국의 주택시장을 스케치해보면 이렇다. 자가 소유비율은 56%, 인구 1,000명당 주택수는 320채 수준이며 여기다 정부의 지원 없이는 내집마련이 어려운 무주택 저소득 계층이 전체 가구의 약 18%인 300만 가구에 달한다. 이렇듯 정부가 계속해서 주택공급정책을 펼치고 있음에도 불구하고 우리나라 주택시장의 스케치는 아름답거나 밝은 그림이 아니다. 이런 와중에 2009년 상반기부터 다시금 불기 시작한 주택가격 상승세는 서울 강남 3구의 재건축, 재개발을 시작으로 급기야 수도권 전역을 들썩거리게 만들었다.

실제로 당시 부동산정보업체 '닥터아파트'의 자료를 보면, 2009년 8월 현재 서울 지역의 아파트 평균 매매가격은 3.3㎡(평)당 1,821만원으로 나와 있다. 금융위기 발생 직전인 2008년 8월 수준인

서울의 집값상승률 얼마나 가파를까?
주택가격조사 동향을 근거로 말하자면 서울의 집값상승률은 소득상승률보다 4.6배 높다고 한다.

Section 6 각종 부동산지표 길라잡이 ● **239**

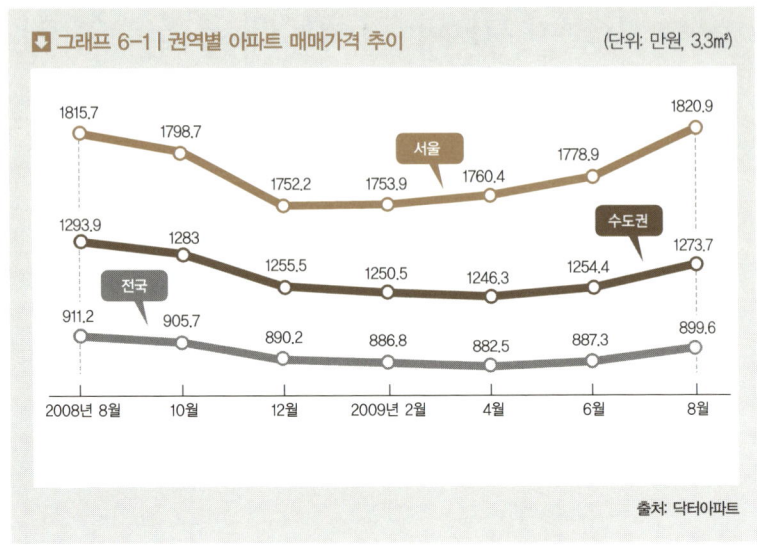

▼ 그래프 6-1 | 권역별 아파트 매매가격 추이　　　　　　　　　　(단위: 만원, 3.3㎡)

1815.7　　1798.7　　서울　　　　　　　　1778.9　　　　1820.9
　　　　　　　　1752.2　　1753.9　　1760.4

1293.9　　1283　　수도권
전국　　　1255.5　　1250.5　　1246.3　　1254.4　　1273.7

911.2　　905.7　　890.2　　886.8　　882.5　　887.3　　899.6

2008년 8월　　10월　　12월　　2009년 2월　　4월　　6월　　8월

출처: 닥터아파트

1,816만원보다 올라간 것이다. 수도권의 아파트 평균 매매가격도 3.3㎡당 1,274만원으로 1년 전 98.7% 수준으로 회복했다. 다시금 슬슬 주택가격에 거품이 끼는 것이 아니냐는 우려의 목소리가 나왔던 것도 이 때문이다. 물론, "서울 지역의 소득 수준이 높기 때문에 집값이 그만큼 높은 것은 당연한 것 아니냐? 그러니 단순하게 서울 집값이 높다고 그걸 거품이라 할 수는 없다"고 반문을 할 수도 있을 것이다. 물론 일정 부분은 맞는 말이다. 소득 수준이 올라가면 물가도 올라가기 때문이다. 그렇다면 소득 수준 대비 주택가격이 몇 배나 되는지를 구해서 비교해보면 어떨까? 그래서 만들어진 주택관련 지표가 바로 '연소득 대비 주택가격비율PIR: Price Income Ratio'이다. 이 지표는 주택가격이 거품인지 아닌 지의 여부를 가늠하기 위해 만든 것으로 해당 지역에 살고 있는 근로자의 가구당 연소득에 대

소득 수준 대비 주택 가격이 몇 배나 되는 지를 구해서 비교해보 면 어떨까? 그래서 만 들어진 주택관련 지표 가 바로 '연소득 대비 주택가격비율'이다.

비해서 주택가격이 몇 배나 되는지를 계산한 것이다.

PIR(배) =
해당 지역 (평균)주택가격 ÷ 해당 지역 근로자 가구(평균)연소득

쉽게 말해 A지역 집값이 10억원이고 B지역 집값이 5억원이라고
할 때 얼핏 보아서는 A지역 집값이 두 배나 비싸 보인다. 하지만 A
지역 거주자의 평균 연소득은 무려 1억원(PIR=10배)이고 B지역 거
주자의 평균 연소득은 겨우 1,000만원(PIR=50배)이라면 오히려 B지
역 집값에 엄청난 거품이 끼었다고 볼 수 있다. 어차피 주택이란 게
해당 지역에 사는 가족구성원들의 소득으로 구매하는 것이니까 그
가격이 적정한지 또는 거품인지를 평가하려면 연소득을 기준으로
하는 게 타당하다는 것이다.

이러한 PIR은 평균적인 근로자가 과연 몇 년을 벌어야 내 집 마
련을 할 수 있느냐에 대한 대략적인 답변도 된다. 예를 들어 PIR이
10배라는 의미는 '연소득×10배' 한 금액이 집값과 같다는 말이다.
다시 말해 번 돈을 한 푼도 소비하지 않고 10년을 모아야 내 집 마
련이 가능하다는 이야기다. 그럼 실제 우리나라의 PIR이 얼마인지
한번 살펴보자.

2007년 초, 세계 주요 도시의 PIR이 금융감독원의 '최근의 부동
산 버블과 감독정책 보고서'를 통해 발표된 적이 있었다. 이 보고서
에 따르면 2006년 기준 우리나라 전국의 평균 주택가격 PIR은 4.9
배인 것으로 나타났다. 반면 서울의 아파트 평균은 10.1배이며 특

> 2006년 기준 우리나
> 라 전국의 평균 주택
> 가격 PIR은 4.9배인
> 것으로 나타났다. 반
> 면 서울의 아파트 평
> 균은 10.1배이며 특히
> 서울 강남 지역 아파
> 트는 12.9배로 나타
> 났다.

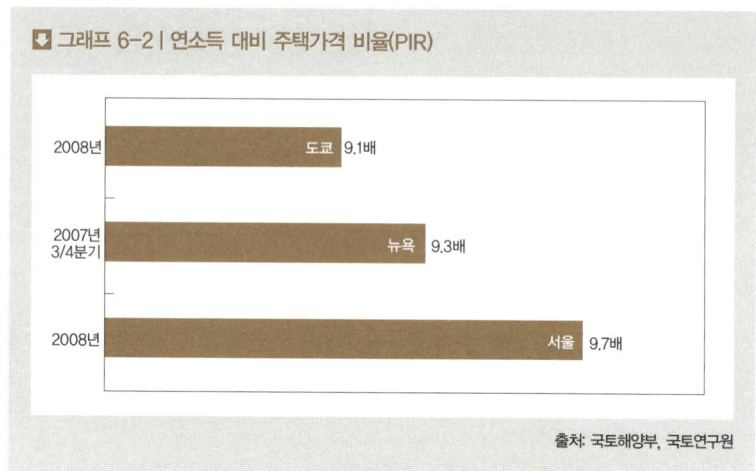

▼ 그래프 6-2 | 연소득 대비 주택가격 비율(PIR)

2008년   도쿄 9.1배

2007년
3/4분기   뉴욕 9.3배

2008년   서울 9.7배

출차: 국토해양부, 국토연구원

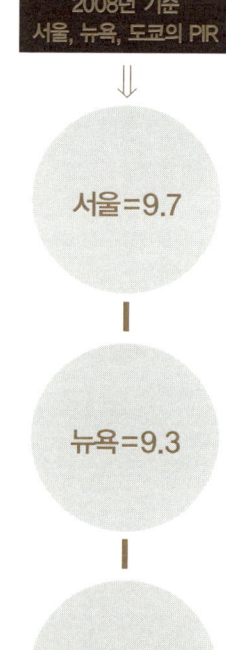

2008년 기준
서울, 뉴욕, 도쿄의 PIR

⇓

서울=9.7

뉴욕=9.3

도쿄=9.1

히 서울 강남 지역 아파트는 12.9배로 나타났다. 다시 말해 PIR만
으로 본다면, 서울 강남 지역의 주택가격이 전국 다른 지역보다 상
당히 높다는 것을 알 수 있다. 이 보고서에는 우리나라 각 지역뿐
아니라 외국의 주요 도시 PIR도 발표되었는데, LA(11.2배), 도쿄(9.9
배), 시드니(8.5배), 뉴욕(7.9배), 런던(6.9배)보다도 서울 강남 지역의
아파트 PIR(12.9배)가 훨씬 높았다.

2009년 상반기에도 PIR 지표가 발표되었다. 〈그래프 6-2〉를
보자. 국토연구원에서 발표한 '2008년도 주거실태조사 결과' 중
PIR에 대한 그래프다. 도쿄의 경우 2007년에는 9.9배로 상당히 높
은 수치였으나 2008년에는 9.1배로 하락하였으며, 뉴욕의 경우에
도 2007년 3/4분기는 9.3배이지만 서브프라임모기지 부실로 주택
가격이 많이 떨어졌기 때문에 2008년의 PIR은 9.3배보다 더 낮아
질 것으로 예상하고 있다. 반면 2008년 서울의 PIR은 9.7배다.

2007년보다는 줄었다지만 그래도 여전히 높은 수치다. 이는 주택 가격이 비싸기로 유명한 도쿄나 뉴욕에 비해서도 높다(2008년 기준 자료는 평균값을 적용한 2007년과 달리 주택가격 중간 값을 적용한 것이다. 따라서 중간 값이 아니라 평균값으로 계산할 경우는 서울 PIR은 10.7배다. 참고로 평균값은 대상이 되는 모든 값의 평균인 데 반해, 중간 값은 대상이 되는 여러 값 중에서 가장 큰 값과 가장 작은 값—만의 평균값을 말한다. 따라서 대상값들의 분포상태를 반영하지는 못한다—저자 주).

그래도 9.7배라는 숫자의 의미가 잘 다가오지 않는가! 그럼 여기서 '서울의 PIR=9.7배'라는 숫자의 의미를 다시 한번 곱씹어보자. 서울에 사는 평균 근로자가 수입을 한 푼도 쓰지 않는다면 대략 9년 8개월이 걸려야 평균 크기의 집을 살 수 있다는 이야기다. 하지만 소비를 전혀 하지 않는다는 건 말도 안 되는 소리다. 일반적으로 소득대비 70% 정도를 소비하고 30%를 저축한다고 가정해보자. 그럼 계산상으로 30년이 넘는다. 30대 초반의 직장인이 대출을 전혀 끼지 않고 집을 마련하려면 60세가 넘어야 가능하다는 이야기다. 정말 해도 너무하다. 그런 점에서 PIR 지표는 서울 주택가격에 분명 거품이 끼었다고 경고한다.

물론 PIR에도 한계는 있다. 다음 장에서 다루겠지만 서울과 수도권의 인구집중화라는 우리나라의 기형적인 인구분포와 그에 따른 수급불균형이 PIR 지표에 반영되지는 않는다. 게다가 무엇보다 '평균(또는 중간)' 소득과 '평균(또는 중간)' 주택가격이라는 데 그 한계가 있다. 모름지기 평균값이나 중간 값이란 건 실질을 적잖게 왜곡시키기 때문이다. 아무리 그렇다고 해도 평균적인 직장인이 서울에

> 30대 초반의 직장인이 대출을 전혀 끼지 않고 집을 마련하려면 60세가 넘어야 가능하다는 이야기다.

집을 장만하는 데 한 푼도 쓰지 않고도 9년이 넘는다는 것은 너무 심하다. 이 기간을 줄이기 위해 거액의 대출을 받으면 대출 원리금 갚느라 허리가 휜다. 그래서 아예 집 장만을 포기하고 전세를 살면 전세가격이 언제 오를지 몰라 불안하다. 정말 가정을 일구고 행복하게 사는 데 가장 큰 걸림돌이 바로 주택가격인 것 같다. 정부가 발벗고 나서서 주택가격을 안정화시켜야 하는 이유도 여기에 있다. 일반 서민들이 집 한 채 사려고 모든 행복을 뒤로만 미룰 수는 없기 때문이다.

수도권 집값이 오르는 건
어찌 보면 당연? 주택수급 관련 지표

왜 하필 서울과 수도권만 전국 평균과 동떨어져 있을까? 그 이유는 주택이 움직이는 자산이 아니라 부동산이라는 데 있다. 주식의 경우라면 삼성전자 본사가 수원에 있더라도 우리는 전국 어디서나 삼성전자의 주식을 어려움 없이 살 수 있다. 지역의 제약이 없다. 하지만 주택은 다르다.

2009년 1월에서 8월까지 주택담보대출이 무려 28조원가량 늘어나 총 340조원으로 사상 최대치를 기록했다고 한다. 이 때문에 정부는 정부대로 가계는 가계대로 모두가 골머리를 앓고 있다. 2007년 초만 해도 우리나라에 일본식 부동산 거품붕괴가 오는 것 아니냐며 벌벌 떨던 때가 엊그제 같은데 2009년 상반기 다시금 주택가격 상승 때문에 온 나라가 떠들썩했다. 당시에는 '이러다가 영원히 내 집 마련 못하는 것 아닐까?' 하는 불안심리가 주택시장을 다시금 흔들어댔다.

그럼에도 불구하고 '대세상승이다', '아니다, 일시적인 현상일 뿐이다', '대세상승일 수도 있고 일시적인 현상일 수도 있다' 등등 주변에서는 이처럼 무책임(?)하고 모호한 전망들만이 들려올 뿐이다. 정작 내집마련을 준비하거나 자녀들이 성장함에 따라 좀더 넓

> 2007년 초만 해도 우리나라에 일본식 부동산 거품붕괴가 오는 것 아니냐며 벌벌 떨던 때가 엊그제 같은데 2009년 상반기 다시금 주택가격 상승 때문에 온 나라가 떠들썩했다.

은 집으로 옮겨야 하는 서민들에게는 지독한 현실의 문제가 아닐 수 없는 데도 말이다. 상황이 이러하다 보니, 필자는 '과연 우리나라 주택시장의 위치가 어디쯤일까?' 한번 알아보고 싶어졌다. 위치를 알아보기 위해서는 필자가 누누이 말했듯이 적당한 내비게이션을 찾아보는 게 가장 빠르다. 통계청 사이트에 들어가 관련 통계자료 몇 개를 찾아보았다. 그리고 그 중에서 주택시장 내비게이션으로 적당한 것을 골라보았다.

:: 연도별 주택보급률

우선 '연도별 주택보급률' 이다. 주택보급률이란 보통 가구수에 대한 주택수의 비중으로 한 국가나 국가 내 특정 지역에 지어진 주택이 그곳에 살고 있는 가구들의 수에 비해 얼마나 부족한지 또는 남는지를 총괄적으로 보여주는 지표다.

 • 주택보급률 = 주택수 ÷ 보통가구수 × 100

만약 주택보급률이 100보다 낮다면 그 지역에 살고 있는 가구에 비해 지어진 주택이 모자란다는 의미이고 100보다 높다면 주택이 남는다는 의미다. 물론 이 지표로는 한 가구에서 여러 채의 집을 가지고 있는지에 대한 여부나 해당 가구의 주거 수준이 어떤지에 대한 것을 알 수 없다는 한계가 있다. 그래도 일반적으로 100 이상이면 주택공급이 충분하다는 것을 100 미만일 경우 주택의 수요에 비해 공급이 딸린다는 것을 개략적으로 가늠해볼 수 있는 지표임이

주택보급률이 100보다 낮다면 그 지역에 살고 있는 가구에 비해 지어진 주택이 모자란다는 의미이고 100보다 높다면 주택이 남는다는 의미다.

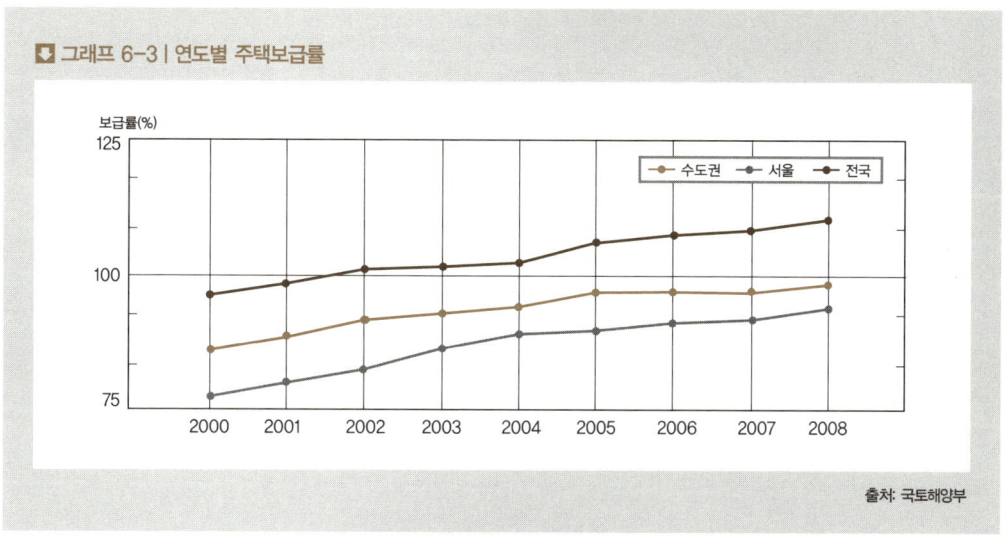

그래프 6-3 | 연도별 주택보급률

보급률(%)

— 수도권 — 서울 — 전국

출처: 국토해양부

분명하다.

　그럼 이제 〈그래프 6-3〉을 한번 보자. 2002년을 기점으로 우리 나라 전국의 주택보급률은 100을 넘어섰다.

　"이야! 이제야 주택수요에 비해 주택공급이 앞서게 되었군!"

　하지만 이는 어디까지나 전국적인 수치다. 그럼 서울과 수도권 을 한번 보자. 이런! 아직도 100을 넘어서지 못했다. 2008년 기준 으로 서울은 보급률이 93.8%이고 수도권은 98.3%다. 서울과 수도 권 지역은 여전히 공급에 비해 수요가 많다는 것을 알 수 있다. 부 동산뿐 아니라 주식이든 채권이든 하다못해 좌판의 고등어까지도 팔자(공급)보다 사자(수요)가 많을 경우 가격이 상승하는 방향으로 움직인다는 것은 삼척동자도 안다.

2008년 기준 서울은 보급률이 93.8%이고 수도권은 98.3%다.

:: 인구 천명당 주택수

이번에는 〈그래프 6-4〉를 보자. 이번에는 '인구 천명당 주택수' 다.

이 자료는 가구수가 아니라 우리나라 인구 1,000명을 기준으로 주택수가 몇 채나 되는지를 보여주는 통계치다. 여기서도 전국을 보니(비록 2005년 기준의 자료지만) 279.7채다. 눈대중으로 막대그래프를 봤을 때 인천이 전국 평균보다 더 높다. 그리고 나머지 지역은 대략 비슷하다. 하지만 서울은 눈에 띌 만큼 낮은 상태다. 236.4채(2005년 기준)로 심지어 2000년 전국 평균(248.7채)보다 낮은 수준이다. 역시 서울의 주택이 제일 부족하다는 것을 알 수 있다. 이렇듯 물건이 부족해지면 가격이 상승할 것이란 걸 자본주의 경제체제에서 오래 살아온 우리들은 직관적으로 알고 있다. 그럼 왜 하필이면 서울과 수도권만 전국 평균과 동떨어져 있을까? 필자는 여기에 대

> '인구 천명당 주택수'는 가구 수가 아니라 우리나라 인구 1,000명을 기준으로 주택수가 몇 채나 되는지를 보여주는 통계치다.

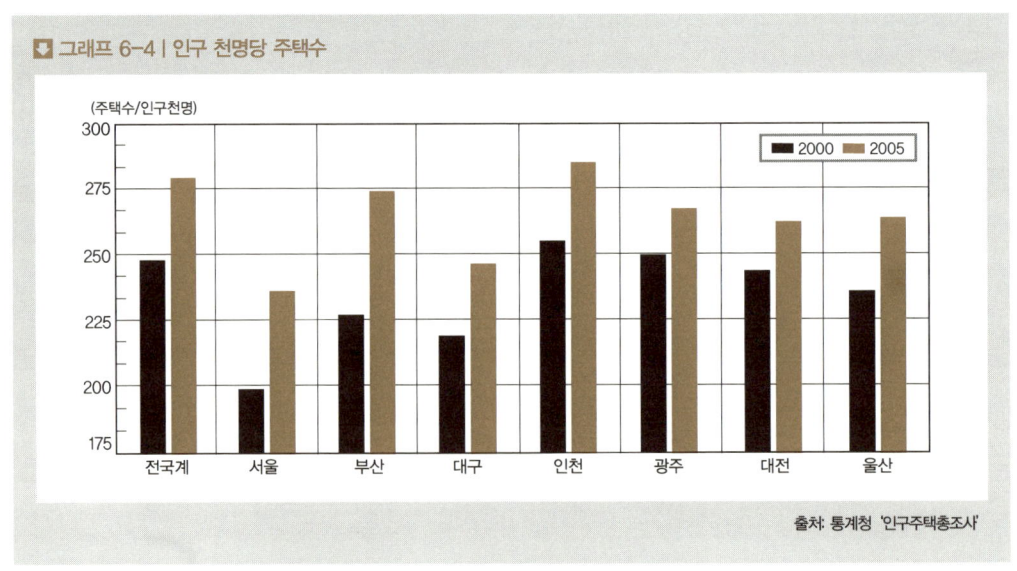

⬇ 그래프 6-4 | 인구 천명당 주택수

(주택수/인구천명)

출처: 통계청 '인구주택총조사'

해서 스스로 의문을 제기해보았다. 그 이유는 주택이 움직이는 자산(동산)이 아니라 부동산이라는 데 있다. 주식의 경우라면 삼성전자 본사가 수원에 있더라도 우리는 전국 어디서나 삼성전자의 주식을 쉽게 살 수 있다. 지역의 제약이 없다. 하지만 주택은 다르다. 그 지역에 사는 사람이 주로 그 지역 주택을 사게 된다. 그래서 필자는 다시 통계청 사이트를 들어가봤다. 이번에 필자의 눈에 띈 그래프는 '지역별 인구 현황'이다.

: : 지역별 인구 현황

〈그래프 6-5〉를 보고 필자는 무릎을 탁 쳤다.

"누가 보아도 기형적인 인구분포 현황을 가졌구나!" 하고 말이다. 막대그래프는 서울과 경기만 삐쭉하게 올라와 있다. 아무리 대한민국의 수도가 서울이라지만 그래서 서울과 경기도에 크고 굵직한 기업과 일자리가 몰려 있다지만 이 정도는 너무 심하다. 더군다나 2008년과 비교해보면 서울, 경기 모두 인구수는 줄어들기는커녕 오히려 더 늘었다.

2009년 기준 전국 인구가 4,874만 7,000명인데 서울·경기 지역 인구합계가 무려 2,148만 3,000명으로 그 비중이 44%가 넘는다. 그렇다. 문제는 여기에 있다. 국토 면적으로만 볼 때는 전국토의 11.8%에 불과한 이 지역에 44%가 넘는 사람들이 몰려 살고 있고 이것 역시 계속 증가하고 있는 것이다. 이런 기형적인 구조가 지역별 주택보급률이나 지역별 인구 천명당 주택수에서 전국 평균과는 동떨어진 숫자를 보이는 원인 중 하나라 할 수 있다. 이렇게 되니

2009년 기준 전국 인구가 4,874만 7,000명인데 서울·경기 지역 인구합계가 무려 2,148만 3,000명으로 그 비중이 44%가 넘는다.

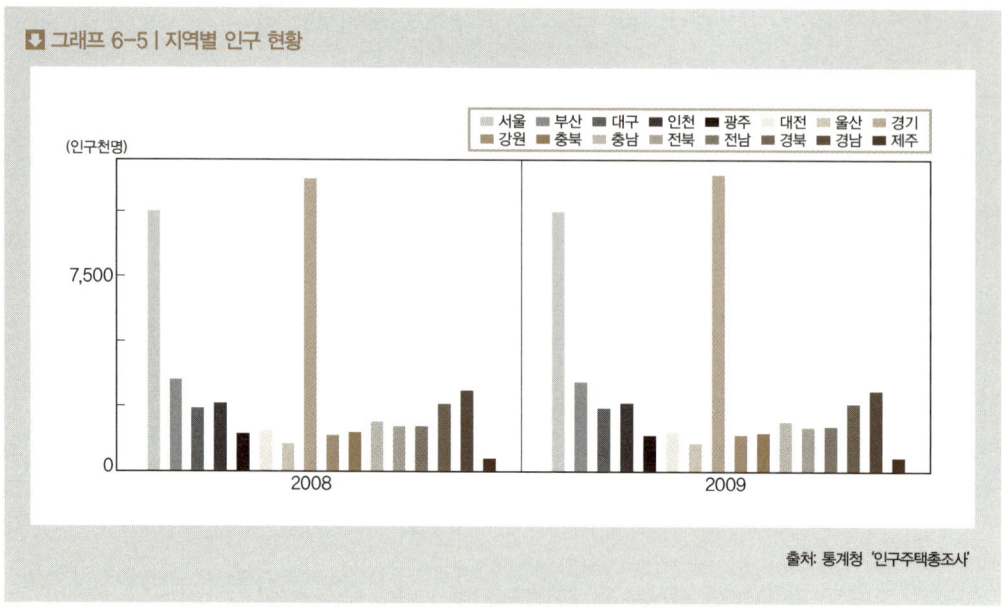

■ 그래프 6-5 | 지역별 인구 현황

출처: 통계청 '인구주택총조사'

주택가격이 가파른 상승세를 보일 때마다 두려운 생각이 든다. 상승 역시 약간 두렵다. 다른 경제 부문에 어떤 영향을 미칠지 검증되지 않은 상태에서 금리를 올려 주택가격을 잡는다는 것도 쉽지 않을 것 같고, LTV나 DTI를 강화하는 것도 임시방편이지 궁극적 해결책은 아닌 것 같다.

궁극적인 해결책은 수도권에 주택공급량을 확 늘리든지 아니면 수도권 집중을 완화하는 정책을 실효성 있게 펴는 것이 아닐까 생각한다. 너무나 당연하지만 실행하기 힘든 해결책은 결코 해결책이 아니라는 말도 있다. 주택은 짓는 데 몇 년간의 시간이 걸리고 수도권 집중완화정책은 어휴! 생각만 해도 골치가 아픈 문제 아닌가!(필자가 왜 골치 아프다고 하는지는 세종시 추진 문제만 떠올려봐도 쉽게 공감할

다른 경제 부문에 어떤 영향을 미칠지 검증되지 않은 상태에서 금리를 올려 주택가격을 잡는다는 것도 쉽지 않을 것 같고, LTV나 DTI를 강화하는 것도 임시방편이지 궁극적 해결책은 아닌 것 같다.

구분	2008년		2009년
서울	1,003만 2,000명	⇒	1,003만 6,000명
경기	1,124만 8,000명	⇒	1,144만 7,000명

것이다)

물론, 다른 자산도 그렇지만 특히 부동산은 수급 외에도 정부의 정책, 그 밖의 외부 변수에 의해 많은 영향을 받는다. 따라서 주택시장의 수급불균형만을 절대적이며 유일한 정답이라고 덜컥 생각하고 판단을 내려서는 안 될 것이다. 경제지표에는 절대적인 정답은 없다. 다만 참고자료로는 충분히 그 의미가 있다고 하겠다.

금리를 못 올리면
대출을 줄이면 된다? LTV, DTI

우리나라 정부는 현명했다는 자부심을 가져도 좋다. 지난 참여정부의 마지막 부동산 안정정책의
핵심도 LTV와 DTI의 강화였다. 그리고 필자의 생각으로는 이것이 참여정부 내내 시도했던 많은
부동산 정책 중에서 가장 성공적인 정책이 아니었나 생각된다.

앞서 주택가격비율[PIR]에 대해 설명하면서 서울 지역 평균 근로자가
수입을 한 푼도 쓰지 않는다면 대략 9년 8개월이 걸려야 평균 크기
의 집을 살 수 있다고 했다. 좀더 현실적으로 수입의 70%를 소비하
고 나머지 30%를 저축하는 경우라면 집을 사는 데 30년 이상이 걸
린다는 이야기도 했다. 물론 이 말은 집을 살 때 대출을 한 푼도 끼
지 않는다는 전제 하에서 그렇다는 것이다. 하지만 집을 사면서 대
출 한 푼 받지 않는 사람은 거의 없다.

대부분의 사람들이 대출을 이용해서 내집마련 기간을 앞당긴다.
이를 달리 표현하자면 대출조건의 변경에 따라서 주택을 구입하려
는 수요자들의 숫자가 변한다는 것이며, 따라서 대출조건이 주택
가격에 적잖은 영향을 미친다는 뜻이다. 특히 대출조건 중에서 주
택담보대출의 금리가 가장 큰 영향을 미치는데, 이 금리가 낮아지

특히 대출 조건 중에
서 주택담보대출의
금리가 가장 큰 영향
을 미친다.

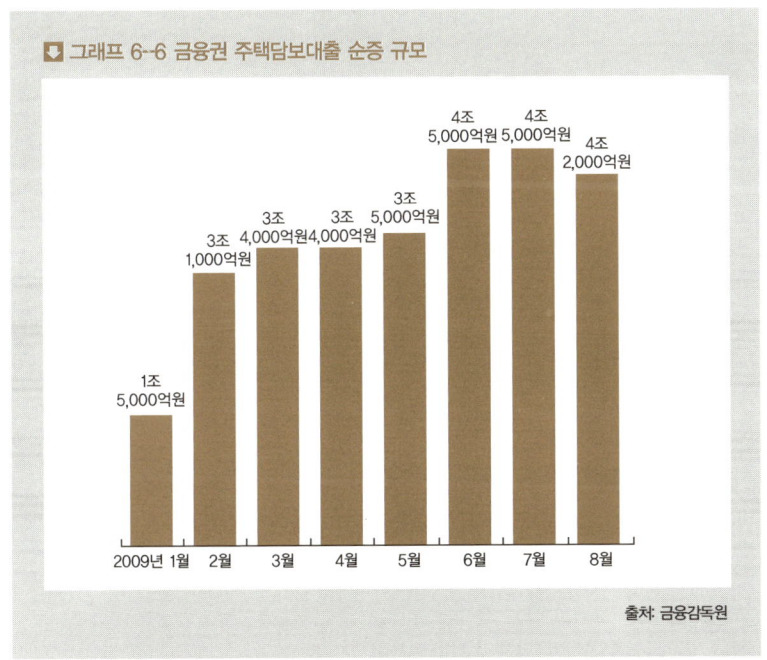

그래프 6-6 금융권 주택담보대출 순증 규모

- 2009년 1월: 1조 5,000억원
- 2월: 3조 1,000억원
- 3월: 3조 4,000억원
- 4월: 3조 4,000억원
- 5월: 3조 5,000억원
- 6월: 4조 5,000억원
- 7월: 4조 5,000억원
- 8월: 4조 2,000억원

출처: 금융감독원

면 주택수요는 증가하고 주택가격이 상승하는 경향을 보인다. 좀 더 근원적으로 따지자면 주택담보대출금리의 기준금리가 되는 CD금리의 변동이 주택가격에 영향을 미친다고 할 수 있다. 물론 CD금리의 변동과 주택가격의 변동 간에 엄청나게 높은 상관관계를 보이는 것은 아니다. 그 이유는 주택가격이 금리뿐만 아니라 양도세나 보유세, 대출한도규제 등 정부정책에 특히 영향을 많이 받기 때문이다. 하지만 상식적인 측면에서 보더라도 금리가 낮아지면 주택가격의 상승 압력은 높아진다고 봐야 한다. 2009년 상반기, 다시금 수도권을 중심으로 한 주택가격 상승 분위기로 부동산시장이 들썩거렸다. 이를 우려한 일부 전문가들은 부동산시장 거품의

상식적인 측면에서 보더라도 금리가 낮아지면 주택가격의 상승 압력은 높아진다고 봐야 한다.

서막이 시작되는 게 아니냐며 이를 막기 위해서라도 금리인상을 해야 한다며 목소리를 높였다. 그 동안의 저금리 정책의 탓인지 금융권의 주택담보대출 증가율이 2009년 6월, 7월, 8월만 하더라도 각각 4조원이 넘어 가계부채가 심각한 수준에 이르렀다는 이유도 있었다.

하지만 이에 대해 정부는 공식적으로 '아직은 금리를 손댈 때는 아니다!' 라고 말했다. 왜냐하면 주택가격 상승이 아직은 수도권 중심의 국지적 현상인 데 반해 금리를 인상하게 되면 우리 경제 전반에 영향을 미칠 것이기 때문이다. 그래서 내세운 것이 대출받을 수 있는 금액을 줄이겠다는 것이다. 바로 LTV와 DTI의 적용을 강화시키는 것이다. 수도권 지역의 LTV는 50%이며 이와 별도로 서울 강남 3구에는 LTV 40%와 DTI 40%가 적용되고 있었던 것을 5~10%포인트 더 낮추어 같은 가격의 주택이라도 대출을 덜 받게 만들겠다는 것이다(2009년 9월 7일부터 은행권 주택담보대출에 대해 서울의 경우 금액이 5,000만원을 초과하면 DTI가 50%, 인천·경기 지역은 60%가 적용됐다. 다만, 서울 강남 3구는 종전처럼 DTI 40~50%가 유지된다. 또한 2009년 10월 12일부터 보험사, 상호금융, 저축은행, 여신전문회사 등 제2금융권에서도 LTV와 DTI가 확대·강화되었다. 참고로 서민이나 실수요자가 주로 이용하는 5,000만원 이하의 대출(전 금융기관 합산), 이주비·중도금·잔금대출 등 집단대출, 미분양주택의 담보대출은 DTI 적용을 받지 않는다).

그럼 LTV와 DTI는 무엇인가?

LTV $^{Loan\ to\ Value}$란 '주택담보인정비율'을 말한다. 주택담보대출을

> 수도권 지역의 LTV는 50%이며 이와 별도로 서울 강남 3구에는 LTV 40%와 DTI 40%가 적용되고 있었던 것을 5~10%포인트 더 낮추어 같은 가격의 주택이라도 대출을 덜 받게 만들겠다는 것이다

받을 때, 집값의 얼마를 담보로 인정받아 대출받을 수 있느냐를 나타내는 비율이다. 다시 말해 LTV가 40%일 경우 주택의 시가가 5억 원인 아파트를 구입할 때 5억원의 40%인 2억원까지만 대출받을 수 있다는 것이다. DTI^{Debt to Income}란 '총부채상환비율'을 말한다. 주택 담보대출을 받을 때, 돈을 얼마나 잘 갚을 수 있는지를 대출받는 사람의 소득으로 따져 대출 한도를 정하는 제도다. 예를 들어 DTI가 40%라면 대출금의 연간 상환액과 기존 부채의 1년 이자의 합이 연소득의 40%를 넘어서는 안 된다. 다시 말해 집의 담보가치가 아무리 높더라도 대출받는 사람의 소득이 낮아 원금과 이자를 상환할 능력이 안 된다고 판단할 때는 많은 금액의 대출을 받을 수 없다. 사실 정책적으로 이러한 대출한도 규제를 하는 것은 집값 상승을 억제하는 데 상당히 효과적이라고 생각한다. 1980년대 일본의 부동산 버블이 지속되었던 것도 끊임없이 계속 받을 수 있는 대출 때문이었다고 해도 과언이 아니다. 당시 일본의 은행들은 주택담보비율을 100%까지 적용하고도 대출금 회수에 아무 문제가 없다는 오류적 신화에 빠져 있었다. 만약 지금 1억엔짜리 주택이라 하더라도 몇 개월 후 1억 5,000만엔이 될 텐데 대출금을 1억엔 빌려준다고 무슨 문제가 있냐는 계산법이 그때는 적용되었다. 서브프라임모기지 부실로 치명타를 맞은 미국의 경우도 마찬가지였다. 당시 미국에서는 안정적인 직장이나 전문직 종사자의 경우 공짜로 집을 사고도 그 집에 주차할 근사한 차 한 대를 더 살 수 있다는 말까지 나돌았다. 왜냐하면 심할 경우엔 집값 이상의 대출을 받을 수 있었기 때문이다.

LTV란?
주택담보인증비율

LTV와 DTI

DTI란?
총부채상한율

지난 참여정부의 마지막 부동산 안정정책의 핵심도 LTV와 DTI의 강화였다.

그런 점에서 우리나라 정부는 현명했다는 자부심을 가져도 좋다. 지난 참여정부의 마지막 부동산 안정정책의 핵심도 LTV와 DTI의 강화였다. 그리고 필자의 생각으로는 이것이 참여정부 내내 시도했던 많은 부동산정책 중 가장 성공적인 것이 아니었나 생각한다. 하지만 그럼에도 불구하고 이는 단기적인 방편에 지나지 않는다. 장기적인 안정화의 핵심은 수급이 아닐까? 앞서 언급했듯이 서울과 수도권을 중심으로 주택공급이 딸리는 고질적인 상황 아래에서 주택가격의 지속적이고 근원적인 안정은 기대하기 힘들 것이다.

집을 가지고 있으면 얼마를 벌 수 있나? 주택수익비율(PRR)

우리나라는 전세라는 특수한 임대제도로 인해 정확한 PRR의 계산과 이에 대한 비교분석에 애로가 있다. 하지만 주택도 자산이므로 집을 마련할 때는 만약 거주를 하지 않고 임대를 해준다면 정말 적정한 수익을 받을 수 있는 가격 수준인지 고려해보는 자세가 필요하다.

주식투자에 주가수익비율^{PER}이라는 개념이 있다면 부동산투자에는 PRR$^{price-to-rent\ ratio}$이라는 개념이 있다. PER가 주식가격을 EPS(주당순이익)로 나눈 값이듯 PRR은 주택가격을 연간 임대료(월세)로 나눈 값이다. 따라서 우리말로 굳이 표현하자면 '주택수익비율' 또는 '주택가격 대비 월세비율' 이라 하겠다.

> PER가 주식가격을 EPS(주당순이익)로 나눈 값이듯 PRR은 주택가격을 연간 임대료(월세)로 나눈 값이다.

PRR＝주택가격÷연간 임대료(월세)의 총합

위의 계산식에서도 알 수 있듯이 PRR이 상승하면 할수록 해당 주택에서 연간 받는 임대료수익에 비해 그 주택을 구입하기 위해 들어가는 금액이 더 커진다. 따라서 PRR이 일정 수준 이상으로 높아지면 그만큼 주택가격에 거품이 끼었다고 볼 수 있다. 참고로

미국 타임지 The TIME 의 기사('Own-ward bound?' 2009년 8월 31일자 온라인판)
에 따르면 미국 도시의 경우 1986년 이후 평균 PRR이 16.5라고 한다. 여
기서 PRR이 16.5라는 것은 연간 월세를 16.5년간 모으면 그 집을 살 수 있
다는 의미이기도 한다. 그러던 것이 2001년 이후부터 줄곧 상승하기 시작
하여 2005년에는 24.7까지 올라갔다. 물론 그 이후 주택가격 붕괴로 인해
PRR은 다시 하락하여 17.4 수준까지 왔다고 한다. 또한 폴 크루그먼의
《불황의 경제학》에서도 PRR이 등장하는데, 이것은 1987년 수치를 기준점
100으로 잡은 미국의 평균 PRR이다.

〈그래프 6-7〉은 미국의 PER와 PRR의 추이를 보여준다. PER의 경우 꼭

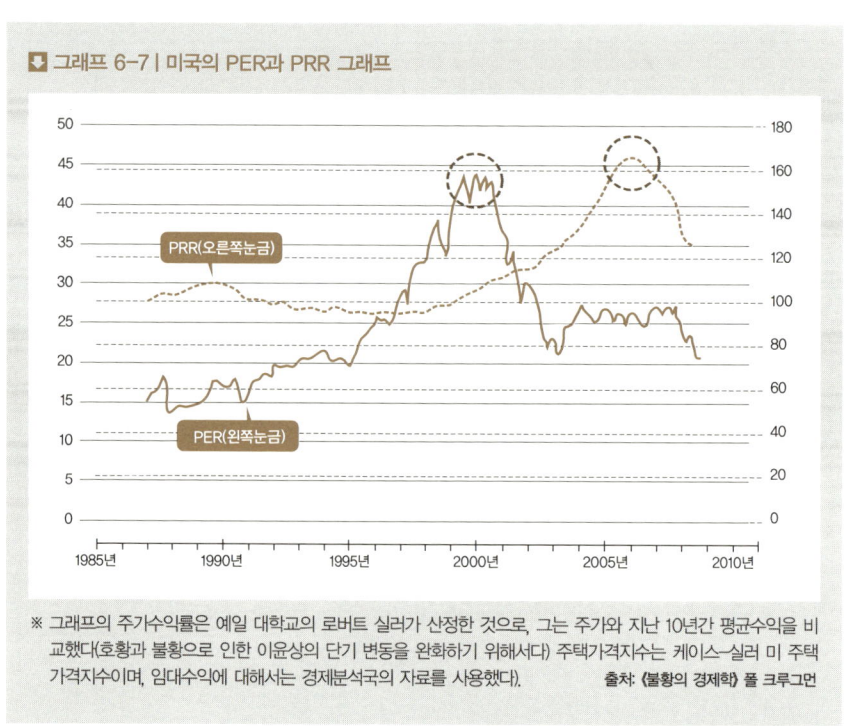

▶ 그래프 6-7 | 미국의 PER과 PRR 그래프

※ 그래프의 주가수익률은 예일 대학교의 로버트 실러가 산정한 것으로, 그는 주가와 지난 10년간 평균수익을 비
교했다(호황과 불황으로 인한 이윤상의 단기 변동을 완화하기 위해서다) 주택가격지수는 케이스-실러 미 주택
가격지수이며, 임대수익에 대해서는 경제분석국의 자료를 사용했다).

출처: 《불황의 경제학》 폴 크루그먼

지를 찍었던 때가 1999년에서 2000년 사이다. IT와 닷컴 버블의 시기와 일치한다. PRR의 경우는 2005년에서 2006년 사이에 정점이었다가 급격히 꺾이고 있음을 보여준다. 실제로 미국의 주택 대호황이 2005년 가을 이후 붕괴되기 시작한 것과 그 맥락을 같이 한다. 이처럼 PER과 PRR가 급상승하는 경우 주식이나 주택이나 모두 거품이 끼었다는 것이고, 이는 곧 거품 붕괴로 이어진다는 것을 그래프를 통해서도 쉽게 이해할 수 있다.

> 이처럼 PER과 PRR가 급상승하는 경우 주식이나 주택이나 모두 거품이 끼었다는 것이고, 이는 곧 거품 붕괴로 이어진다.

그럼 우리나라의 경우 PRR은 얼마일까? 솔직히 건물의 경우라면 임대료라는 게 있으므로 어렵지 않게 구할 수 있다. 하지만 주택의 경우는 좀 다르다. 왜냐하면 우리나라 주택은 독특한 임대제도인 전세제도 때문에 임대료(월세)를 받는 게 일반화되어 있지 않기 때문이다. 전세금은 월세와 달리 임대차계약 만료 시 집주인이 세입자에게 돌려줘야 하는 금액이다. 언뜻 보아서는 아무 수익도 생기지 않는다. 따라서 적정 PRR을 구해 주택가격의 거품 여부를 가늠하는 데는 한계가 있다. 참으로 불행한(?) 일이다. 하지만 굳이 PRR의 개념을 응용해본다면 어떤 게 있을까? 이렇게 가정할 수 있다. 전세금을 받아서 은행에 넣어놓으면 발생하는 이자수익이 임대수익이라고 말이다.

자! 그럼 예를 들어보자. 가격이 5억원 하는 아파트가 있다. 전세금은 2억원이다. 편의상 전세 만기가 1년이라고 해보자. 또한 시중의 예금금리는 연 5%라고 해보자. 이때 A씨는 이 아파트를 팔아서 현금 5억원을 은행에 예금했다. 1년 후 A씨의 수익은 예금금리 연

5%가 적용되어 2,500만원(세전)이 생긴다. B씨의 경우 이 아파트를 5억원에 구입해서 전세를 주었다. 그리고 받은 전세금이 2억원이다. 물론 이 돈을 은행에 예금했다. 이때 B씨의 수익은 예금금리 연 5%가 적용되어 1,000만원이 된다. 하지만 B씨의 경우 총투자금액 대비 수익률은 얼마일까? B씨의 아파트 구입자금은 5억원이라 했다. 따라서 B씨는 5억원을 투자해서 1,000만원의 수익을 얻었기 때문에 수익률은 2%다. 은행 예금금리 연 5% 수준에 못 미치는 수익률이다. 이를 '주택가격 대비 임대료수익률' 정도로 명명해보자. 설령 B씨처럼 전세를 주지 않고 주거목적으로 집을 사더라도 '만약 전세를 준다면 몇%로 운용할 수 있느냐'를 계산해서 주택가격(투자원금)대비 그 수익률이 적정한지를 가늠해보는 것이다.

그럼 이 수익률은 과연 어느 정도가 적정한 숫자일까? 여기에 대해서 일본의 원로 경제학자 이토 다카토시 도쿄대 교수는 그 적정 비율이 4% 정도라고 말한 바 있다. 일본의 경우 1980년대 부동산 버블시기에 이 비율이 1%에 불과했다고 한다. 물론 일본과 우리는 예금금리도 다르고 임대제도도 달라 이를 그대로 적용하기란 쉽지가 않다. 특히 전세 만기 이후 전세금이 올라버리면 갑자기 급전을 준비해야 하는 어려움과 주택가격 상승으로 인한 자산가치의 상승분을 고려한다면 위의 방식처럼 계산한 '주택가격 대비 임대료수익률'이 단순히 은행 예금금리 수준보다 낮다고 해서 주택가격에 거품이 있다고 단정할 수는 없다. 그러다 보니 일부 부동산 관련 전문가는 주택가격대비 전세금이 50% 수준보다 높을 경우 주택가격

일부 부동산 관련 전문가는 주택가격대비 전세금이 50% 수준보다 높을 경우 주택가격에 거품이 있다고 주장한다.

에 거품이 있다고 주장한다. 예를 들어 전세금이 2억원인데 주택가격이 4억원을 넘어서면 거품일 가능성이 있다는 것이다. 이렇듯 우리나라는 전세라는 특수한 임대제도로 인해 정확한 PRR의 계산과 이에 대한 비교분석에 애로가 있다. 하지만 주택도 자산이므로 집을 마련할 때는, 만약 거주를 하지 않고 임대해준다면 정말 적정한 수익을 받을 수 있는 가격 수준인지를 고려해보는 자세가 필요하다고 본다. 아울러 우리나라 임대제도의 특성을 고려한 제대로 된 지표가 만들어져 애용되기를 바란다.

Section 7

일자리,
실업률
고용지표로
살펴라

'밑 빠진 독에 물 붓기'와 '부을 물조차 없는 상황'

위 두 상황 중에서 어느 쪽이 더 괴로울까? 사람들의 성향이나 처한 상황에 따라 정도의 차이는 있겠지만 두 상황 모두 괴롭기는 마찬가지일 것이다. 밑 빠진 독에 열심히 물을 부어봤자 괜히 힘만 빠질 뿐 남는 것은 빈 독뿐이다. 이는 '인플레이션'을 두고 하는 말이다. 아무리 일을 해 돈을 벌어도 치솟기만 하는 물가로 인해 화폐의 실질 구매력이 떨어지면 자산이 쌓이기는커녕 오히려 살림살이만 더 힘들어질 뿐이다. 이런 상황이 심해지면 사람들은 땀 흘려 일하려 들지 않는다. 국가적으로 볼 때도 노동생산성이 현저하게 떨어지고 나라 경제가 엉망이 된다. 한편, 부을 물조차 없는 상황이라면 어떨까? 빈 독만 쳐다보며 신세타령만 하게 된다. '실업'을 두고 하는 말이다. 일자리가 없어 자산을 쌓는 것은 고사하고 당장 끼닛거리도 없다. 이쯤 되면 자신뿐만 아니라 사회에 대한 불만과 증오를 갖기 쉽다. 불만과 증오가 가득한 국민들만 사는 나라의 경제가 제대로 될 리 없다.

누가 놀고 있나?

LESSON 01

정부는 인플레이션뿐만 아니라 실업을 줄이기 위해서 그토록 애를 쓴다. 정부가 실업을 줄이기 위해서는 우선 국민의 얼마 정도가 실업자이며 어떤 종류의 실업에 해당하는지 현황부터 알아야 한다. 그래서 나온 지표가 고용관련 지표다. 어떤 것들이 있는지 한번 알아보자.

누가 일자리가 없어 놀고 있나? 유치원에 다니는 우리 아이가 놀고 있다. 하지만 우리 아이는 실업자가 아니다. 일자리가 없지만 그렇다고 유치원 아이를 실업자라고 하는 것은 너무 가혹한 것 아닌가! 그렇다면 다른 예를 들어보자. 우리 사촌동생은 직장을 다니지 않는다. 왜냐하면 지금 대학원에서 열심히 공부를 하고 있기 때문이다. 그럼 우리 사촌동생은 실업자인가? 왠지 실업자는 아닌 것 같다. 학생이 취업자는 아니지만 그렇다고 실업자라고 하기엔 미안한 마음이 든다. 그럼 또 다른 예를 들어보자. 고등학교 때부터 게임에 빠져서 겨우 대학을 졸업하고 1년 정도 직장을 다니다 때려치운 우리동네 백수가 있다. 그렇다고 그 백수가 다시 직장을 구하기 위해서 이력서를 쓰거나 면접을 본다는 이야기는 들어본 적이 없다. 다만 동네 PC방에 가면 거의 하루 종일 게임을 하면서 시간을 보내는

실업급여 100만명 시대!
청년실업도 문제지만 한창 일할 나이의 중년실업도 큰 골칫거리다. 또한 2010년부터 2018년까지 우리나라 베이비붐 세대가 경제활동 일선에서 물러난다는 점도 눈여겨볼 필요가 있다. 우리나라는 인구요인에 의한 사회경제적 대격변기를 맞이할 전망이다.

충혈된 눈의 그 백수를 만날 수 있다. 그럼 이 백수는 실업자인가? 이제 조금 헷갈린다. 학생도 아니고 직장도 없어 백수라고 불리니 당연히 실업자가 아닐까? 하지만 이 역시 실업자가 아니다.

이렇듯 경제에서 실업자를 규정하는 것은 우리가 흔히 말하는 실업자와는 조금 다르다. 경제에서 실업자란 만 15세 이상의 인구 중 구직의사가 있는 사람들 가운데 현재 고용되지 않은 사람들을 말한다. 다시 말해 우리동네 백수는 만 15세 이상이며 고용되지 않았지만 구직의사가 없기 때문에 실업자가 아니다. 그럼 좀더 구체적으로 정부가 고용대책을 펼치기 위해 사람들을 어떻게 구분하는지 알아보자.

: : 생산가능인구

성인이면 누구나 일을 할 수가 있다. 직업을 가질 수 있다는 말이다. 따라서 성인인구를 고용의 측면에서 보면 '생산가능인구'라고 칭한다. 우리나라의 경우는 의무교육이 끝나는 시점인 만 15세 이상을 생산가능인구로 분류한다.

: : 경제활동인구

경제활동인구 L : labor force란 생산가능인구 중에서 구직의사가 있는 사람들을 의미한다. 다시 말해 현재 취업 상태인지 아닌지와는 상관없이 구직의사만 있으면 경제활동인구로 분류한다.

: : 비경제활동인구

생산가능인구 중에서 고용된 상태는 아니지만 그렇다고 군이 일자리를 찾으려 하지도 않는 사람들을 비경제활동인구^{N : not in labor force}라 한다. 다시 말해 무직이면서 구직의사가 없는 사람들을 가리킨다. 앞서 말한 사촌동생과 같은 대학원생이나 이력서를 한 번도 제출한 적이 없는 우리동네 백수가 여기에 속한다. 참고로 앞서 말한 유치원 아이는 생산가능인구에 속하지 않으므로 비경제활동인구도 아니다.

: : 취업자

취업자^{E : employed}란 생산가능인구 중 일하려는 의사가 있으면서 현재 취업 상태에 있는 사람들이다. 다시 말해 경제활동인구 중에서 고용된 사람들을 말한다. 실제 통계청에서 취업자를 산출할 때는

통계청에서 취업자를 산출할 때는 매달 조사대상주 동안에 돈벌이를 목적으로 1시간 이상 일한 사람을 대상으로 한다.

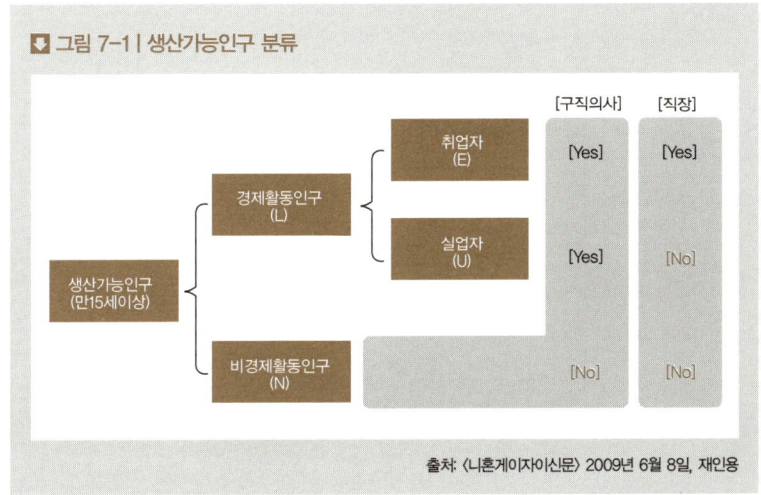

🔽 그림 7-1 | 생산가능인구 분류

출처: 〈니혼게이자이신문〉 2009년 6월 8일, 재인용

매달 조사대상주 동안에 돈벌이를 목적으로 1시간 이상 일한 사람을 대상으로 한다. 여기서 알 수 있듯이 취업자에는 정규직뿐만 아니라 비정규직까지 다 포함된 개념이다.

: : 실업자

실업자$^{U\,:\,unemployed}$란 생산가능인구 중 일하려는 의사가 있는데도 불구하고 직장을 구하지 못한 사람들을 말한다. 그러니까 경제활동인구 중에서 취업 상태에 있지 않은 사람들이다. 따라서 앞서 필자가 말한 동네 백수가 사실은 이력서를 수십통 써서 돌리고 면접도 계속해서 보고 있다면 동네 백수는 실업자로 분류된다.

실업자는 개인적으로도 큰 고통이지만 국가경제적으로도 상당한 손실이다. 따라서 실업자의 현황을 파악해 그 숫자를 줄여나가는 게 정부가 할 일이다.

실업자는 개인적으로도 큰 고통이지만 국가경제적으로도 상당한 손실이다.

실업률과 그 보조지표인 경제활동참가율

LESSON
02

경제활동참가율은 만 15세 이상의 전체 생산가능인구 중 경제활동인구가 차지하는 비율을 나타낸 지표다. 이 지표가 높을수록 실업 여부와 상관없이 일단은 일하고자 하는 사람이 많다는 것을 의미하며 이는 그 나라의 노동시장이 건전하다는 증거이므로 실업률의 보조지표로 많이 사용한다.

실업자를 줄이는 일은 정부의 중요한 정책과제 가운데 하나라고 했다. 이를 위해 정부는 '실업률'이라는 지표를 작성하고 이를 근거로 고용정책을 펼쳐 나간다. 여기서 말하는 실업률이란 경제활동인구에서 실업자의 수가 얼마나 치지하느냐를 비율로 나타낸 것이다. 다시 말해 구직의사가 분명히 있는 만 15세 이상의 성인인구 중에서 실제 직장을 가지고 있지 않은 사람이 몇 %나 되는지 계산한 것이다. 당연히 실업률은 낮으면 낮을수록 좋다.

구직의사가 분명히 있는 만 15세 이상의 성인인구 중에서 실제 직장을 가지고 있지 않은 사람이 몇 % 나 되는지 계산한 것이다.

$$실업률 = \frac{실업자(U)}{경제활동인구(L)} \times 100$$

$$= \frac{실업자(U)}{[(취업자(E) + 실업자(U)]} \times 100$$

정부가 실업률을 줄이려고 하는 것은 이처럼 일하려는 의사가 있음에도 불구하고 일자리를 찾지 못하는 사람들이 많으면 많을수록 국민들의 살림살이가 악화되기 때문이다. 그런데 말이다. 일자리가 없는 사람들 중에서 아예 일하고자 하는 의사조차 없는 사람은 정부의 고용정책의 범위에서 벗어난 부류들일까? 그렇지는 않다. 한 나라에 일하고자 하는 의사조차 없는 '비경제활동인구'가 너무 많아지는 것도 노동생산성 측면이나 국가경쟁력 측면에서 바람직하지 않은 현상이다. 따라서 정부는 이러한 사람들에 대해서도 그 현황을 파악하고 적정한 정책을 펴야 한다. 그리하여 나온 지표가 있는데 바로 '경제활동참가율'이다. 경제활동참가율은 말 그대로 만 15세 이상의 전체 생산가능인구 중에서 경제활동인구가 차지하는 비율을 나타낸 지표다. 이 지표가 높을수록 실업 여부와 상관없이 일단은 일하고자 하는 사람이 많다는 것을 의미하며 이는 그 나라의 노동시장이 건전하다는 증거이므로 실업률의 보조지표로 많이 사용한다. 계산식은 아래와 같다. 참고로 실업률이나 경제활동참가율과 같은 고용지표의 경우 계절적 요인에 크게 좌우되므로 이를 제거하기 위해 통상적으로 전년동기와 비교하여 그 추이를 분석한다.

경제활동참가율은 만 15세 이상의 전체 생산가능인구 중에서 경제활동인구가 차지하는 비율을 나타낸 지표다.

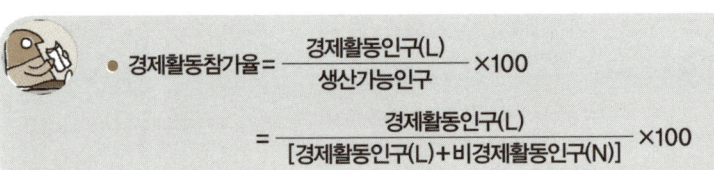

$$경제활동참가율 = \frac{경제활동인구(L)}{생산가능인구} \times 100$$

$$= \frac{경제활동인구(L)}{[경제활동인구(L) + 비경제활동인구(N)]} \times 100$$

: : 실업률을 구하는 데 한계는 있다

실업률과 경제활동참가율은 통계청에서 산출하여 발표한다. 조사 대상 기간을 정해놓고 전화 등을 통해 현재의 취업 상태를 확인하고 집계하는 방식이다. 그런데 통계청이 조사를 하면서 '조사대상 주 동안에 수입이 있는 일을 하지 않았고, 그 이전 4주간 일자리를 찾아 적극적으로 구직활동을 했던 사람으로서 일자리가 주어지면 즉시 취업이 가능한 사람'을 실업자로 분류한다. 그러다 보니 통계청이 발표한 경제지표로서의 실업률이 실제 실업 상태를 나타내는 데는 일정 정도의 한계가 있다.

앞서 말한 우리동네 백수의 예를 들어보자. 사실 우리동네 백수는 한번도 이력서를 쓴 적이 없다. 그런데 통계청에서 연락이 왔다. 순간 백수는 최근 4주 동안 열심히 구직활동을 했다고 거짓말을 했다. 사실은 계속 PC방에 있었음에도 불구하고 말이다. 왜냐하면 실업급여를 타기 위해서는 계속해서 구직행위를 하는 척해야 하므로 통계청의 질문에는 그런 거짓말을 할 수밖에 없는 것이다. 그렇다면 우리동네 백수는 실제로는 실업자가 아닌데도 불구하고 지표상으로는 실업률을 높이는 데 당당한(?) 한 몫을 하게 된 셈이다.

또 다른 예를 들어보자. 바로 '실망실업자'에 대한 것이다. 직장을 구해 보려고 정말 무던히도 노력을 한 사람이 있다. 이력서를 백군데 이상 넣고 멀고 먼 지방까지 면접을 보러 갔는데 번번히 낙방이다. 그날도 낙방 통보를 확인하고 화가 나 대낮부터 술을 마셨다. 그런데 그때 통계청에서 연락이 왔다. 그는 순간 홧김에 일자리 따위는 애당초 찾고 있지 않다고 말해 버렸다. 그렇다면 그는 실제로

는 실업자인데 통계청에서는 냉정하게 구직의사가 없는 비경제활동인구로 분류되어 버린다. 이번에는 실업률을 줄이는 데 당당한 (?) 한 몫을 하게 된 것이다. 이러한 불행의 주인공을 실망실업자라 한다. 한 경제에서 실망실업자가 늘어나면 통계상으로는 실업자에서 누락되어 실업률이 줄어든다. 하지만 이들은 마음 편히 노는 게 아니라 취업난에 시달리다 아예 포기해버린 사람들이다. 따라서 노동시장이 좋아진 것은 하나도 없는데 실업률만 놓고 보면 좋아진 것처럼 보이는 착시현상의 원인이 된다. 따라서 실업률을 분석할 때는 보조지표를 함께 보는 것이 중요하다. 예를 들면 실업률이 줄어 경제의 청신호처럼 보이는데 그 보조지표인 경제활동참가율을 보니 이것 역시 줄어들어 있다. 이는 경제활동인구에 속한 실업자가 취업자로 이동하여 실업률이 떨어진 것이 아니라 취업을 포기해 실망실업자가 되었기에 아예 비경제활동인구로 이동한 것이라 해석할 수 있다. 따라서 이러한 경우 노동시장은 전혀 좋아진 게 아니라 오히려 악화되었음을 알 수 있는 것이다.

우리나라 실업률은 정말 낮을까?

우리도 좋은 시절은 끝났다. 1997년 말 외환위기를 기점으로 우리의 고용시스템에도 변화가 일어났기 때문이다. 이제는 연례행사처럼 대졸 신입사원을 수천명씩 뽑거나 입도선매하는 모습을 보기 힘들다. 어렵게 취업의 관문을 뚫고 들어왔다고 직장이 평생을 보장해주는 시대도 끝났다

필자는 1997년 상반기에 캐나다 밴쿠버의 UBC^{University of British Columbia}에서 단기 연수를 한 적이 있다. UBC의 경영대학에서 하는 프로그램을 회사에서 보내주었기 때문이다. 당시 그곳 대학생들로부터 '맥잡^{Mc-job}'이라는 단어를 들었다. 학생들이 졸업 후 곧바로 취업하기가 힘드니 맥도날드 같은 곳에서 아르바이트를 하며 구직활동을 한다는 것이다. 그런데 그런 일을 하면서 1~2년을 지내다 보면 여전히 직장을 찾지 못해 아예 맥도날드 아르바이트가 직업이 되어 버린다고 해서 '맥잡'이라고 부른다고 했다. 당시 입사 3년 차였던 필자는 어리둥절했다. UBC는 그래도 캐나다 3위의 명문이고 서부 지역에서는 1위의 명문대학이다. 게다가 우리기준으로 따지면 취직이 제일 잘 된다는 경영대학 아닌가! 그런데 그런 대학 출신조차 졸업 후 수년간 일자리를 못 구해 맥도날드 같은 곳에서의 아르바이트가 직업이 되어버린다고 하니 도저히 이해가 안 가는 대목이었다. 당시 우리나라에서는 대졸

신입사원 정기채용을 상·하반기로 나누어 무슨 연례행사라도 하듯이 수백, 수천 명씩을 뽑아댔으니 말이다. 게다가 잘 나간다는 대학의 졸업예정자들은 졸업 전 이미 몇 군데의 대기업에 취직이 되는 이른바 '입도선매'의 미풍양속(?)까지 성행했다.

하지만 우리도 좋은 시절은 끝났다. 1997년 말 외환위기를 기점으로 우리의 고용시스템에도 엄청난 변화가 일어났기 때문이다. 이제는 연례행사처럼 대졸 신입사원을 수천 명씩 뽑거나 입도선매하는 모습을 보기 힘들다. 그리고 어렵게 취업의 관문을 뚫고 들어왔다고 직장이 평생을 보장해주는 시대도 끝났다. 잘리지 않기 위해 스스로를 담금질하고 개발하는 데 엄청난 노력과 시간을 들여야 살아남는 시대가 온 것이다. 이제 우리의 노동시장도 서구의 여러 경제선진국과 비슷한 모습으로 변한 것 같다. 그래서 필자는 최근의 우리나라 실업률 추이를 한번 살펴봤다.

〈그래프 7-1〉을 보면 우리나라 실업률은 3%에서 4% 사이에서 왔다 갔다 하는 양상을 보이고 있음을 알 수 있다. 이 숫자는 산업화가 진행된 국가들의 실업률 평균에 비해 상당히 낮은 수준이다. 미국의 경우 평균 6%, 유럽의 경우 평균 10% 수준의 실업률을 유지하고 있으며, 특히 2009년 들어서 미국은 8%, 유럽의 경우 무려 12%나 되는 데 비해 우리나라의 2009년 상반기 실업률을 보면 평균 3.8% 수준에 불과하다. 그러고 보니 뭔가 이상하다. 앞서 필자는 우리나라 노동시장도 과거와 달리 이제는 서구의 경제선진국과 비슷한 양상으로 변해가고 있다고 했다. 우리가 피부로 느끼는 것만 따지고 보더라도 취직하기도 힘들뿐더러 제대로 된 실적을 내지

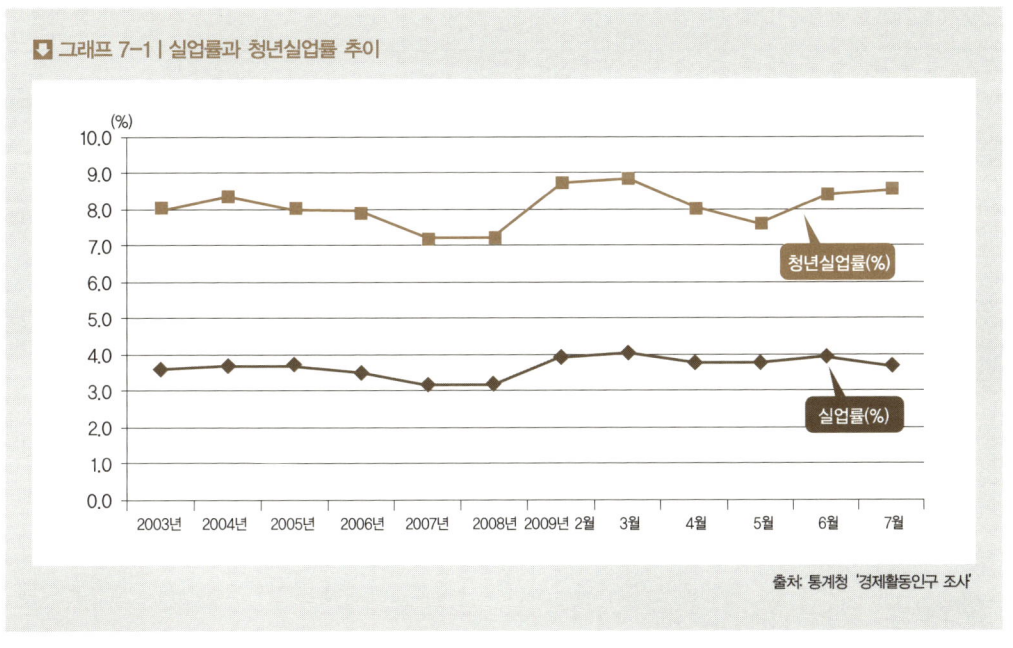

그래프 7-1 | 실업률과 청년실업률 추이

출처: 통계청 '경제활동인구 조사'

못하고 어영부영하다간 직장에서 잘리기 십상이다. 설령 내가 잘못
하지 않았더라도 회사가 망해 잘리는 경우도 적지 않다. 그런데 지
표상으로는 월등히 양호한 실업률을 유지하고 있으니 이 무슨 도깨
비 장난이란 말인가! 사실 그 이유는 우리나라 노동시장의 특수성
으로 인해 통계치에 다수의 왜곡이 있기 때문이다.

　우리나라 노동시장의 특수성으로는 우선, 청년실업을 들 수 있
다. 〈표 7-1〉에서도 나타나듯이 생산가능인구 중 특히 만 15세에
서 29세까지를 대상으로 산출한 청년실업률의 경우 2009년 3월이
무려 8.8%이고 가장 낮은 2007년과 2008년 평균치도 7.2%나 된
다. 이는 우리나라 전체 평균 실업률에 비해 4~5%포인트나 높은

생산가능인구 중 특히
만 15세에서 29세까
지를 대상으로 산출한
청년실업률의 경우
2009년 3월 무려
8.8%

구분	2003년	2004년	2005년	2006년	2007년	2008년	2009년					
							2월	3월	4월	5월	6월	7월
실업자	81.8	86.0	88.7	82.7	78.3	76.9	92.4	95.2	93.3	93.8	96.0	92.8
실업률(%)	3.6	3.7	3.7	3.5	3.2	3.2	3.9	4.0	3.8	3.8	3.9	3.7
청년실업자	40.1	41.2	38.7	36.4	32.8	31.5	37.2	37.5	34.8	33.3	37.2	37.9
청년실업률(%)	8.0	8.3	8.0	7.9	7.2	7.2	8.7	8.8	8.0	7.6	8.4	8.5

※청년실업자 및 청년실업률 연령 기준 : 15~29세   출처 : 통계청 '경제활동인구 조사'

수치다. 이처럼 청년실업 문제는 우리나라 노동시장의 심각한 문제 가운데 하나다. 그러다 보니 지레 겁을 먹고 휴학을 하거나 대학원에 진학하는 청년들이 늘어난다. 물론 이들은 구직의사가 없는 비경제활동인구로 분류되어 실업률 산출과정에서 빠져 버린다. 따라서 실업률이 낮게 나올 수밖에 없다. 참고로 청년실업률은 이렇게 빠져 나간 청년들을 제외하고 계산된 것이다. 그런데도 7~8% 수준을 유지하고 있으니 심각한 문제인 것은 누구도 부인할 수 없다.

다음은 여성 근로자들이다. 우리나라도 이제는 사회 각 분야에서 많은 여성들을 만날 수가 있다. 대학을 졸업한 여성의 사회진출도가 과거 30~40년 전에 비해 월등히 증가했다. 하지만 아직까지도 서구에 비해 그 비율은 높지 않다. 게다가 우리나라의 경우 직장을 다니면서 육아를 병행하는 게 쉬운 일이 아니다. 직장 내에 이렇다 할 육아시설이 마련되어 있는 경우도 서구에 비해 엄청 적다. 따라서 아이를 가진 여성들이 직장생활을 포기하는 경우가 적지 않다. 이와 같은 여성들이나 졸업을 연기한 청년들은 모두가 자발적이기보다는 사회구조상 어쩔 수 없이 구직의사를 포기한 사람들이

아이를 가진 여성들이나 졸업을 연기한 청년들은 모두가 자발적이기보다는 사회구조상 어쩔 수 없이 구직의사를 포기한 사람들이다.

다. 다시 말해 실망실업자들이며 이들의 증가는 실업률 계산에서 빠지게 되므로 서구에 비해 실업률이 낮게 산출되는 것이다. 그 외에도 우리나라의 경우 자영업자가 너무 많다. 직장을 그만두면 너도 나도 치킨집을 열거나 호프집을 오픈한다. 행정연구원의 한 연구원의 말에 따르면 우리나라의 자영업자 비율이 서구에 비해 엄청나게 높다는 것이다. 그리고 이러한 현상은 자영업자 개인적으로나 국가경제적으로 결코 바람직하지 않은 현상이라고 한다. 구멍가게 수준의 요식업을 하면 일단 실업자는 아니다. 따라서 지표상으로는 실업률을 낮추는 역할을 한다. 하지만 실제로는 영세해서 차 때고 포 때면 가져갈 소득이 별로 없다. 게다가 한 집 건너 치킨집을 여니 경쟁도 치열하다. 그렇게 버티다가 작은 경기불황이라도 닥치면 한 순간에 실업자가 될 가능성이 크다는 것이다. 따라서 자영업자들이 안정적인 직장을 갖도록 유도하는 정책도 필요하다고 한다. 여하튼 이러한 우리나라 노동시장만의 특성이 바로 경제선진국에 비해 낮은 실업률을 유지하는 원인이라 하겠다. 실제로 서구의 경제선진국보다 노동시장이 좋아서 실업률이 낮은 것은 결코 아니란 것이다.

: : 비정규직 취업자도 실업률을 왜곡시킨다

비정규직 취업자 역시 실업률을 왜곡시켜 실제 노동시장의 현실을 제대로 반영하는 데 걸림돌로 작용한다. 물론 비정규직 문제는 비단 우리나라 노동시장만의 특수성은 아니다. 산업화가 진전된 상당수의 나라에서 비정규직의 문제가 대두되고 있다. 예를 들어보자.

구분	2006년	2007년	2008년	2009년
비정규직 취업자수 (전체 졸업자 대상 취업자 대비)	15.7%	17.7%	18.8%	26.2%

출처: 교육과학기술부, 한국교육개발원 2009년 취업통계조사

올해 실업률이 줄어들었다. 대신 취업자수가 증가했다. 이는 당연히 바람직한 현상이다. 그런데 가만히 보니 취업자 중에서 정규직 숫자는 오히려 줄었고 비정규직 숫자가 크게 늘었다고 해보자. 앞서도 언급했듯이 취업자라 함은 정규직뿐만 아니라 비정규직까지 포함한다. 따라서 비정규직수는 비록 취업자수에 포함되어 실업률을 줄이는 역할을 했지만 이들은 여전히 고용불안을 가지고 있는 취업자들이다. 따라서 비록 실업률이 줄어들었더라도 취업자 중 비정규직 숫자만 늘어났다면 취업자 전체의 질적인 측면에서 볼 때 그다지 바람직한 현상이라 할 수 없다. 따라서 정부의 고용정책은 실업률의 감소뿐만 아니라 비정규직 취업자의 증가를 어떤 식으로 조절해 나가느냐는 것도 중요하다. 참고로 '2009년 취업통계조사'를 보면 전체 졸업 취업자 중 비정규직 취업자수가 점점 증가하는 추세라 심히 걱정된다.

비록 실업률이 줄어들었더라도 취업자 중 비정규직 숫자만 늘어났다면 취업자 전체의 질적인 측면에서 볼 때 그다지 바람직한 현상이라 할 수 없다.

실업률을 제로(0)로 만들 수 있을까?

우리나라 자영업자 비율이 서구보다 엄청나게 높다. 이는 자영업자 개인적으로나 국가경제적으로 바람직하지 않다. 구멍가게 수준의 요식업을 하면 일단 실업자는 아니다. 따라서 지표상으로는 실업률을 낮추는 역할을 한다. 하지만 실제로는 영세해서 차 떼고 포 떼면 가져갈 소득이 별로 없다.

정부가 고용정책을 제대로 실행하고 경기도 좋아져 기업에서 고용을 늘리면 실업률을 제로(0)로 만들 수 있을까?

'만들 수 없다' 가 정답이다.

노동력을 사고 파는 노동시장 역시 수요(기업)와 공급(가계)의 법칙에 의해 균형가격(임금)이 결정된다는 점에서는 일반적인 상품시장과 다를 바 없다. 하지만 상품시장에서는 수요량과 공급량이 일치하는 점에서 균형가격이 결정되면 초과수요나 초과공급이 없는 상태가 되는 데 반해 노동시장의 경우 그 특수성 때문에 언제나 초과공급이 존재한다. 초과공급이란 게 바로 구직 의사는 있는데 일자리는 없는 사람, 다시 말해 실업자다. 따라서 아무리 경기가 좋아지고 정부가 정책을 잘 펼쳐도 실업률이 제로(0)가 될 수는 없는 것이다. 그럼 그 이유는 뭘까?

우선은 직장을 찾는 데는 일정 정도의 시간이 걸린다. 취직이란 전국의

모든 직장의 정보와 정해진 임금이 일목요연하게 검색이 가능해 클릭만 하면 되는 온라인 쇼핑이 아니다. 마음에 드는 직장을 구하는 데도 시간이 걸리고, 또한 면접도 봐야 하고 경우에 따라서는 연봉 협상도 해야 한다. 이렇듯 취직을 하기 위해서는 어쩔 수 없이 소요되는 시간이 있다. 그 동안은 실업자로 분류될 수밖에 없는 것이다. 이러한 실업을 '마찰적 실업'이라 한다.

또한 임금의 경직성을 들 수 있다. 노동시장의 가격인 임금은 주식시장의 가격인 주가처럼 수시로 바뀔 수 있는 게 아니다. 주가는 사자와 팔자에 의해 수시로 바뀐다. 반면, 임금이란 아무리 수요·공급의 법칙이 적용된다고 하더라도 정부의 최저임금제가 있고, 노조의 임금협상 그리고 사회적인 이목도 있기 때문에 공급(노동자)이 많다고 해서 그 가격을 금방 깎을 수는 없다. 그러다 보니 한번 오른 임금은 잘 내려가지 않는 특성이 있다. 임금이 즉시 내려가야 공급(노동자)이 실망을 하여 취업을 포기할 텐데 그렇지 못하니 계속 구직의사를 가지고 직장을 찾는 것이고 이들이 바로 실업자로 분류되는 것이다. 이러한 실업을 '구조적 실업'이라고 한다.

이처럼 노동시장은 그 특성상 '마찰적 실업'과 '구조적 실업'이 언제나 존재하기 때문에 실업률은 결코 제로(0)가 될 수 없는 것이다. 참고로 마찰적 실업과 구조적 실업을 합쳐서 '자연실업'이라고 한다. 아무리 시간이 지나도 없어지지 않는 실업이기 때문이다. 반면 경기가 좋아져서 줄어들거나 경기악화로 늘어나는 단기적인 실업자의 변동분을 '경기적 실업'이라고 한다.

마찰적 실업과 구조적 실업을 합쳐서 '자연 실업'이라고 한다. 아무리 시간이 지나도 없어지지 않는 실업이기 때문이다.

◉ 정부 발표 실업률도 체감치 3분의 1 수준, 현대경제연구원, 내년까지 고용불안 예상

구직자들이 체감하는 실업률은 11%대로 공식 실업률보다 3배 이상 높다는 분석이 나왔다. 현대경제연구원은 6일 '최근 고용시장의 특징과 전망' 보고서에서 "고용시장 침체가 심화되지는 않겠지만 체감실업률이 11%대로 이에 대한 대책 마련이 시급하다"고 밝혔다. 체감실업률이란 통계청이 집계하는 공식 실업률에 나타나지 않는 취업준비자 등 비경제활동인구를 포함한 실질적인 실업률이다.

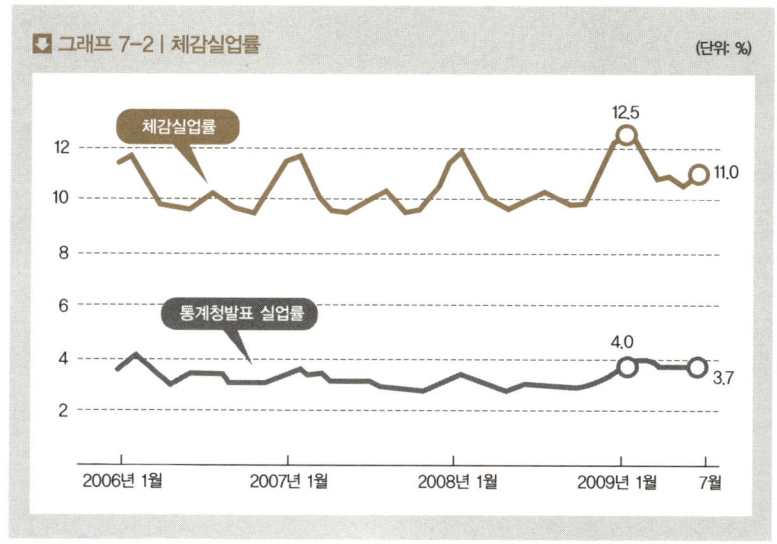

⬇ 그래프 7-2 | 체감실업률 (단위: %)

연구원은 "최근 고용시장은 실물 경기 지표의 호전 속에 신규 일자리가 추가적으로 악화되지 않고 있어 일단 바닥권에 도달한 것으로 평가된다"고 밝혔다. 실제 신규 취업자수가 1·4분기와 2·4분기에는 14만 6,000명, 13만 4,000명

감소했지만 7월에는 7만 6,000명 줄어드는 데 그쳤다. 실업급여 수급 인원도 4월 45만 8,000명을 정점으로 6월에는 43만 6,000명으로 내려갔다. 이에 따라 실업률도 지난해 연간 3.2%에서 올해 1/4분기와 2/4분기 각각 3.8%로 상승했지만 7월에는 3.7%로 낮아졌다.

하지만 구직자들이 느끼는 체감실업률은 여전히 높은 상태다. 연구원에 따르면 비경제활동인구 중 '취업준비자'를 실질 실업자로 파악한 중위의 체감실업률은 7월 현재 6.1%이고 '쉬었음'을 포함한 광위의 체감실업률은 11.0%에 달했다. 연구원은 "구조조정 등을 앞둔 민간 부문의 고용 회복력이 미약한 상황에서 정부의 재정지출은 한계에 달하고 있어 내년 상반기까지 고용불안이 지속될 것으로 예상된다"며 "이에 대처하기 위해 청년인턴제도를 교육·훈련 프로그램과 연계하고 여성 일자리 창출을 위해 재택근무제도를 확산하는 등 분야별로 다른 대책을 세워야 한다"고 밝혔다.

출처: 〈경향신문〉 2009년 9월 6일

실업률은 경기에 역행한다던데…

정부의 고용정책은 실업률의 감소뿐만 아니라 비정규직 취업자의 증가를 어떤 식으로 조절해 나가느냐는 것도 중요하다. 참고로 '2009년 취업통계조사'를 보면 전체 졸업 취업자 중 비정규직 취업자수가 점점 증가하는 추세라 매우 걱정된다.

경기가 상승하면 같이 상승하고 하락하면 같이 하락하는 모습을 보이는 것을 '순행한다'라고 하며, 그 반대로 움직이는 것을 '역행한다'고 한다. 또한 앞서도 말했지만 실제 경기보다 먼저 움직이는 것을 '선행', 동시에 움직이는 것을 '동행', 뒤따라 움직이는 것을 '후행'이라고 한다. 그렇게 볼 때 실업률은 경기에 역행하며 후행하는 모습을 보인다. 경기가 좋아지면 실업률은 떨어지고 경기가 나빠지면 실업률은 올라간다. 이것은 너무나 당연한 이야기다. 참고로 경제학 교과서의 전세계적 베스트 셀러 저자인 맨큐 교수는 그의 책에서 경기변동에 있어서 GDP(산출량)와 실업률이 가장 뚜렷하게 반대 반향으로 움직인다고 했다. 그런데 더욱 중요한 것은 반대 방향으로 움직이되 경기변화에 뒤따라 움직인다는 것이다. 그 이유는 경기가 나빠졌다고 하더라도 당장에 직원을 자르지 못하는

> 실업률은 경기에 역행하며 후행하는 모습을 보인다. 경기가 좋아지면 실업률은 떨어지고 경기가 나빠지면 실업률은 올라간다.

노동시장의 특수성이 있기 때문이다. 모름지기 노동시장은 사람이 거래(?)되는 곳이기 때문에 상품시장과 달리 정서적 요인이 상당히 많이 작용한다.

앞서 소개한 〈그래프 7-1〉을 다시 한번 보자. 2009년 3월의 실업률이 4.0%로 2003년부터 7년 동안에 가장 높은 수치다. 만약 실업률이 경기에 선행한다면 2009년 하반기쯤 경기가 하락할 것이라고 예측할 수 있다. 하지만 실업률은 경기에 후행한다. 따라서 이 지표를 보고 '그렇구나. 이미 2008년 하반기쯤에 경기가 나빴구나' 하고 해석할 수 있는 것이다. 실제로 2008년 말은 금융위기와 기업의 유동성불안으로 경기가 최악의 상태였다. 이렇듯 각각의 경제지표가 경기에 역행하는지 순행하는지 뿐만 아니라 선행, 동행, 후행 중 어떤 쪽으로 움직이는지에 대해 알고 있어야 제대로 된 해석이 가능하다.

참고로 여러 경제지표와 경기변화의 관계가 어떠한지 살펴보자. 실증 연구를 통해 밝혀진 바로는 주가와 통화량은 경기에 순행하면서 선행하는 특성이 있다. 이들이 먼저 오르면 몇 개월 후 경기도 올라가기 때문이다. 소비와 투자, 수출입 등은 경기에 순행하면서 동행하는 특성이 있다. 경기가 좋아지면 동시에 소비도 늘고 기업투자나 수출입도 늘어나기 때문이다. 임금 역시 경기에 순행하고 동행한다. 경기가 좋아지면 기업이 보너스도 많이 주고 노사의 임금협상시 흔쾌히 임금인상이 체결된다. 그럼 물가는 어떨까? 물가는 대체적으로 경기에 역행한다고 본다. 물론 과거에는 물가가 경기에 순행한다고 봤다. 경기가 좋아지면 소비가 늘어나고 따라서

실증 연구를 통해 밝혀진 바로는 주가와 통화량은 경기에 순행하면서 선행하는 특성이 있다. 이들이 먼저 오르면 몇 개월 후 경기도 올라가기 때문이다. 소비와 투자, 수출입 등은 경기에 순행하면서 동행하는 특성이 있다. 경기가 좋아지면 동시에 소비도 늘고 기업투자나 수출입도 늘어나기 때문이다. 물가는 대체적으로 경기에 역행한다고 본다.

물건의 가격인 물가도 올라가는 게 일반적이었기 때문이다. 하지만 1970년대 오일쇼크가 발생한 이후로는 이러한 모습이 거꾸로 가기 시작했다. 오히려 경기가 나빠지면 원자재가격도 올라가고 물가도 올라가 기업의 실적은 더욱 나빠지고 경기가 더 악화되는 악순환이 자주 발생했기 때문이다. 따라서 최근에는 물가는 경기에 역행한다고 보는 견해가 많다.

인플레이션율과 실업률은
반대 방향으로 움직인다! 필립스곡선

필립스곡선은 실업률을 줄이기 위해 정부가 금융정책이나 재정정책을 펴는 근거가 된다. 물론 인플레이션율과 실업률의 역(逆)상관관계는 어디까지나 단기적으로 볼 때 그렇다는 것이며, 장기적으로 볼 때는 서로가 별 상관관계가 없다는 의견도 많다.

영국에 필립스라는 사람이 있었다. 물론 경제학자다. 이 사람이 1958년에 논문 한 편을 발표했다. 「1861~1957년 중 영국의 실업률과 명목임금 변화율 사이의 관계」라는 제목이었다. 여기서 그는 사람들의 주목을 끌 만한 사실을 발표한다. 실업률이 낮은 해에는 물가상승률이 높았고, 실업률이 높은 해에는 물가상승률이 낮았다는 것이다. 그래서 사람들은 영국뿐만 아니라 다른 나라에서도 이런 현상이 일어나는가를 조사해봤다. 그랬더니 여전히 같은 현상이 나타났다.

다시 말해 단기적으로 볼 때 인플레이션율과 실업률은 반대 방향으로 움직이더라는 것이다. 왜 그런지에 대해서는 이렇게 생각해볼 수 있다. 어떤 이유에서건 경제 전체의 수요가 늘어났다고 해보자. 그럼 수요·공급의 법칙에 의해 물가가 상승한다. 즉 인플레이

> 단기적으로 볼 때 인플레이션율과 실업률은 반대 방향으로 움직이더라는 것.

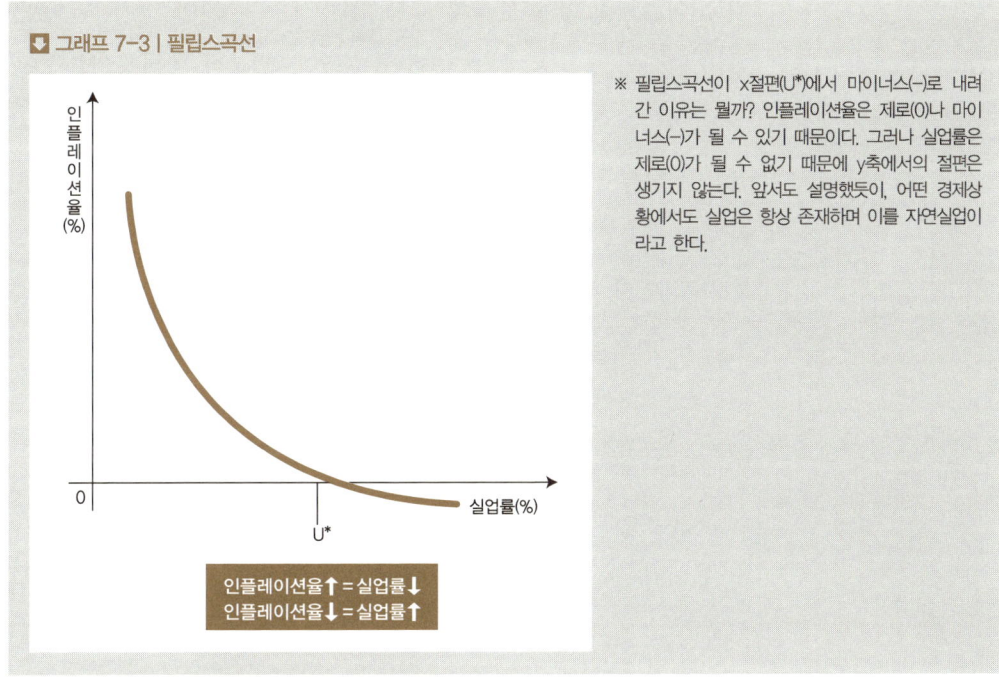

그래프 7-3 | 필립스곡선

인플레이션율(%)

0

U*

실업률(%)

인플레이션율↑ = 실업률↓
인플레이션율↓ = 실업률↑

※ 필립스곡선이 x절편(U*)에서 마이너스(−)로 내려간 이유는 뭘까? 인플레이션율은 제로(0)나 마이너스(−)가 될 수 있기 때문이다. 그러나 실업률은 제로(0)가 될 수 없기 때문에 y축에서의 절편은 생기지 않는다. 앞서도 설명했듯이, 어떤 경제상황에서도 실업은 항상 존재하며 이를 자연실업이라고 한다.

션율이 증가하는 것이다. 자! 그럼 이때 기업은 팔짱만 끼고 가만히 있겠는가! 그렇지 않다.

높은 가격에 많은 물건을 팔아먹기 위해 생산량을 늘린다. 생산량을 늘리기 위해서는 당연히 고용을 늘려야 하고 고용증대는 바로 실업률의 감소를 의미하는 것이다. 따라서 인플레이션율과 실업률은 반대 방향으로 움직인다. 그래서 이 둘 사이의 단기적인 역逆상관관계를 그래프로 그린 것을 '필립스곡선Phillips Curve'이라 부른다.

앞서도 필자가 언급한 바 있듯이 인플레이션이란 밑 빠진 독에 물 붓는 것이다. 아무리 벌어도 물가가 오르면 말짱 도루묵이다. 그

> 이 둘 사이의 단기적인 역 상관관계를 그래프로 그린 것을 '필립스곡선'이라 부른다.

리고 실업이란 아예 부을 물조차 없는 것이다. 밑이 빠졌든 말았든 물이 있어야 부을 것 아닌가! 물을 채워서 가뭄에 대비하려는 사람에게 있어서 둘 다 고통스런 일이다. 그래서 사람들은 인플레이션율과 실업률을 합한 값을 '고통지수^{misery index}'라 부른다. 솔직히 사람들은 행복한 살림살이를 원하기 때문에 이 둘을 동시에 줄여 고통지수를 최대한 낮은 수준으로 유지하고 싶어한다. 하지만 모든 것을 다 만족시킬 수 없다는 게 세상의 이치인 것 같다. 필립스곡선에 의해 실업을 줄이면 인플레이션이 올라가고 인플레이션을 줄이면 실업이 올라가니 말이다.

그런데 이러한 필립스곡선은 정부의 입장에서는 귀가 솔깃한 대목이 없지 않아 있다. 고용을 늘리라고 기업에 직접 으름장을 놓는 것보다는 좀더 세련된(?) 방법으로 실업률을 줄일 수 있다고 보기 때문이다. 즉 통화량을 늘리거나 유동성공급정책을 펴서 시중에 돈을 풀면 물가가 상승할 것이고, 그럼 필립스곡선에 따라 실업률은 반대 방향으로 줄어들 것이기 때문이다.

이렇듯 필립스곡선은 실업률을 줄이기 위해 정부가 금융정책이나 재정정책을 펴는 근거가 된다. 물론 인플레이션율과 실업률의 역逆상관관계는 어디까지나 단기적으로 볼 때 그렇다는 것이며, 장기적으로 볼 때는 서로가 별 상관관계가 없다는 의견도 많다. 다시 말해 정부의 금융정책이나 재정정책이 단기적으로는 실업률을 줄일지 몰라도 장기적으로는 오히려 인플레이션율만 높이는 결과를 초래한다는 것이다.

따라서 단기처방만이 능사는 아니니 정책 수위를 조절할 필요가

> 필립스곡선은 실업률을 줄이기 위해 정부가 금융정책이나 재정정책을 펴는 근거가 된다. 물론 인플레이션율과 실업률의 역상관관계는 어디까지나 단기적으로 볼 때 그렇다는 것이며, 장기적으로 볼 때는 서로가 별 상관관계가 없다는 의견도 많다.

있다. 이 점은 특히 금번 글로벌 금융위기 이후 정부의 유동성공급 정책에 대해 시사하는 바가 크다고 하겠다(이 글의 내용은 《맨큐의 경제학》의 내용 중 일부를 바탕으로 했음을 밝혀둔다—저자 주).

 生生 경제뉴스!

◉ 신문기사 다 믿지 마라

손쉽게 정보를 얻을 수 있다는 점에서 신문기사(TV뉴스 포함)는 고마운 존재임에는 틀림없다. 하지만 필자는 감히 말하고 싶다. 신문기사를 있는 그대로 믿지 말라고. 순진한 사람들이나 곧이곧대로 믿는 것이라고. 물론, 필자의 말에 반발하시는 분들도 적지 않을 것이다. '그래도 사회의 목탁이자, 권위 있고 믿을 만한 언론사들이 무슨 사기라도 친다는 말인가!' 하고 말이다. 그런 의미는 아니다. 다만 신문에 실린 기사들의 적지 않은 부분이 해당 언론사나 글을 실은 각 분야 전문가들의 주관이 개입되어 있기 때문에 그다지 객관적이지 않다는 것이다. 그런데도 불구하고 우리는 자신도 모르게 신문이니까 객관적일 것이라는 착각을 하고 기사를 본다. 그리고 그게 객관적인 진리인 것처럼 머릿속에 저장해둔다. 평소에는 아무 문제가 없다. 그러다 우연히 술자리에서 친구를 만난다.

"야! 요즘 대세 상승기잖아. A주식 꼭 사라니깐, 따따블 된데."

이럴 때 기억 저편에 잠자고 있던 기사를 떠올린다.

"그래, 며칠 전 신문기사를 보니 주가가 계속 상승할 거라던데, 친구 말도 그러네. 이번에 확 질러버려?"

인간은 이상하게도 활자화된 정보를 쉽게 믿어버리는 속성을 가지고 있다. 따라서 신문기사라면 곧이곧대로 믿어버려 이런 오류에 빠진다. 그럼 신문을 절대로 보지 말라는 이야기인가? 그건 아니다. 필자가 보기엔 신문에는 크게 세 가지 종류의 콘텐츠가 실려 있다. 다름 아닌 광고와 기사와 뉴스다. 다행히도 우리는 신문 콘텐츠에서 광고는 금방 구분해낸다. 설령 기사형식으로 실려 있는 광고라 할지라도 말이다. 그 왜 있지 않은가! '전면광고' 라고 상단에 아주 조그맣게 적혀 있는 기사형식 광고 말이다.

21세기 최첨단 소비시대의 자랑스런(?) 소비자인 우리가 그것 하나 구별 못하면 바보다. 문제는 기사와 뉴스다. 그게 같은 말 아닌가? 하고 의문을 가질 수도 있으리라. 그렇다. 필자가 구분을 하기 위해 억지로(?) 그렇게 이름을 붙여본 것이다. 필자의 생각에 기사란 언론사나 각 분야 전문가의 주관이 개입된 콘텐츠를 말한다. 신문 사설이나 전문가 칼럼, 그리고 인터뷰에 응한 각 분야 전문가들의 의견 등이 그것이다. 한편 뉴스란 있는 그대로의 사실을 보도한 콘텐츠다. '어제 서울에 폭우가 내려 한강이 범람했다' 라는 식이다.

이 둘은 분명 다른 성격의 콘텐츠다. 우리는 신문을 볼 때 이 둘을 구분해야 한다. 신문에서 '2010년 상반기 주택시장 활황일 듯' 이라는 식의 기사는 '어제 종가 기준으로 삼성전자 주가가 80만원을 돌파했다' 라는 식의 뉴스와는 엄연히 다른 것이다. 필자가 하고 싶은 말은 바로 여기에 있다. 신문을 볼 때 뉴스를 중심으로 보라는 것이다. 삼성전자의 전일 종가를 보기 위해 굳이 삼성전자 주식담당자를 찾아갈 필요는 없다. 신문의 '뉴스' 로 족하다. 하지만 신문의 '기사' 를 볼 때는 절대로 곧이곧대로 믿지는 말자. 거짓말이라서 믿지 말라는 게 아니라 그러한 예측은 전문가라도 틀릴 수 있기 때문이다. 따라서 항상 의문을 제기해보자. 무슨 이유로 주택시장이 활황이 된다고 하는지. 무슨 이유로 주가가 2000을 돌파한다고 하는지 말이다.

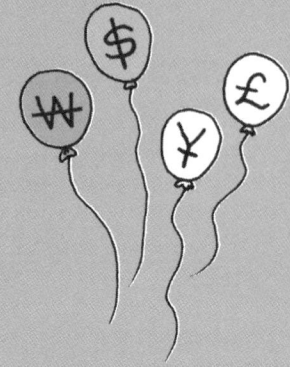

경제지표와 친해질 수 있는 세 가지 팁

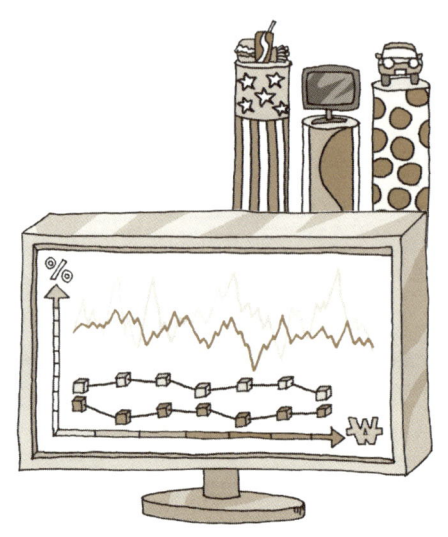

"모름지기 떡을 자주 만지면 떡고물이 묻고 주유소에서
오래 일하면 기름이 묻을 수밖에 없다.
경제지표를 자주 만지작거리면 여러분의 손에는 경제의 흐름이
묻어난다는 사실을 믿어주기 바란다."

경제지표 뉴스를 브리핑 받자
─온라인 경제지표 관련 뉴스

온라인이나 오프라인을 통해 접하는 신문기사나 TV뉴스는 있는 사실을 손쉽게 알게 해준다는 측면에서 엄청나게 고마운 존재다. 예를 들어 외국인의 최근 주식투자 동향을 알기 위해 굳이 여의도 거래소로 뛰어갈 필요가 없다. 인터넷 포털에서 뉴스검색만 하면 금방 알 수가 있다. 각 언론사 기자들이 하루 종일 발로 뛰며 생생한 정보를 알려주기 때문이다. 그런 점에서 경제지표나 지수에 관한 정보를 접하는 데 있어서 신문기사나 TV뉴스만큼 고마운 것도 없다. 솔직히 지표나 지수란 숫자들의 나열이다. 따라서 어찌 보면 심심하고 따분하다. 사람에 따라서는 머리가 아파올 수도 있다. 하지만 경제지표관련 뉴스는 이러한 숫자에 언제나 친절한 해설을 곁들여준다. 게다가 현시점에서 우리 경제에 가장 필요하고 중요시 되는 지표들을 골라서 강조해준다. 따라서 통계청이나 한국은행과 같은 정부기관이나 각종 경제연구소에서 주요 경제지표를 발표할 때마다 신문기사나 TV뉴스를 꾸준히

체크하길 바란다. 단순히 발표되는 경제지표뿐만 아니라 그것에 내포된 의미까지 쉽게 파악할 수 있기 때문이다. 그런데 이런 지표들을 발표할 때마다 일일이 관련기사를 체크하는 게 번거로울 수 있다. 누군가 그때마다 알려준다면 좋을 텐데 말이다.

이럴 때 좋은 방법이 있다. 요즘은 인터넷시대다. 〈그림 8-1〉에서 보듯이, 검색 포털인 구글www.google.com 에 들어가면 '구글 알리미' 서비스가 있다. 가입해 자신의 이메일 주소를 등록하고 자신이 원하는 키워드를 입력해 놓으면 매번 언론사 홈페이지에 뉴스가 업데이트 될 때마다 해당 키워드가 있는 뉴스를 검색해 자신의 이메일로 송부해준다. 얼마나 고마운가! 따라서

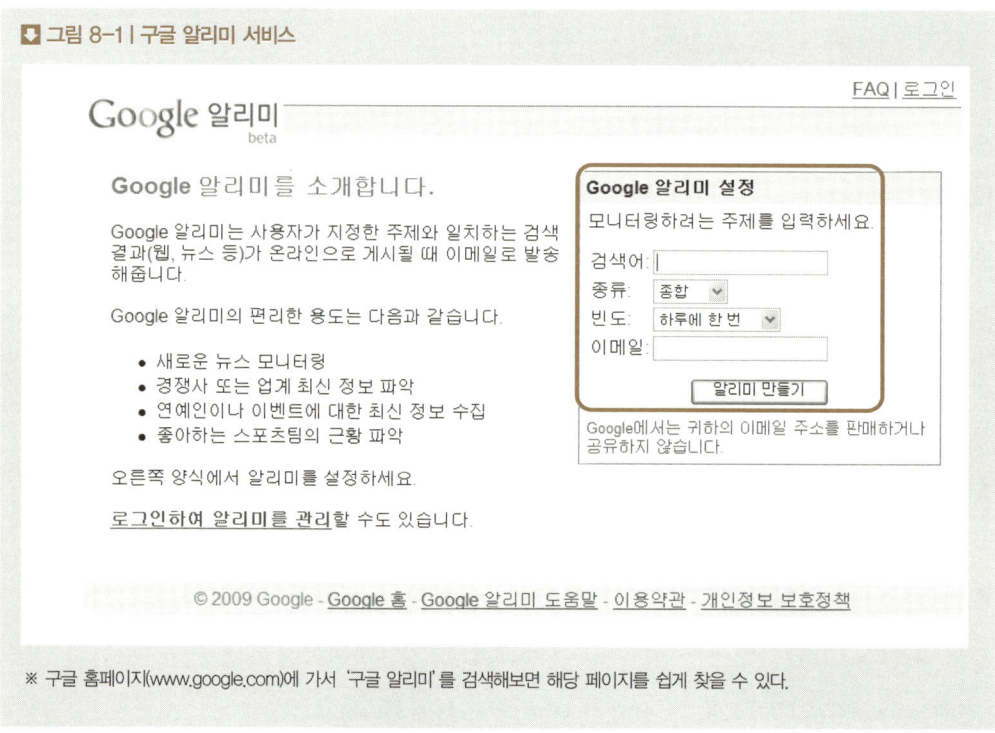

▼ 그림 8-1 | 구글 알리미 서비스

Google 알리미
beta

Google 알리미를 소개합니다.

Google 알리미는 사용자가 지정한 주제와 일치하는 검색 결과(웹, 뉴스 등)가 온라인으로 게시될 때 이메일로 발송해줍니다.

Google 알리미의 편리한 용도는 다음과 같습니다.

● 새로운 뉴스 모니터링
● 경쟁사 또는 업계 최신 정보 파악
● 연예인이나 이벤트에 대한 최신 정보 수집
● 좋아하는 스포츠팀의 근황 파악

오른쪽 양식에서 알리미를 설정하세요.

로그인하여 알리미를 관리할 수도 있습니다.

FAQ | 로그인

Google 알리미 설정
모니터링하려는 주제를 입력하세요.
검색어:
종류: 종합
빈도: 하루에 한 번
이메일:
알리미 만들기
Google에서는 귀하의 이메일 주소를 판매하거나 공유하지 않습니다.

© 2009 Google - Google 홈 - Google 알리미 도움말 - 이용약관 - 개인정보 보호정책

※ 구글 홈페이지(www.google.com)에 가서 '구글 알리미'를 검색해보면 해당 페이지를 쉽게 찾을 수 있다.

여기다 'GDP'라든지 '경제지표'나 '경기'라는 키워드를 입력해놓으면 매일 아침 출근하여 비서에게 뉴스 브리핑을 받듯이 뉴스를 볼 수 있다. 이런 서비스를 활용해보는 게 경제지표와 친해지는 첫걸음이 아닐까?

관심 있는 경제지표의 흐름은
그래프가 최고—통계청 'e-나라지표'

경제성장률이 어떤지, 소비자물가지수가 어떤지, 경기선행종합지수가 어떤 곡선을 가지고 움직이는지 등등 그래프를 통해서 보면 한눈에 알 수 있다.

숫자의 증감 추이를 보기 위해서는 당연히 그래프가 최고다. 일일이 숫자를 비교해보지 않더라도 삐죽하게 올라가 있는 그래프는 한눈에 들어오기 때문이다. 경제성장률이 어떤지, 소비자물가지수가 어떤지, 경기선행종합지수가 어떤 곡선을 가지고 움직이는지 등등 그래프를 통해서 보면 한눈에 알 수 있다.

이러한 그래프는 어디에 가면 볼 수 있을까? 이 역시 인터넷의 힘을 빌리자. 바로 통계청 홈페이지에 가면 'e-나라지표(http://www.index.go.kr)'라는 코너가 있다. 여기서 '분야별 지표' 코너에 가면 총량지표, 경제, 사회, 문화, 정무 등 경제지표를 포함한 각종 통계지표가 분야별로 나누어져 정리되어 있다. 〈그림 8-2〉의 ①에서 보듯이, 예를 들어 '경기종합지수'를 찾고 싶다면 '경제'를 클릭하고 다시 '거시경제'를 클릭하면 풍선글로 메뉴가 뜬다. 여기서 다시

[통계청의 e-나라지표 웹사이트 화면]

① '분야별 지표'에서 서브 메뉴를 클릭하면 자신이 원하는 지표를 찾을 수 있다. 분야별로 일목요연하게 정리
되어 사용자의 편의를 제공하였고 해당 경제지표의 경우 초보자가 쉽게 볼 수 있도록 그래프와 자료, 그리
고 상세한 해설까지 한 페이지에 정리해놓았다.

② '많이 본 지표'를 클릭하면 각종 통계지표를 최대 조회수 순으로 정리해놓은 페이지가 나온다. 현재 시점에
서 사람들의 주요 관심사를 알 수 있다.

'경기동향'을 클릭한 후 그 서브 메뉴를 보면 원하는 지표인 경기종합지수
가 있다. 이를 다시 클릭하면 원하는 경제지표에 대한 최근 기간의 그래프
와 자료, 그리고 이에 대한 간략한 설명을 볼 수 있다. 'e-나라지표'가 다
른 통계지표 사이트와 가장 크게 다른 점은 초보자도 쉽게 볼 수 있도록 각
통계지표를 한 페이지로 정리해놓았다는 것이다. 비록 방대한 데이터를 제
공하지는 않지만 해당 지표의 최근 몇 개월 또는 몇 년간의 변화 추이를 그

래프로 잘 정리해놓았다. 또한 그 아래에는 구체적인 지표 값과 해당 지표의 간략한 정의 및 활용방안, 그리고 그래프에 대한 친절한 해설까지 일목요연하게 정리되어 있다. 그야말로 일반인들이 쉽게 지표를 이해하고 흐름을 파악할 수 있도록 해놓은 것이다. 지금이라도 당장 이 사이트에 접속해보자. 알기 쉽게 정리되어 있는 경제지표들을 만날 수 있을 테니 말이다.

통계청의 'e-나라지표'에서 또 하나 유용한 메뉴는 〈그림 8-2〉의 ②에서 보듯이, 오른쪽에 위치한 '많이 본 지표' 코너다. 이 코너에는 경제지표뿐만 아니라 모든 통계지표에 대해 사람들이 가장 많이 본 베스트를 조회순 기준으로 모아놓았다. 따라서 그 순위만 보더라도 현재 사람들의 관심사가 어디에 있는지를 가늠해볼 수 있다. 마치 네이버의 실시간 검색어 순위처럼 말이다.

〈그림 8-3〉의 ①을 보자. 이 글을 쓰고 있는 2009년 9월 말의 순위를 보니 가장 많이 본 통계지표가 경제지표인 '국내총생산 및 경제성장률'이고 그 다음이 '소비자물가지수' 그리고 세 번째가 인구통계지표인 '총인구, 인구성장률'이다. 요즘 경기회복세에 대한 언론의 보도들이 많다 보니 경제성장이나 물가지표에 대한 사람들의 관심이 높아진 것을 반영한 듯싶다. 참고로 통계지표 순위는 2009년 7월 초에는 '지역별 인구 및 인구밀도', '국내외 박사학위 취득자 현황', '총인구 인구성장률'이 각각 1, 2, 3위를 차지했었다. 이렇듯 가끔 이 사이트에 들러 사람들이 많이 본 통계지표가 그때그때 바뀌는 것을 보면서 세상의 관심사가 현재 어디에 쏠리고 있는지를 가늠해보는 것도 나름 재미가 있다.

가끔 이 사이트에 들러 사람들이 많이 본 통계지표가 그때그때 바뀌는 것을 보면서 세상의 관심사가 현재 어디에 쏠리고 있는지를 가늠해보는 것도 나름 재미가 있다.

☑ 그림 8-3 | 많이 본 지표

많이 본 지표 · e-나라지표에서 고객님들이 많이 읽어 본 지표를 나열해 놓았습니다.

순번	대분류	중분류	소분류	지표명	지표관리기관	조회수
1	총량지표	국토/인구	인구구조	총인구, 인구성장률 HOT	통계청	2344
2	경제	거시경제	실물경제	국내총생산 및 경제성장률 HOT	기획재정부	1937
3	경제	거시경제	물가동향	소비자물가지수 HOT	기획재정부	1799
4	총량지표	국토/인구	인구구조	남녀별 연령별 인구구조	통계청	1625
5	총량지표	국토/인구	지역현황	지역별 인구 및 인구밀도	통계청	1583
6	경제	거시경제	고용동향	취업자 수/실업률 추이	기획재정부	1143
7	총량지표	국토/인구	인구변동	출생 사망 추이	통계청	834
8	경제	거시경제	경기동향	경기종합지수	기획재정부	770
9	경제	거시경제	실물경제	소비동향	기획재정부	712
10	사회	여성/가족	가족	국제결혼 현황	보건복지가족부	708
11	총량지표	국토/인구	지역현황	지역내총생산(GRDP)	통계청	472
12	총량지표	국토/인구	인구변동	사망원인별 사망률 추이	통계청	461
13	사회	여성/가족	가족	가족의 형태별 분포	보건복지가족부	456
14	경제	거시경제	물가동향	생산자물가지수	기획재정부	427
15	사회	복지	저출산고령화	합계출산율	보건복지가족부	415
16	경제	거시경제	대외거래	100대 수출입 품목	관세청	400
17	경제	거시경제	외환	환율	기획재정부	395
18	경제	교통	육상교통	자동차 등록 현황	국토해양부	389
19	경제	부동산	주택	주택보급률	국토해양부	309
20	사회	보건	질병	만성질환 현황	보건복지가족부	382
21	사회	여성/가족	여성일반	여성경제활동인구 및 참가율	여성부	378
22	총량지표	국토/인구	인구변동	국내인구 이동	통계청	362
23	경제	부동산	주택	인구 천명당 주택수	국토해양부	258
24	사회	노동	고용	청년 고용동향	노동부	242
25	경제	거시경제	실물경제	서비스업 동향	기획재정부	336
26	사회	교육	고등교육	국내/외 박사학위 취득자 현황	교육과학기술부	333
27	경제	금융	금융일반	시장금리 추이	금융위원회	311
28	경제	교통	철도	철도여객수송 추이	국토해양부	295
29	사회	여성/가족	가족	총 이혼건수 및 조이혼율	보건복지가족부	290
30	총량지표	국토/인구	수도권현황	수도권과 지방현황	국토해양부	288

❶ 'e-나라지표'의 '많이 본 지표'를 클릭하면 나오는 페이지이다. 그 순위는 매번 바뀌는데, 조회수에 따라 1위부터 30위까지 순서대로 배열된다. 특히 1위부터 10위까지를 보면 현재시점에서 사람들이 어떤 곳에 관심을 가지고 있는지를 가늠해볼 수 있다.

❷ '지표탐색기'에 마우스 포인트를 대면 다양한 통계자료가 일목요연하게 정리된 목록이 펼쳐진다. 초보자가 통계자료를 찾을 때 요긴하게 사용할 수 있다.

또한 〈그림 8-3〉의 ②에서 보듯이, '많이 본 지표'의 왼쪽 상단 오렌지색의 '지표탐색기'에 마우스 포인트를 대면 웬만한 통계지표가 일목요연하게 정리되어 펼쳐진다. 어떤 항목에 어떠한 통계자료가 있는지 잘 모르는 초보자의 경우 여기에 들어가 관심 분야를 하나하나 클릭해보는 것도 재미

있을 것이다. 그러고 보면 우리나라 정부기관의 인터넷 서비스는 정말 대단하다. 사기업이 아닌 공공기관이 이토록 다양한 정보를 사용자가 편리하게 제작해놓았다는 게 신기할 따름이다. IT강국 국민으로서의 자존심이 여기서도 느껴진다.

더욱 정확한 자료를 찾고 싶다면
─한국은행 'ECOS', 통계청 'KOSIS'

경제지표를 산출하고 발표하는 대표적인 정부기관으로 한국은행과 통계청을 들 수 있다. 〈그림 8-4〉를 보자. 한국은행의 경제통계시스템 사이트인 'ECOS : economic statistics system(http://www.ecos.bok.or.kr)'에 가면 다양하고 정확한 경제지표들이 가득하다. 따라서 좀더 전문적이고 방대한 자료를 찾고 싶다면 'ECOS' 사이트에 들어가면 도움이 된다. 예를 들어 경기종합지수의 30여년치 자료를 한꺼번에 다운받고 싶다면, 주저없이 'ECOS'에 들어가면 된다. 멋지지 않은가? 이를 엑셀로 다운받아 직접 그래프를 그려보는 놀이(?)도 쏠쏠한 재미가 있다. 특히 ECOS의 강점중 하나는 '우리나라 100대 통계지표'를 일목요연하게 정리해놓았다는 것이다. 이들을 클릭하면 자세한 DB로 연결된다. 통계지표의 종합선물세트라고 할까?

물론 통계청도 여기에 뒤질 수 없다. 앞서 말한 통계청의 'e-나라지표'가

❶ 'ECOS' 검색창에 원하는 경제지표를 입력하면 상세한 데이터를 검색할 수 있으며 엑셀 등의 파일로 다운 로드받을 수 있다.

❷ 오른쪽 'Quick Menu' 창에서 '100대 통계지표'를 클릭하면 우리나라의 통계지표 100가지의 항목이 나오 는 페이지로 이동한다. 여기서 사용자는 원하는 통계지표를 클릭하여 자료를 찾을 수 있다.

일반인을 위해 알기 쉽게 정리해놓은 거라면 통계청의 국가통계포털 사이트인 'KOSIS : Korean statistical information service(http://www.kosis.kr)'에는 한국은행 'ECOS'와 같이 정확하고 방대한 자료가 있다. 이 역시 원하는 통계지표를 검색해서 다운받을 수 있다.

모름지기 떡을 자주 만지면 떡고물이 묻고 주유소에서 오래 일하면 기름이 묻을 수밖에 없다. 경제지표를 자주 만지작거리면 여러분의 손에는 경제의 흐름이 묻어난다는 사실을 믿어주기 바란다.

비록 그 속도가 천천히 진행될지라도 말이다. 따라서 이러한 자료를 가

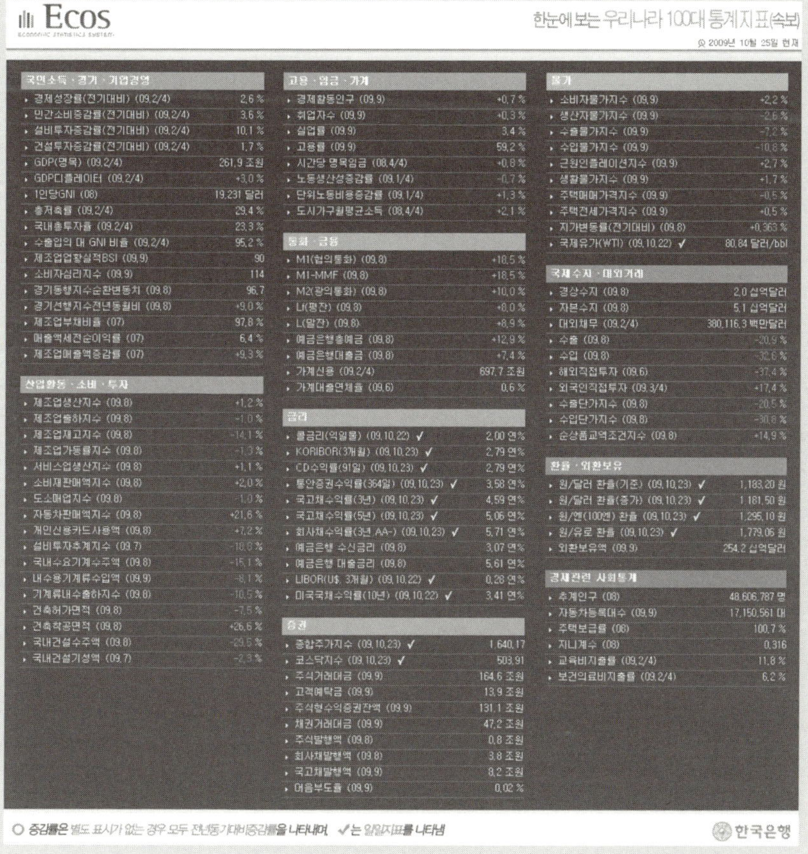

‖ Ecos ECONOMIC STATISTICS SYSTEM

한눈에 보는 우리나라 100대 통계지표 (속보)

요 2009년 10월 25일 현재

국민소득·경기·기업경영
- 경제성장률(전기대비) (09.2/4) 2.6 %
- 민간소비증감률(전기대비) (09.2/4) 3.6 %
- 설비투자증감률(전기대비) (09.2/4) 10.1 %
- 건설투자증감률(전기대비) (09.2/4) 1.7 %
- GDP(명목) (09.2/4) 261.9 조원
- GDP디플레이터 (09.2/4) +3.0 %
- 1인당GNI (08) 19,231 달러
- 총저축률 (09.2/4) 29.4 %
- 국내총투자 (09.2/4) 23.3 %
- 수출입의 대 GNI 비율 (09.2/4) 95.2 %
- 제조업경영실적BSI (09.9) 90
- 소비자심리지수 114
- 경기동행지수순환변동치 (09.8) 96.7
- 경기선행지수전년동월비 (09.8) +9.0 %
- 제조업부채비율 (07) 97.8 %
- 매출액세전순이익률 (07) 6.4 %
- 제조업매출액증감률 (07) +9.3 %

산업활동·소비·투자
- 제조업생산지수 (09.8) +1.2 %
- 제조업출하지수 (09.8) -1.0 %
- 제조업재고지수 (09.8) -14.1 %
- 제조업가동률지수 (09.8) -1.3 %
- 서비스업생산지수 (09.8) +1.1 %
- 소비재판매액지수 (09.8) +2.0 %
- 도소매업지수 (09.8) 1.0 %
- 자동차판매액지수 (09.8) +21.6 %
- 개인신용카드사용액 (09.8) +7.2 %
- 설비투자추계지수 (09.7) 16.0 %
- 국내수요기계수주액 (09.8) -15.1 %
- 내수용카메라수입액 (09.8) -8.1 %
- 기계류내수출하지수 (09.8) -10.5 %
- 건축허가면적 (09.8) -7.5 %
- 건축착공면적 (09.8) +26.6 %
- 국내건설수주액 (09.8) -29.5 %
- 국내건설기성액 (09.7) -2.5 %

고용·임금·가계
- 경제활동인구 (09.9) +0.7 %
- 취업자수 (09.9) +0.3 %
- 실업률 (09.9) 3.4 %
- 고용률 (09.9) 59.2 %
- 시간당 명목임금 (08.4/4) +0.8 %
- 노동생산성증감률 (09.1/4) -0.7 %
- 단위노동비용증감률 (09.1/4) +1.3 %
- 도시가구월평균소득 (08.4/4) +2.1 %

통화·금융
- M1(협의통화) (09.8) +18.5 %
- M1-MMF (09.8) +18.5 %
- M2(광의통화) (09.8) +10.0 %
- Lf(평잔) (09.8) +8.0 %
- L(말잔) (09.8) +8.9 %
- 예금은행수신 (09.8) +12.9 %
- 예금은행대출금 (09.8) +7.4 %
- 가계신용 (09.2/4) 697.7 조원
- 가계대출연체율 (09.6) 0.6 %

금리
- 콜금리(익일물) (09.10.22) ✓ 2.00 연%
- KORIBOR(3개월) (09.10.23) ✓ 2.79 연%
- CD수익률(91일) (09.10.23) ✓ 2.79 연%
- 통안증권수익률(364일) (09.10.23) ✓ 3.58 연%
- 국고채수익률(3년) (09.10.23) ✓ 4.59 연%
- 국고채수익률(5년) (09.10.23) ✓ 5.06 연%
- 회사채수익률(3년 AA-) (09.10.23) ✓ 5.71 연%
- 예금은행 수신금리 (09.8) 3.07 연%
- 예금은행 대출금리 (09.8) 5.61 연%
- LIBOR(U$, 3개월) (09.10.22) ✓ 0.28 연%
- 미국국채수익률(10년) (09.10.22) ✓ 3.41 연%

증권
- 종합주가지수 (09.10.23) ✓ 1,640.17
- 코스닥지수 (09.10.23) ✓ 503.91
- 주식거래대금 (09.9) 164.6 조원
- 고객예탁금 (09.9) 13.9 조원
- 주식형수익증권잔액 (09.9) 131.1 조원
- 채권거래대금 (09.9) 47.2 조원
- 주식발행액 (09.9) 0.8 조원
- 회사채발행액 (09.8) 3.8 조원
- 국고채발행액 (09.9) 8.2 조원
- 어음부도율 (09.9) 0.02 %

물가
- 소비자물가지수 (09.9) +2.2 %
- 생산자물가지수 (09.9) -2.6 %
- 수출물가지수 (09.9) -7.2 %
- 수입물가지수 (09.9) -10.8 %
- 근원인플레이션율 (09.9) +2.7 %
- 생활물가지수 (09.9) +1.7 %
- 주택매매가격지수 (09.9) -0.5 %
- 주택전세가격지수 (09.9) +0.5 %
- 지가변동률(전기대비) (09.8) +0.363 %
- 국제유가(WTI) (09.10.22) ✓ 80.84 달러/bbl

국제수지·대외거래
- 경상수지 (09.8) 2.0 십억달러
- 자본수지 (09.8) 5.1 십억달러
- 대외채무 (09.2/4) 380,116.3 백만달러
- 수출 (09.8) -20.9 %
- 수입 (09.8) -32.6 %
- 해외직접투자 (09.6) -37.4 %
- 외국인직접투자 (09.3/4) +17.4 %
- 수출단가지수 (09.8) -20.5 %
- 수입단가지수 (09.8) -30.8 %
- 순상품교역조건지수 (09.8) +14.9 %

환율·외환보유
- 원/달러 환율(기준) (09.10.23) 1,183.20 원
- 원/달러 환율(종가) (09.10.23) 1,161.50 원
- 원/100엔 환율 (09.10.23) 1,295.10 원
- 원/유로 환율 (09.10.23) 1,779.06 원
- 외환보유액 (09.9) 254.2 십억달러

경제관련 사회통계
- 추계인구 (08) 48,606,787 명
- 자동차등록대수 (09.9) 17,150,561 대
- 주택보급률 (08) 100.7 %
- 지니계수 (08) 0.316
- 교육비지출률 (09.2/4) 11.8 %
- 보건의료비지출률 (09.2/4) 6.2 %

◎ 증감률은 별도 표시가 없는 경우 모두 전년동기대비증감률을 나타내며, ✓는 일일지표를 나타냄

한국은행

지고 가끔씩 장난도 쳐보면서 놀기를 바란다. 엑셀로 다운받아 그래프도 그려보고, 경기지수와 실업률 그래프나 주가지수 그래프를 서로 겹쳐보기도 하면서 말이다. 그러다 보면 지표를 보는 힘과 경제를 읽는 힘이 조금씩 생길 것이다. 아니, 보는 힘과 읽는 힘은 생기지 않을지 몰라도 적어도 전문가들의 경제전망을 결론만 보고 속단해버리는 오류는 범하지 않을 것이다. 이

그림 8-6 | 통계청 국가통계포털 'KOSIS(http://www.kosis.kr)'

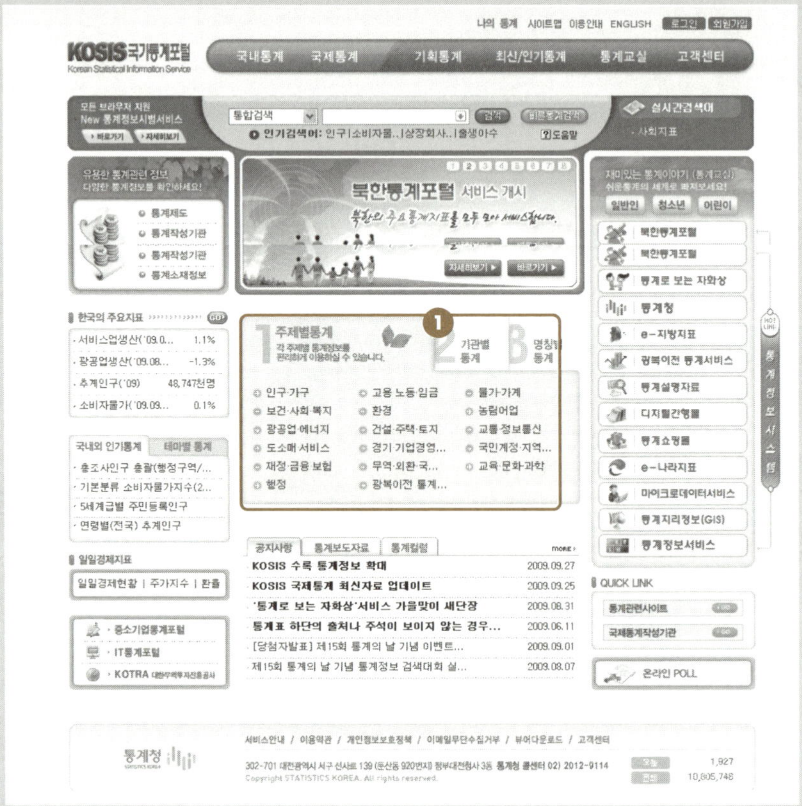

❶ '주제별 통계'에서 원하는 통계지표를 찾아 클릭하면 상세한 데이터를 구할 수 있다.

제는 그들이 무엇 때문에 그렇게 전망하고 있는지 그 논리의 과정에 대해서도 궁금해하고 때로는 의문을 가질 테니까 말이다. 사실 그게 바로 경제를 보는 혜안이지 달리 뭐 특별한 게 있겠는가!

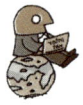

참고문헌 및 자료

- 《경제학 강의 워크북》 김진욱 지음/ 율곡출판사 / 2009.
- 《금리만 알아도 경제가 보인다》 김의경 지음/ 위너스북 / 2009.
- 《맨큐의 경제학(Principles of Economics, 3rd Edition, Thomson Learning, 2004)》 맨큐(N. Gregory Mankiw) 지음(김경환 · 김종석 옮김) / 교보문고 / 2006.
- 《불황의 경제학(The Return of Depression Economics)》 폴 크루그먼(Paul Krugman) 지음(안진환 옮김) / 세종서적 / 2009.
- 《소유의 종말(The Age of Access)》 제러미 리프킨(Jeremy Rifkin) 지음(이희재 옮김) / 민음사 / 2001.
- 《日経新聞の數字がわかる本》 小宮一慶 지음 / 日経BP / 2009.
- 《平成バブルの研究》 村松岐夫奧野正寛 外 지음 / 東洋経済新聞社 / 2003.
- '우리나라의 통화정책' 한국은행 정책기획국 지음 / 한국은행 / 2006.
- 'ISSUE PAPER: 국내 위기설로 본 금융불안 진단과 대응' 삼성경제연구소(SERI) / 2009년 3월 13일.
- 통계청 웹사이트 'e-나라지표' / http://www.index.go.kr
- 통계청 웹사이트 '국가통계포털 KOSIS' / http://www.kosis.kr
- 한국은행 웹사이트 '경제통계시스템 ECOS' / http://www.ecos.bok.or.kr
- 〈타임(The TIME)〉 Barbara Kiviat / 'Own-ward bound?' / Money & Main ST.(온라인판) / 2009년 8월 31일.
- 김석한 네이버 블로그 / 〈아는 게 힘!! 일드갭과 코스피 비교〉 / http://blog.naver.com/bebest79.